以案释法

民事纠纷法律适用指南以案释法丛书

环境污染赔偿纠纷

法律适用指南

中国社会科学院法学研究所法治宣传教育与公法研究中心◎组织编写

总 顾 问：张苏军
总 主 编：莫纪
本册主编：陈百

中国出版集团
中国民主法制出版社
全国百佳图书出版单位

图书在版编目（CIP）数据

环境污染赔偿纠纷法律适用指南 / 中国社会科学院法学研究所法治宣传教育与公法研究中心组织编写. —北京 : 中国民主法制出版社，2016.11
（民事纠纷法律适用指南以案释法丛书）
ISBN 978-7-5162-1349-0

Ⅰ.①环…　Ⅱ.①中…　Ⅲ.①环境污染－赔偿－法律适用－中国－指南
Ⅳ.①D922.685-62

中国版本图书馆CIP数据核字（2016）第275998号

责任编辑 / 陈　娟
装帧设计 / 郑文娟　张照雷

书　　名 / 环境污染赔偿纠纷法律适用指南
本册主编 / 陈百顺　严月仙

出版·发行 / 中国民主法制出版社
社　　址 / 北京市丰台区右安门外玉林里7号（100069）
电　　话 / 010-62155988
传　　真 / 010-62151293
经　　销 / 新华书店
开　　本 / 16开　710mm×1000mm
印　　张 / 15.75
字　　数 / 216千字
版　　本 / 2017年1月第1版　　2017年1月第1次印刷
印　　刷 / 北京精乐翔印刷有限公司

书　　号 / ISBN 978-7-5162-1349-0
定　　价 / 38.00元

丛书编委会名单

总　序

搞好法治宣传教育
营造良好法治氛围

全面推进依法治国，是坚持和发展中国特色社会主义，努力建设法治中国的必然要求和重要保障，事关党执政兴国、人民幸福安康、国家长治久安。

我们党长期重视依法治国，特别是党的十八大以来，以习近平同志为核心的党中央对全面依法治国作出了重要部署，对法治宣传教育提出了新的更高要求，明确了法治宣传教育的基本定位、重大任务和重要措施。十八届三中全会要求“健全社会普法教育机制”；十八届四中全会要求“坚持把全民普法和守法作为依法治国的长期基础性工作，深入开展法治宣传教育”；十八届五中全会要求“弘扬社会主义法治精神，增强全社会特别是公职人员尊法学法守法用法观念，在全社会形成良好法治氛围和法治习惯”；十八届六中全会要求“党的各级组织和领导干部必须在宪法法律范围内活动，决不能以言代法、以权压法、徇私枉法”。习近平总书记多次强调，领导干部要做尊法学法守法用法的模范。法治宣传教育要创新形式、注重实效，为我们做好工作提供了根本遵循。

当前，我国正处于全面建成小康社会的决胜阶段，依法治国在党和国家工作全局中的地位更加突出，严格执法、公正司法的要求越来越高，维护社会公平正义的责任越来越大。按照全面依法治国新要求，深入开展法治宣传教育，充分发挥法治宣传教育在全面依法治国中的基础作用，推动全社会树立法治意识，为“十三五”时期经济社会发展营造良好法治环境，为实现“两个一百年”奋斗目标和中华民族伟大复兴的中国梦作出新贡献，责任重大、意义重大。

为深入贯彻党的十八大和十八届三中、四中、五中、六中全会精神，贯彻落实习近平总书记系列重要讲话精神，特别是依法治国重要思想，深入扎实地做好“七五”普法工作，中国社会科学院法学研究所联合中国民主法制出版社，经过反复研究、精心准备，特组织国内从事法律教学、研究和实务的专家学者，在新一轮的五年普法规划实施期间，郑重推出“全面推进依法治国精品书库（六大系列）”，即《全国“七五”普法系列教材（以案释法版，25册）》《青少年法治教育系列教材（法治实践版，30册）》《新时期法治宣传教育工作理论与实务丛书（30册）》《“谁执法谁普法”系列丛书（以案释法版，80册）》《“七五”普法书架——以案释法系列丛书（60册）》和《“谁执法谁普法”系列宣传册（漫画故事版，100册）》。

其中编辑出版“以案释法”丛书是贯彻落实十八届四中全会决定关于建立法官、检察官、行政执法人员和律师以案释法制度的重要抓手，是深化法治宣传教育的有效途径，更是推动全社会树立法治意识的有力举措，对于落实国家机关“谁执法谁普法”普法责任制，促进法治社会建设具有重要意义。

为了深入扎实地做好“以案释法”工作，我们组织编写了这套《“七五”普法书架——以案释法系列丛书（60册）》。该丛书内容包括公民权益法律保护和违法犯罪预防、民事纠纷处理、大众创业法律风险防范、阳关执法、法治创建等有关典型案例剖析。全书采取知识要点、以案释法、法条链接等形式，紧紧围绕普法宣传的重点、法律规定的要点、群众关注的焦点、社会关注的热点、司法实践的难点，结合普法学习、法律运用和司法实践进行全面阐释，深入浅出，通俗易懂，具有较强的实用性和操作性，对于提高广大人民群众法律素质，增强依法维权能力，维护社会和谐稳定具有积极意义。

衷心希望丛书的出版，能够教育引导社会公众自觉尊法学法守法用法，为形成办事依法、遇事找法、解决问题用法、化解矛盾靠法新常态，为全面推进依法治国营造良好的法治环境。

本书编委会

2016年10月

目录 CONTENTS

第一章 总 则

1. 我国环境保护法制的历史与发展是怎样的? …… 1
2. 如何理解环境保护与经济、社会发展相协调的法律原则? …… 4
3. 如何理解保护优先、预防为主、综合治理、公众参与、损害担责的法律原则? …… 7
4. 如何理解依靠群众保护环境的法律原则? …… 10
5. 如何理解实行科学保护环境的原则? …… 14
6. 政府如何承担起对环境质量的责任? …… 17
7. 我国环境保护监督管理体制是怎样的? …… 19

第二章 监督管理

1. 什么是环境资源保护规划制度? …… 23
2. 如何理解环境质量标准? …… 26
3. 什么是环境监测制度? …… 30
4. 怎么理解环境影响评价制度? …… 33
5. 如何理解跨行政区环境保护制度? …… 37
6. 政府如何鼓励和支持环境保护产业的发展? …… 40
7. 如何鼓励减少污染物排放? …… 44
8. 如何理解环境现场检查制度? …… 49
9. 什么是环境保护目标责任制和考核评价制度? …… 54
10. 如何理解向人大或人大常委会报告环境状况和环境目标的完成情况制度? …… 57

第三章 保护和改善环境

1. 地方政府如何加强环境治理、改善环境质量? …… 63

2. 如何理解生态保护红线制度？ …… 66
3. 对于需要重点保护区域如何进行保护？ …… 70
4. 如何理解开发利用自然资源制度？ …… 72
5. 什么是生态保护补偿制度？ …… 74
6. 如何加强对大气、水、土壤等的保护？ …… 79
7. 怎样加强对农业环境的保护？ …… 82
8. 如何加强对海洋环境的保护？ …… 85
9. 如何加强城乡的规划和建设？ …… 88
10. 如何加强对生活废弃物的处理？ …… 91
11. 怎样理解环境与健康监测、调查和风险评估制度？ …… 94

第四章　防治污染和其他公害

1. 什么是清洁生产制度？ …… 97
2. 什么是资源循环利用制度？ …… 101
3. 什么是“三同时”制度？ …… 104
4. 如何理解生产经营单位应当建立环境保护责任制度？ …… 106
5. 如何理解排污费制度？ …… 109
6. 如何实行重点污染物排放总量控制制度？ …… 112
7. 什么是环境保护的许可证管理制度？ …… 117
8. 如何理解对严重污染环境的工艺、设备和产品实行淘汰制度？ …… 120
9. 如何理解禁止引进不合规定的技术、设备、材料和产品的制度？ …… 124
10. 如何理解突发环境事件的风险控制制度与监测预警机制？ …… 127
11. 如何理解防止危险品污染环境制度？ …… 130
12. 如何防止农业面源污染？ …… 132
13. 如何防止重金属等环境污染？ …… 135
14. 如何加强农村环境保护工作？ …… 137
15. 什么是环境污染责任险？ …… 139

第五章　信息公开和公众参与

1. 如何理解公众获取环境信息、参与和监督环境保护的权利？ …… 143
2. 如何理解环境状况公开发布制度？ …… 145
3. 重点排污等单位如何依法公开有关环境信息？ …… 149
4. 如何理解公众有权举报污染环境和破坏生态的行为？ …… 151
5. 如何理解环境公益诉讼制度？ …… 155

第六章　法律责任

1. 违反环境保护法律要承担哪些法律责任？ …… 158
2. 如何理解对违法排放污染物的罚款处罚制度？ …… 160
3. 超过标准排放污染物的，应当承担什么样的法律责任？ …… 162
4. 未依法提交建设项目环境影响评价文件或者环境影响评价文件未经批准而擅自开工建设的，应当承担什么样的责任？ …… 164
5. 重点排污单位不公开或者不如实公开环境信息的，应承担什么法律责任？ …… 166
6. 建设项目未依法进行环境影响评价，被责令停止建设，拒不执行的，应承担什么法律责任？ …… 169
7. 未取得排污许可证排放污染物，被责令停止排污，拒不执行的，应承担什么法律责任？ …… 170
8. 通过暗管、渗井、渗坑、灌注等方式违法排放污染物的，应承担什么法律责任？ …… 172
9. 通过篡改、伪造监测数据等方式违法排放污染物的，应承担什么法律责任？ …… 174
10. 通过不正常运行防治污染设施等方式违法排放污染物的，应承担什么法律责任？ …… 177
11. 因污染环境造成损害的，应承担什么样的侵权责任？ …… 180
12. 因环境污染发生纠纷的，如何承担责任？ …… 183
13. 因环境污染发生纠纷的，如何举证？ …… 185
14. 两个以上污染者污染环境的，如何承担法律责任？ …… 188
15. 因第三人的过错污染环境造成损害的，如何分担法律责任？ …… 191
16. 有关机构在环境服务活动中弄虚作假的，应承担什么样的法律责任？ …… 193
17. 上级人民政府及其环境保护主管部门怎样加强对下级人民政府及其有关部门环境保护工作的监督？ …… 195
18. 什么情况下对直接负责的主管人员和其他直接责任人员给予记过、记大过或者降级处分？ …… 198
19. 什么情况下对直接负责的主管人员和其他直接责任人员给予撤职或者开除处分，其主要负责人应当引咎辞职？ …… 202
20. 违反环境保护法律且构成犯罪的，应承担刑事责任 …… 206
21. 如何理解污染环境罪？ …… 209
22. 如何认定非法排放、倾倒、处置危险废物所犯污染环境罪？ …… 213
23. 如何认定非法排放含重金属、持久性有机污染物等所犯污染环境罪？ …… 215
24. 如何认定私设暗管或者利用渗井、渗坑、裂隙、溶洞等所犯污染环境罪？ …… 217

25. 如何认定受过两次以上行政处罚又实施非法行为所犯污染环境罪？ ……… 221
26. 如何认定致使乡镇以上集中式饮用水水源取水中断所犯污染环境罪？ …… 223
27. 如何认定致使基本农田、 防护林地、 特种用途林地等基本功能丧失或者遭受永久性破坏所犯污染环境罪？ ……………………………………… 226
28. 如何认定致使森林或者其他林木死亡所犯污染环境罪？ ………………… 229
29. 如何理解非法处置进口的固体废物罪？ …………………………………… 231
30. 如何理解擅自进口固体废物罪？ …………………………………………… 234
31. 如何理解环境监管失职罪？ ………………………………………………… 238

第一章　总　则

1. 我国环境保护法制的历史与发展是怎样的?

【知识要点】

环境问题，是人类经济社会活动的产物，并随着经济社会活动而发展和变化。不过，在20世纪70年代环境问题成为严重的社会公害之后，世界各国才逐渐把环境管理上升为国家的一项基本职能。根据环境保护法第二条的规定，环境是指影响人类生存和发展的各种天然的和经过人工改造的自然因素的总体，包括大气、水、海洋、土地、矿藏、森林、草原、湿地、野生生物、自然遗迹、人文遗迹、自然保护区、风景名胜区、城市和乡村等。

为了保护和改善生活环境与生态环境，防治污染和其他公害，保障人体健康，促进社会主义现代化建设的发展，我国加强了环境与资源保护方面的法制建设。

1978年宪法第一次对环境保护问题作了规定："国家保护环境和自然资源，防治污染和其他公害。"这为我国环境与资源保护立法提供了宪法基础。1982年宪法（即现行宪法）作了进一步完善，其中，第二十六条明确规定："国家保护和改善生活环境和生态环境，防治污染和其他公害。国家组织和鼓励植树造林，保护林木。"1979年9月13日，第五届全国人大常委会第十一次会议原则通过了环境保护法（试行）。1989年12月26日，第七届全国人大常委会第十一次会议通过的环境保护法，自公布之日起施行；环境保护法（试行）同时废止。2014年4月24日，第十二届全国人大常委会第八次会议表决通过了环境保护法（修订草案）。这是环境保护法从1989年公布实施以来所进行的第一次修订。新修订的环境保护法对环境保护的基本制度作了规定，包括环境保护基本理念、环境规划、环境标准、环境监测、生态补偿、信息公开、公众参与、排污许可、法律责任等方面都作出了重要修改。

这就进一步完善了我国的环境与资源保护法律制度，必将有利于生态文明建设，有利于美丽中国建设。

环境保护法是我国环境保护的基本法。具体来说，主要体现在：（1）它全面调整我国的环境社会关系；（2）它所规定的内容和范围涉及环境保护的整个领域；（3）它所规定的基本原则和制度为其他单行环境保护法律的制定和修改提供了依据，为环境保护法规的制定提供了法律依据。

同时，我国还制定了大量的环境与资源保护方面的法律。如，海洋环境保护法（1982 年通过，1999 年修订，2013 年修正），水污染防治法（1984 年通过，1996 年修正，2008 年修订），大气污染防治法（1987 年通过，1995 年修正，2000 年修订，2015 年再次修订），固体废物污染环境防治法（1995 年通过，2004 年修订，2013 年修正，2015 年再次修正），环境噪声污染防治法（1996 年通过），放射性污染防治法（2003 年通过），以及清洁生产促进法（2002 年通过，2012 年修正），环境影响评价法（2002 年通过，2016 年修正），等等。此外，民法通则对污染环境造成他人损害的民事责任作了规定，特别是 2009 年 12 月 26 日第十一届全国人大常委会第十二次会议通过的侵权责任法，也专章规定了“环境污染责任”。刑法专门对“破坏环境资源保护罪”作了规定。

国务院及其有关部门也制定了大量环境保护方面的行政法规和规章。如，国务院根据环境影响评价法的规定，于 2009 年 8 月 12 日通过的规划环境影响评价条例，自 2009 年 10 月 1 日起施行。

最高人民法院、最高人民检察院发布了相关司法解释，如，2003 年 12 月4 日由最高人民法院审判委员会第 1299 次会议通过的《最高人民法院关于审理人身损害赔偿案件适用法律若干问题的解释》；2013 年 6 月 8 日由最高人民法院审判委员会第 1581 次会议、2013 年 6 月 8 日由最高人民检察院第十二届检察委员会第 7 次会议通过的《最高人民法院、最高人民检察院关于办理环境污染刑事案件适用法律若干问题的解释》等。

典型案例

在国际上，先后发生了环境公害事件，有所谓旧“八大公害事件”和新“八大公害事件”之分。

从 20 世纪 30 年代开始，特别是 20 世纪 50 年代以来，西方发达国家相继爆发了环境污染事件。其中，以“八大公害事件”最有名，影响也最大。这就是所谓的旧“八大公害事件”。具体来说，就是：比利时马斯河谷烟雾事件、美国洛杉矶光化学烟雾事件、美国多诺拉烟雾事件、英国伦敦烟雾事件、日本水俣病事件、日本四日市哮喘病事件、日本米糠油事件、日本富山痛痛病事件。

从20世纪70年代末80年代初开始，全球性的环境危机出现了，发生了新“八大公害事件”，具体来说，就是：意大利塞维索化学污染事故、美国三里岛核电站泄漏事故、墨西哥液化气爆炸事件、印度博帕尔农药泄漏事件、苏联时期的切尔诺贝利核电站泄漏事故、瑞士巴塞尔赞多兹化学公司莱茵河污染事故、全球大气污染和非洲大灾荒等。

2010年5月5日，美国墨西哥湾原油泄漏事件引起了国际社会的高度关注，甚至有评论认为，“这可能成为和平时期（全球）最严重的漏油灾难”。2011年3月11日，日本福岛核电站核泄漏，这次事故被认为是自1986年苏联时期的切尔诺贝利核电站泄漏事故以来，人类历史上最严重的核泄漏事故。

近年来，我国学者对全球的生态环境问题进行了研究，提出了严重威胁社会经济发展的全球性生态环境问题主要有7个方面：“三废”物质污染、噪音污染、水资源污染、土地沙漠化、温室效应、大气臭氧层破坏、核污染。

【以案释法】

国际上的新旧“公害事件”，都是因环境污染在很短时期内就导致成千上万人发病甚至不少人死亡的事件。这些事件爆发后，震惊了世界。人们开始反思以往工业文明的发展成就与模式，并提出相应的对策和建议。各有关国家开始加强环境与生态的保护工作，制定相关法律和政策措施。

特别是1972年6月5日，联合国在瑞典首都斯德哥尔摩召开了第一次世界性的人类环境会议，共有113个国家的代表参加会议。我国在周恩来总理的积极推动下派出政府代表团参加会议。这次会议通过了《联合国人类环境宣言》。每年的6月5日，被确定为“世界环境日”。可以说，这对我国的环境保护工作起到了警戒和促进作用。

以1971年北京西郊污染调查、官厅水库水质保护为契机，我国的环境保护工作开始有了很大发展。1973年，国务院召开了第一次全国环境保护会议，明确了我国环境保护的方针、政策和措施，制定了《关于保护和改善环境的若干规定（试行草案）》。这是我国第一部关于环境保护的综合性规定。多年来，我国涉及环境保护方面的法律有30部左右，行政法规有90部左右，还有大量的环保标准。

与此同时，我国在环境保护方面采取了多种措施，其中就包括制定相关政策以及法律、法规。虽然在环境保护方面取得了一些效果，但是也还存在不少问题，最为严重的，就是2013年年底开始在全国范围内爆发的雾霾天气，不仅范围大，而且持续时间长。雾霾问题引起了社会各界的高度关注。可以说，我们要实施可持续发展战略，要建设生态文明，就必须认真反思以往工业文明的发展模式，时不我待！

法条链接

中华人民共和国宪法

第二十六条 国家保护和改善生活环境和生态环境，防治污染和其他公害。

国家组织和鼓励植树造林，保护林木。

中华人民共和国环境保护法

第一条 为保护和改善环境，防治污染和其他公害，保障公众健康，推进生态文明建设，促进经济社会可持续发展，制定本法。

第二条 本法所称环境，是指影响人类生存和发展的各种天然的和经过人工改造的自然因素的总体，包括大气、水、海洋、土地、矿藏、森林、草原、湿地、野生生物、自然遗迹、人文遗迹、自然保护区、风景名胜区、城市和乡村等。

第三条 本法适用于中华人民共和国领域和中华人民共和国管辖的其他海域。

2. 如何理解环境保护与经济、社会发展相协调的法律原则？

【知识要点】

环境保护与经济、社会发展相协调的法律原则，是指环境保护与经济建设和社会发展统筹规划、同步实施、协调发展，从而实现经济效益、社会效益和环境效益的统一。从世界范围来看，环境问题往往是伴随着经济社会的发展而产生的，也可以说，环境问题就是在经济社会发展过程中产生的，与经济活动、人口等社会发展中的问题关系密切。一方面，人口数量的增加，尤其是人口的急剧增长，必然导致对自然资源需求的相应增加，进而影响环境资源的承载能力；另一方面，随着人类社会的进化与发展，人们的要求也会相应提高，对科技教育有更高的要求，向环境资源更多地索取。

关于环境保护与经济社会发展之间的关系问题，在国际上曾经有两种明显不同的观点。一种观点主张先发展经济、再治理环境；另一种观点主张零增长论，即停止发展。这两种观点截然对立，在实践中也是很难行得通的。

协调环境保护与经济发展的关系，既是国际上普遍关心的重大问题，也是我国的重大发展战略之一。在实行改革开放以后，我国强调以经济建设为中心，制定了相应的环境保护政策，并成为我国环境保护立法工作中的一个主题和一根主线。特别是在当前，一方面，我国经济发展取得了前所未有的巨大成就；另一方面，我国的环境问题也日益突出，如雾霾天气、饮水安全、土壤重金属污染，等等。实施了20多年的环境保护法，表现出明显的不适应：已不符合新的发展理念、条文规定的可执行性和可操作性比较欠缺等。

党的十八大报告，将生态文明建设纳入“五位一体”总体布局。党的十八届三中全会进一步把加快生态文明建设的目标具体化，提出建立系统完整的生态文明制度体系。推进生态文明建设，转变发展方式，建设美丽中国，已经成为全党、全社会的共识和共同责任。

正是在这一大的背景下，修订后的环境保护法第四条第一款明确规定：“保护环境是国家的基本国策。”在此之前，国家在第二次全国环境保护会议上首次提出：“保护环境是我国的一项基本国策。”修订后的环境保护法，把环境保护作为“国家的基本国策”从法律上确立下来，这既是对以往国际国内有关环境保护经验教训的深刻总结，也是对以往“国家制定的环境保护规划必须纳入国民经济和社会发展计划”这一规定的进一步升华。为此，环境保护法第四条第二款还规定：“国家采取有利于节约和循环利用资源、保护和改善环境、促进人与自然和谐的经济、技术政策和措施，使经济社会发展与环境保护相协调。”这对于推进生态文明建设，促进经济社会可持续发展，促进经济社会发展与环境保护相协调，将发挥积极作用。

典型案例

1995年太湖水出现污染问题后，就已着手进行集中的污水治理，尽管先后投资超过百亿元，但是治理的速度却远远没有赶上污染的速度。在太湖的湖湾区开始爆发一种独有的污染现象，叫“湖泛”，就是在持续高温少雨的晴好天气，在湖湾底泥沉积较厚的浅水区，因太阳照射引起水温升高，底泥发酵释放出甲烷、硫化氢等气体，水质变劣产生臭味。同时，还频频暴发蓝藻，更有甚者，即使在春末冬初生存条件比较差的时候，蓝藻也疯狂生长，由此，给当地人们的生产生活都带来了严重影响。

2007年5月29日开始，江苏省无锡市城区的大批居民家中水质突然发生变化，并伴有难闻的气味，无法正常饮用，无锡市大部分生产生活用水供应中断。这就是令人震惊的“太湖蓝藻事件”，是由蓝藻暴发而引起的供水危机。

【以案释法】

众所周知，无锡所在的苏南地区是我国经济十分发达的地区，也一度成为了经济发展的榜样。然而，蓝藻的暴发，引起了各方的高度关注和激烈讨论。当时，有人认为蓝藻暴发只是局部的、暂时的，应付一下就过去了；有人则从“蓝藻事件”对传统发展方式进行了深刻反思。江苏省环保部门就认识到：“问题在水里，根子在岸上，蓝藻暴发正是以往粗放发展造成的恶果。”表面上，经济发展了，GDP也上去了，似乎一派繁荣景象，但是，“让老百姓喝上干净的水”这一最起码的要求都达不到，这样的经济发展一定出了问题，一定长久不了。

太湖蓝藻事件之后，沿湖各地把坏事变好事，为生态文明“补课”，强调全面小康必过“生态关”，用环境压力倒逼经济发展方式转变，用太湖“蓝藻事件”唤醒全民环保意识。在受蓝藻影响最大的无锡市实施“河长”制，效果不错。据介绍，“河长”成了无锡市各级干部的新“官衔”。全市所有党政一把手，分别担任了64条河流的“河长”。“河长”主要职责是督办河流水质的改善工作。“太湖吃一堑，发展长一智”，时任江苏省社科院经济所所长葛守昆评论说，只要记住太湖“蓝藻事件”的深刻教训，自觉认识和把握生态建设规律，植入绿色GDP、挤出污染GDP，太湖流域、江苏省乃至全中国必将形成产业优化和环境优化的良性循环。苏南传统发展方式必须从根本上加以转变。

的确，国内外的实践都已充分证明，过分追求GDP增速的粗放发展方式，必然导致大气、水、土壤等环境的破坏，是一种短视行为，是不可行的。只重经济的发展也是不可行的，发展经济，不仅要注重速度和数量，更要注重效益和质量，必须同时注重社会发展和环境保护，只有把经济、社会发展和环境保护三者统筹协调起来，才是真正健康的、可持续的良性发展。

法条链接

中华人民共和国环境保护法

第四条 保护环境是国家的基本国策。

国家采取有利于节约和循环利用资源、保护和改善环境、促进人与自然和谐的经济、技术政策和措施，使经济社会发展与环境保护相协调。

3. 如何理解保护优先、预防为主、综合治理、公众参与、损害担责的法律原则？

【知识要点】

不论是在国外，还是在国内，都在一定程度上有过只重视经济发展、不重视甚至忽视环境保护的问题。环顾世界，我们可以看到，有的地方经济发展了，但是环境却受到污染、生态环境被破坏了；有的地方经济不但没有发展起来，而且环境也受到了污染，生态也被破坏了。一旦环境受到污染、生态被破坏了，治理和修复的难度就会很大，有的污染能治理，有的生态遭破坏后能修复，然而，有的却既不能治理也不能修复，这样的例子不胜枚举。

实践证明，环境问题是在经济发展过程中忽视自然规律的结果，“先污染、后治理”的路子本身就是一条弯路，注定了这条路子是走不通的，西方发达国家走过却没有走通，已经改弦易辙，不走这条老路了；许多发展中国家也走过或者还在走这条老路，至少已经部分证明，这条路子还是走不通的。

正是在深刻总结以往经验教训的基础上，我国提出了预防为主、防治结合、综合治理的原则，具体地说，就是在环境保护工作中采取各种预防措施，防止在开发和建设活动中产生新的环境污染和破坏，同时，对已经造成的环境污染和破坏实施严格治理，既预防又治理，综合施治。水污染防治法第三条明确规定：“水污染防治应当坚持预防为主、防治结合、综合治理的原则，优先保护饮用水水源，严格控制工业污染、城镇生活污染，防治农业面源污染，积极推进生态治理工程建设，预防、控制和减少水环境污染和生态破坏。”

当前我国发展正处于转型的关键时刻，发展的需求和环保的矛盾更加突出。如何应对？在总结经验与教训的基础上，修订后的环境保护法对上述原则作了进一步发展和完善，其中，第五条规定：“环境保护坚持保护优先、预防为主、综合治理、公众参与、损害担责的原则。”这就从法律上首次明确了“保护优先”的原则。实际上，在环境保护的理念上，我国也经历了一个发展演变过程，由20世纪70年代的“末端治理”，到80年代的“防治结合”，到90年代的“过程控制”，再到现在的“保护优先”，可以说，在一步步升华。

为贯彻落实“保护优先、预防为主、综合治理、公众参与、损害担责”这一法律原则，法律作了一些制度上的安排和创新，比如，规定国务院有关部门和各地政府在制定经济、技术政策时，应当充分考虑对环境的影响，听取有关方面和专家的意见；要求未达到国家环境质量标准的重点区域、流域的有关地方人民政府应当制定限期达标规划，并采取措施按期达标；在重点生态功能区、生态环境敏感区和脆弱区等区域划定生态保护红线，实行严格保护，等等。

同时，我国的环境保护法律法规中还分别规定了以下法律制度：环境影响评价制度、“三同时”制度、排污许可证制度、限期治理制度、排污收费制度等，换句话说，这几项法律制度也是“保护优先、预防为主、综合治理、公众参与、损害担责”这一原则的具体要求和体现。

典型案例

20世纪80年代初，最具中国特色的“乡镇企业”如雨后春笋，在中国大地蓬勃发展起来。江苏省张家港市也和其他地区一样，急于改变贫困面貌，“村村点火、户户冒烟”，一派繁忙景象。然而，期望的富裕不仅并未如期而至，盲目无序发展的后果却是日益严重的环境污染和生态破坏。对此，张家港市环保局负责人后来曾回忆道：“腰包鼓了，‘三废’也多了，尤其是小电镀、小印染、小化工企业遍地开花，环保欠账积累较深，遗留问题也多。”污染也引起了当地群众的不满，有群众不断上访。

1987年7月7日，因工业焦油泄漏造成自来水取水口污染，导致市区饮食业和数万群众的早餐受到严重影响，甚至使上千名高考生只能空腹走进考场。这深深刺痛了许多人的神经，也震惊了整个张家港市！

究竟要怎么发展？当时，有些人认为，只要经济发展了，有钱可赚，地方财力能够增强，百姓能够得到实惠，环境受点破坏也是必须付出的代价。如果在各地都抢着上项目搞发展的时候，说要搞环境保护有点儿不合时宜，会错失许多发展机会，必然会落后于其他地方。

面对这种观点，张家港市市委分析后认为，张家港市紧靠长江，环境容量很小，“先污染、后治理”的路子会使未来张家港市的发展寸步难行，因此，必须凭借后发优势走出一条经济发展与环境保护相协调的新路子。1992 年，张家港市提出了“团结拼搏、负重奋进、自加压力、敢于争先”的“张家港精神”，以“工业超常熟，外贸超吴江，城建超昆山，各项工作争第一”的目标，拉开了快速发展的序幕。同时，张家港市每次开会必讲环保，提出并践行“既要金山银山，又要绿水青山”的理念和口号。为此，狠抓调整结构，淘汰落后产能，下大力气整治环境，成效显著。

【以案释法】

“先污染、后治理”这条弯路是西方发达国家普遍都走过的。正是在深刻总结过往经济发展过程中的经验教训基础上，这些发达国家日益注重发展中对环境和生态的治理与保护。也正是在借鉴西方发达国家的经验教训基础上，我国提出并实行“保护优先、预防为主、综合治理、公众参与、损害担责”的理念和原则。这既体现在法律、法规和政策之中，也体现在环境与生态的治理和保护工作中。

1993 年，张家港市在全国率先提出“三个一”原则，即：(1) 坚持党政“一把手”亲自抓，负总责，进一步完善环境保护目标责任制，各部门和各乡镇在下达经济目标时与企业直接签订环保目标，职责明确，严格考核；(2) 对新改扩建项目，明确环境保护部门依法行使“第一审批权”；(3) 精神文明建设、评优创先中，实行“一票否决权”制度。

这一“环保优先”的理念和发展模式，不仅使得张家港市的经济有了大发展，从 1992 年至 1995 年间，GDP 从 63 亿元上升至 191 亿元，财政收入从 2. 77 亿元上升至 7. 37 亿元，而且使得该市的环保工作得到了国家的肯定，1996 年 7 月第四次全国环境保护工作会议上，张家港市被授予“环境保护模范城市”称号，在全国树立了榜样，“环境保护模范城市”也逐渐成为了各地争抢的“金字招牌”。

这也说明，在经济发展过程中，如果一开始就注重预防为主、统筹兼顾，环境问题是可以防止的，即使出现一些环境问题，也一定会在可控范围之内，依靠环境自身的净化能力或自我修复能力就可以在很短时期内恢复，或者经过一定的治理与修复，就可以使环境和生态保持比较好的状态。总之，环境保护必须实行预防为主、统筹兼顾的原则。

法条链接

中华人民共和国环境保护法

第五条 环境保护坚持保护优先、预防为主、综合治理、公众参与、损害担责的原则。

中华人民共和国水污染防治法

第三条 水污染防治应当坚持预防为主、防治结合、综合治理的原则，优先保护饮用水水源，严格控制工业污染、城镇生活污染，防治农业面源污染，积极推进生态治理工程建设，预防、控制和减少水环境污染和生态破坏。

中华人民共和国城乡规划法

第十三条第二款 省域城镇体系规划的内容应当包括：城镇空间布局和规模控制，重大基础设施的布局，为保护生态环境、资源等需要严格控制的区域。

4. 如何理解依靠群众保护环境的法律原则?

【知识要点】

依靠群众保护环境的法律原则，就是各级政府发动和组织广大群众积极参与环境管理，并对污染、破坏环境的行为依法进行检举和控告。这项法律原则是党的群众路线在环境保护工作方面的具体体现，也是做好环境保护工作的必要保证。环境质量的高低、好坏，不仅关系到经济社会的发展，也关系到广大群众的身体健康甚至生命财产安全，同时，环境质量究竟怎么样，广大群众的感受最直接。所以，只有依靠群众，相信群众，发动和组织群众，才能搞好环境和生态保护工作。

随着我国环境污染和生态破坏的加剧，环境问题也日益成为当代中国最大的民生问题。解决好这一问题，直接关系到老百姓的生命财产安全和幸福生活，也直接关系到经济发展和社会安宁，还直接关系到国家治理能力，可谓意义重大！

修订后的环境保护法，体现了“人人参与环保”的理念，对公众参与环保作了更为明确、具体的规定，可以说，这是环境保护法修改的一大亮点。修订后的环境保护法适应公众参与的现实需要，在总则中对依靠群众保护环境问题作了较为集中的规定，第五章还专门对“信息公开和公众参与”作了规定，其中特别对所谓的“公益诉讼”问题作了规定。具体来说，依靠群众保护环境的法律原则的主要内容有：（1）明确了“公众参与”的原则。第五条中明确规定：环境保护坚持公众参与的原则；第十四条规定：国务院有关部门和省、自治区、直辖市人民政府组织制定经济、技术政策，应当充分考虑对环境的影响，听取有关方面和专家的意见。（2）明确了个人以及公众的义务。第六条第一款规定：“一切单位和个人都有保护环境的义务。”同时，第六条还明确公民应当采取低碳、节俭的生活方式，增加规定“公民应当增强环境保护意识，采取低碳、节俭的生活方式，自觉履行环境保护义务”。（3）增加了公民守法的规定：“公民应当遵守环境保护法律、法规，配合实施环境保护措施，按照规定对生活废弃物进行分类放置，减少日常生活对环境造成的损害。”（4）增加了环境日的规定。把联合国大会确定的世界环境日写入修订后的环境保护法，第十二条规定：“每年6月5日为环境日。”（5）对作出显著成绩的单位和个人给予奖励。第十一条规定：“对保护和改善环境有显著成绩的单位和个人，由人民政府给予奖励。”（6）明确了公众参与的权利。第五十六条规定：“对依法应当编制环境影响报告书的建设项目，建设单位应当在编制时向可能受影响的公众说明情况，充分征求意见。……”（7）公众有举报的权利。第五十七条规定：“公民、法人和其他组织发现任何单位和个人有污染环境和破坏生态行为的，有权向环境保护主管部门或者其他负有环境保护监督管理职责的部门举报。……”

水污染防治法、环境噪声污染防治法等法律法规中也有类似规定，如《建设项目环境保护管理条例》中规定，建设单位编制环境影响报告书，应当依照有关法律规定，征求建设项目所在地有关单位和居民的意见；《国务院关于环境保护若干问题的决定》中还规定，建立公众参与机制，发挥社会团体的作用，鼓励公众参与环境保护工作，检举和揭发各种违反环境保护法律法规的行为。

典型案例

江苏省泰州唐仁针棉织品公司周围的居民对该公司产生的废水、废气、噪声、异味等污染举报不断，市环保局以及市政府领导曾多次到现场调查处理，该公司也多次进行整改，但是，经过10多年，却仍未能从根本上解决污染问题。2006年5月19日，市环保局启动了对该公司扰民一案的环保信访听证处理会，首开环保信访听证处理“先河”。

首先，由来自江洲社区的投诉人金某代表部分居民，陈述自1991年搬进该社区后所遭受污染受害的情况，并当场出示了唐仁公司污染扰民状况和居民遭受污染之苦的大量照片，以及2006年5月9日早晨居民提取的唐仁公司偷排污水的水样。

接着，被投诉人泰州唐仁公司法人代表和分管环保工作的负责人分别就企业治理污染源和加强企业环保工作进行了答辩。来自泰州市环境监察支队、环境监测中心站的调查处理人，也分别举证了对泰州唐仁公司现场执法、责令限期整改和废水、废气、噪声等排放状况。

随后，投诉人与被投诉人还当场进行了辩论。

最后，在主持人的调解下，双方达成了协议：泰州唐仁公司同意将生产车间搬出居民区，以彻底解决污染扰民问题。

【以案释法】

泰州市在全国举行了首例环保信访听证处理会，让投诉居民代表、被投诉企业法人代表、环保现场执法人员，面对面坐在一起，寻求解决企业污染扰民问题。这一方式开创了我国以听证处理方式解决环保信访问题的“先河”。这种方式使整个听证和处理过程公开、透明，并给予投诉信访人和扰民的排污单位充分的质询、辩论、协商、评议机会，有利于及时沟通、查明事实、分清责任，从而寻求一个最佳解决环保信访的途径。这就改变了过去处理环保信访案件时，都由环境保护部门对排污单位进行取证、调查、处理，而投诉信访人不能参与其中，不利于及时化解矛盾纠纷的现象。

江苏省泰州市为了破解经济发展过程中的环保困局，在全国首开环保信访听证先河，自2006年5月确立这一制度后，化解了一系列环境保护方面的难题。这一方式开创了国内依靠公众参与、以听证方式解决环保信访问题的新形式，受到了国家环保总局（即现在的环境保护部）的充分肯定，并在全国逐步推广。2006年10月30日，在《国家环境保护总局办公厅关于转发

〈关于印发泰州市环境保护信访听证处理暂行办法的通知〉的通知》中规定，要求各省、各自治区、直辖市环境保护局（厅）认真组织纪检监察、环境监察和信访干部学习泰州市开展环境信访听证处理试点工作经验，掌握信访听证的知识，了解基本含义、内容和任务。

实际上，这只是公众参与环保的一种方式。随着环境污染日益严峻，公众参与环保的重要性得到越来越深刻的认识和认同，环境问题不仅是生态问题和民生问题，也是经济问题，只靠环境保护部门的末端防治修复，难以取得持久良效。目前，环境保护部门的尴尬，不仅是长期粗放式发展模式的尴尬，也是有关制度的尴尬。因此，既需要调整产业结构，实现整个产业的转型升级，建立起与当地环境容量、资源禀赋相适应的产业结构，也需要政府各部门形成合力，企业、公众共同努力，推动经济发展同生态环境保护良性循环。

国内外的实践证明，治理环境污染，没有行政部门的严格执法和积极作为是不行的或者说效果是不好的，但是，同样重要的是，仅仅通过政府部门动用行政资源自上而下的手段也是不够的，必须充分发挥公众的作用，因为，既然任何环保问题都会不同程度地影响公众的利益，公众就必然会出于对利益的关注而主动投身到环保活动中来。实际上，在环境治理和保护过程中，公众参与既是一种主动的力量，也是一种可持续的力量。企业要严格遵守法律、法规的规定，真正承担起环境保护方面的义务和责任，同时，公众也不能缺席，必须积极参与其中。修订后的环境保护法对公众参与环境保护问题有了更为明确、详细的规定。社会各界都应当认真遵守法律法规的规定，切实发挥公众在环境保护和生态文明建设中的重要作用。

法条链接

中华人民共和国环境保护法

第五条 环境保护坚持保护优先、预防为主、综合治理、公众参与、损害担责的原则。

第六条 一切单位和个人都有保护环境的义务。

地方各级人民政府应当对本行政区域的环境质量负责。

企业事业单位和其他生产经营者应当防止、减少环境污染和生态破坏，对所造成的损害依法承担责任。

公民应当增强环境保护意识，采取低碳、节俭的生活方式，自觉履行环境保护义务。

第十一条 对保护和改善环境有显著成绩的单位和个人，由人民政府给予奖励。

第十二条 每年6月5日为环境日。

第十四条 国务院有关部门和省、自治区、直辖市人民政府组织制定经济、技术政策，应当充分考虑对环境的影响，听取有关方面和专家的意见。

第三十八条 公民应当遵守环境保护法律、法规，配合实施环境保护措施，按照规定对生活废弃物进行分类放置，减少日常生活对环境造成的损害。

中华人民共和国环境影响评价法

第五条 国家鼓励有关单位、专家和公众以适当方式参与环境影响评价。

中华人民共和国水污染防治法

第十条第一款 任何单位和个人都有义务保护水环境，并有权对污染损害水环境的行为进行检举。

5. 如何理解实行科学保护环境的原则?

【知识要点】

保护和改善环境，这本身是一个科技含量很高的事业。换句话说，开发利用自然资源，首先必须尊重生态规律，实行科学合理的开发与利用；同时，对环境的保护、对污染和其他公害的防治，也必须尊重生态规律，提高科学技术水平，实现环境保护的科学化，这是坚持和实行创新驱动发展战略的组成部分和必然要求。

实际上，通过环境科学研究试验，并经过实践检验应用，证明是有效的措施，才被广泛用于环境保护工作中。这些措施包括：土地复垦、种草植树、物种保护、清洁生产、污染物总量控制，以及环境保护标准等。这些措施首先是环境保护科技成果，通过实践检验和广泛应用之后，才逐步成为技术规范，进而成为法律规范。通过法律规范，进一步推广和应用环境保护科技成果，提高环境保护科学技术水平，提高环境保护本身的水平和质量。

修订后的环境保护法第七条规定：“国家支持环境保护科学技术研究、开发和应用，鼓励环境保护产业发展，促进环境保护信息化建设，提高环境保护科学技术水平。”就是说，提高环境保护科学技术水平，主要是两个方面：(1) 国家支持开展环境保护科学技术的研究、开发和应用。环境保护法第十五条中明确规定，国家鼓励开展环境基准研究；第三十九条中还规定，鼓励和组织开展环境质量对公众健康影响的研究，采取措施预防和控制与环境污染有关的疾病。(2) 鼓励发展环境保护产业。环境保护产业，是开发和应用环境科学技术研究的有效载体。各级政府都要认真履行职责，从财政、税收等方面予以支持。修订后的环境保护法第八条规定，各级人民政府应当加大保护和改善环境、防治污染和其他公害的财政投入，提高财政资金的使用效益。第二十一条进一步规定，国家采取财政、税收、价格、政府采购等方面的政策和措施，鼓励和支持环境保护技术装备、资源综合利用和环境服务等环境保护产业的发展。

2011 年 12 月 15 日，国务院印发的《国家环境保护“十二五”规划》中提出“加强科技支撑”，具体内容包括：(1) 提升环境科技基础研究和应用能力。(2) 夯实环境基准、标准制订的科学基础，完善环境调查评估、监测预警、风险防范等环境管理技术体系。(3) 推进国家环境保护重点实验室、工程技术中心、野外观测研究站等建设。(4) 组织实施好水体污染控制与治理等国家科技重大专项，大力研发污染控制、生态保护和环境风险防范的高新技术、关键技术、共性技术。(5) 研发氮氧化物、重金属、持久性有机污染物、危险化学品等控制技术和适合我国国情的土壤修复、农业面源污染治理等技术。(6) 大力推动脱硫脱硝一体化、除磷脱氮一体化以及脱除重金属等综合控制技术研发。(7) 强化先进技术示范与推广。

典型案例

我国将积极引导新能源、新技术、新材料在海岛开发保护中的应用。这是 2013 年 9 月在浙江舟山召开的第十八次全国海岛联席会议上，国家海洋局副局长宣布的。

近年来，为解决海岛地区基础设施落后、自然资源匮乏以及生态环境退化等问题，我国相继启动了海岛生态修复、海岛生态实验基地建设等行动，引导新能源、新技术、新材料在海岛开发保护中的应用。海岛生态文明建设要发挥好政府引导与市场主导两个方面的作用。今后在海岛生态保护和开发利用工作中，要加强政府引导，通过政策、资金等手段引导节能环保技术产品加快在海岛地区推广应用。企业要加强科技创新，提升产品技术水平，切实开发研制适用于海岛的节能技术产品。

【以案释法】

环境及其保护本身是一门科学。因此，提高环境保护科学技术水平，必须下大气力研究环境规律、生态规律，只有尊重规律，按规律办事，才能有效保护环境，才能有效防止污染和其他公害，才能有效地推动生态文明建设，这已为国内外的实践所证明。

一方面，要加强环境科学的基础研究。只有真正搞清楚环境、生态的原理，才能为自然资源的合理利用和环境保护打下基础；另一方面，要研究开发环境保护的技术，将环境保护的原理转化为技术，进而发挥其应有的作用，而发展环境保护产业，是开发和应用环境科学技术研究的有效载体，要切实强化先进技术示范与推广。在我国，环境保护产业还是一个新兴产业，虽取得了一定成绩，但还有很大发展空间。各级政府要以贯彻修订后的环境保护法为契机，支持环境保护科学技术研究、开发和应用，加大对保护和改善环境、防治污染和其他公害的财政投入力度，为提高环境保护科学技术水平提供必要支持。

法条链接

中华人民共和国环境保护法

第七条 国家支持环境保护科学技术研究、开发和应用，鼓励环境保护产业发展，促进环境保护信息化建设，提高环境保护科学技术水平。

第八条 各级人民政府应当加大保护和改善环境、防治污染和其他公害的财政投入，提高财政资金的使用效益。

第十五条 国务院环境保护主管部门制定国家环境质量标准。

省、自治区、直辖市人民政府对国家环境质量标准中未作规定的项目，可以制定地方环境质量标准；对国家环境质量标准中已作规定的项目，可以制定严于国家环境质量标准的地方环境质量标准。地方环境质量标准应当报国务院环境保护主管部门备案。

国家鼓励开展环境基准研究。

第二十一条 国家采取财政、税收、价格、政府采购等方面的政策和措施，鼓励和支持环境保护技术装备、资源综合利用和环境服务等环境保护产业的发展。

第三十九条 国家建立、健全环境与健康监测、调查和风险评估制度；鼓励和组织开展环境质量对公众健康影响的研究，采取措施预防和控制与环境污染有关的疾病。

中华人民共和国水污染防治法

第六条 国家鼓励、支持水污染防治的科学技术研究和先进适用技术的推广应用，加强水环境保护的宣传教育。

6. 政府如何承担起对环境质量的责任？

【知识要点】

经过多年的实践和发展，人们越来越深刻地认识到，保护和改善环境，不仅要依靠和发挥市场的作用，更要发挥好政府的作用。实际上，在大力推进生态文明建设的过程中，各级政府承担着大量的责任，不仅要保护和改善环境，而且要防止污染和其他公害，保障公众健康，只有这样，才能真正推进生态文明建设，促进经济社会可持续发展。

具体来说，政府对环境质量负责，主要有以下几个方面：(1) 将环境保护工作纳入本行政区域的国民经济和社会发展规划，编制环境保护规划；(2) 制定有利于经济社会发展与环境保护相协调的经济技术政策和措施；(3) 地方各级人民政府应当对本行政区域的环境质量负责；(4) 地方各级人民政府应当根据环境保护目标和治理任务，采取有效措施，改善环境质量；(5) 预警与应急并重，最大限度防止污染；(6) 支持环境保护科学技术研究、开发和应用，提高环境保护科学技术水平；(7) 加大保护和改善环境、防止污染和其他公害的财政投入，提高财政资金的使用效益；(8) 统筹规划、一体实施城市环境综合整治与城市建设改造；(9) 进一步规范环境保护的核心制度，未经许可不得排污；(10) 进一步强化执法手段，赋予监管部门查封和扣押权力；(11) 加强环境保护宣传和普及工作，营造保护环境的良好风气。

典型案例

在环境保护工作中，既要发挥地方人民政府的积极性，又要加强组织领导和评估考核。这是国务院 2011 年 12 月印发的《国家环境保护“十二五”规划》中提出的明确要求。

关于发挥地方人民政府的积极性，规划提出：(1) 进一步深化环境保护激励措施，充分发挥地方人民政府预防和治理环境污染的积极性；(2) 进一步完善领导干部政绩综合评价体系，引导地方各级人民政府把环境保护放在全局工作的突出位置，及时研究解决本地区环境保护重大问题；(3) 完善中央环境保护投入管理机制，带动地方人民政府加大投入力度；(4) 推进生态文明建设试点，鼓励开展环境保护模范城市、生态示范区等创建活动。

关于加强组织领导和评估考核，规划提出：(1) 地方人民政府是规划实施的责任主体，要把规划目标、任务、措施和重点工程纳入本地区国民经济和社会发展总体规划，把规划执行情况作为地方政府领导干部综合考核评价的重要内容；(2) 国务院各有关部门要各司其职，密切配合，完善体制机制，加大资金投入，推进规划实施；(3) 要在2013年年底和2015年年底，分别对规划执行情况进行中期评估和终期考核，评估和考核结果向国务院报告，向社会公布，并作为对地方人民政府政绩考核的重要内容。

【以案释法】

在现代社会，保护和改善环境，防止污染和其他公害，保障公众健康，这是政府的一项基本职责。由于环境的公益性质，切实保护好环境，也是政府提供公共服务的必然要求，可以说，切实保护好环境，既是建设服务型政府的内在要求，也是建设法治政府的内在要求。政府依法切实承担起环境保护的责任，这既是把环境保护工作真正纳入法治轨道的必然要求，也是环境保护法等法律所明确的法定职责。

修订后的环境保护法进一步明确了政府在环境保护方面的职责。实际上，这可以说是对环境保护部门的扩权，或者更准确的表述就是“环保领域的扩权”，主要是：(1) 各级人民政府及有关部门都应当依照规定，做好突发事件的风险控制、应急准备、应急处置和事后恢复工作；各级政府、企业事业单位应当建立环境污染的公共监测预警预案；在环境受到污染，可能影响到公共健康和环境安全时，应当及时公布预警信息，及时启动应急措施，并组织实施，推动环境公共污染危险的减缓。(2) 在扩大相关执法机构的执法权限的同时，也相应加大了他们的法律责任。权力越大，责任也越大，这是权责统一理念的内在要求。修订后的环境保护法规定，环境影响评价机构、环境监测机构以及从事环境监测设备和防治污染设施维护、运营机构的连带责任，如果这些专业性机构弄虚作假，也将与其他的责任者承担连带责任。

总之，修订后的环境保护法中，赋予生态环境管理部门更大的权限，有关部门要严格执法，认真履行法定职责，真正提高环境质量和生态文明建设的水平。

法条链接

中华人民共和国环境保护法

第六条 一切单位和个人都有保护环境的义务。

地方各级人民政府应当对本行政区域的环境质量负责。

……

第八条 各级人民政府应当加大保护和改善环境、防治污染和其他公害的财政投入，提高财政资金的使用效益。

第十三条 县级以上人民政府应当将环境保护工作纳入国民经济和社会发展规划。

国务院环境保护主管部门会同有关部门，根据国民经济和社会发展规划编制国家环境保护规划，报国务院批准并公布实施。

县级以上地方人民政府环境保护主管部门会同有关部门，根据国家环境保护规划的要求，编制本行政区域的环境保护规划，报同级人民政府批准并公布实施。

环境保护规划的内容应当包括生态保护和污染防治的目标、任务、保障措施等，并与主体功能区规划、土地利用总体规划和城乡规划等相衔接。

第二十八条 地方各级人民政府应当根据环境保护目标和治理任务，采取有效措施，改善环境质量。

未达到国家环境质量标准的重点区域、流域的有关地方人民政府，应当制定限期达标规划，并采取措施按期达标。

7．我国环境保护监督管理体制是怎样的？

【知识要点】

环境保护监督管理体制，是指国家环境保护监督管理机构的设置，以及这些机构之间有关环境保护监督管理权限和职责的划分，换句话说，它就是从法律上和制度上规定了中央、地方、部门、企业等在环境保护方面的管理范围、职责权限以及相互关系。

我国环境保护监督管理体制经历了发展演变的过程。1973年我国召开第一次全国环境保护会议后，国务院批转国家计划委员会（现国家发展和改革委员会）《关于保护和改善环境的若干规定（试行草案）》中提出，各地区、各部门要设立精干的环境保护机构，给它们以监督、检查的职权。据此，成立了国务院环境保护领导小组，并下设一个办公室，负责处理日常工作。

1979年通过的环境保护法（试行）中明确规定，国务院设立环境保护机构。省、自治区、直辖市人民政府设立环境保护局。市、自治州、县、自治县人民政府根据需要设立环境保护机构。1982年12月29日，国务院撤销了国务院环境保护领导小组，将其职责划入新成立的城乡建设环境保护部，并在该部下设环境保护局。

1988年，国务院将原城乡建设环境保护部中的环境保护局独立出来，成为国务院的直属机关，同时仍作为国务院环境保护委员会的办事机构，称为“国家环境保护局”（副部级），具有相对独立性。1989年12月26日通过的环境保护法第七条明确规定了环境保护监督管理体制。

1998年3月，第九届全国人大第一次会议审议通过了国务院机构改革方案，设置国家环境保护总局（正部级）。2008年3月，第十一届全国人大第一次会议审议通过了国务院机构改革方案，设置中华人民共和国环境保护部。同时，我国海洋环境保护法和渔业法分别增设了两个环境保护部门，即“国家海事行政主管部门”和“国家渔业行政主管部门”。

我国实行的是统一监督管理与分级、分部门监督管理相结合的体制。这可以分别从纵向和横向上来理解：（1）从纵向上来说，在中央，国务院设有环境保护行政主管部门（即现在的环境保护部）；在地方，县级以上地方人民政府设有环境保护行政主管部门。（2）从横向来说，既设有专门的环境保护行政主管部门，即环境保护行政主管部门或者其他依照法律规定行使环境监督管理权的部门，又赋予其他相关部门以环境保护职责，比如，海洋、公安、交通等部门也对环境污染防治实施监督管理。

修订后的环境保护法第十条对我国的环境保护监督管理体制作了规定：（1）国务院环境保护主管部门，对全国环境保护工作实施统一监督管理；（2）县级以上地方人民政府环境保护主管部门，对本行政区域环境保护工作实施统一监督管理；（3）县级以上人民政府有关部门和军队环境保护部门，依照有关法律的规定对资源保护和污染防治等环境保护工作实施监督管理。

我国环境保护监督管理机构主要有：(1) 环境保护部是国务院环境保护行政主管部门，负责对全国环境保护工作实施统一监督管理；(2) 地方环境保护部门是县级以上地方人民政府环境保护主管部门，对本辖区的环境保护工作实施统一监督管理；(3) 其他监督管理机构，包括：国家海洋行政主管部门、港务监督行政主管部门、渔政渔港监督、军队环境保护部门、公安部门、交通运输部门（包括航政机关、铁道管理、民航管理等）；(4) 自然资源保护监督管理部门，包括：土地资源行政主管部门、矿产资源行政主管部门、林业行政主管部门、农业行政主管部门、水利行政主管部门、渔业行政主管部门等，这些部门主要负责有关自然资源的开发与保护。

典型案例

针对环保监管体制不顺、职责不清的问题，有的地方开展了试点，推行环保系统垂直管理。比如，陕西省自 2002 年 8 月起，对市以下环保行政管理系统开始实行垂直管理；沈阳市环保系统的 9 区和 4 个开发区环保管理分局自 2008 年就实现了垂直管理。

环保系统实行垂直管理，在客观上，上级环境保护部门将管事与管人统一起来，形成了办事高效、运转协调、行为规范、监管统一的环保行政管理运行机制。这有利于环境保护部门实行“一竿子插到底”的监管，增强了环保监督管理的权威性和实效性。

【以案释法】

我国环境保护监督管理体制有一个发展演变的过程。从 20 世纪 70 年代初成立的国务院环境保护领导小组及其办公室，到现在设置的中华人民共和国环境保护部，都充分印证了这一点。

通过不断地改革，完善了我国的环境保护管理体制，理顺了中央和地方、主管部门和分管部门之间的关系，明确了各自的监督管理权限和职责，体现了统一监督和分工负责相结合的原则。实际上，环境保护监督管理机构从无到有、从小到大的过程本身，就充分说明我国对环境治理和生态保护的日益重视。

但是，我们也要清醒地看到，在国家层面，生态环境保护部门职能分散交叉的现象还比较严重，权力下放不够和监管不到位的问题同时存在；在基层，环境保护部门的职能与所担负的责任不够匹配。因此，在新的形势下，一方面，要按照党的十八大和十八届三中全会的要求，进一步改革生态环境保护体制；另一方面，政府，尤其是环境保护行政部门要认真履行职责，把工作做到位、做到家，切实提高工作效能，为建设美丽中国作出贡献。

法条链接

中华人民共和国环境保护法

第十条 国务院环境保护主管部门，对全国环境保护工作实施统一监督管理；县级以上地方人民政府环境保护主管部门，对本行政区域环境保护工作实施统一监督管理。

县级以上人民政府有关部门和军队环境保护部门，依照有关法律的规定对资源保护和污染防治等环境保护工作实施监督管理。

第二章 监督管理

1. 什么是环境资源保护规划制度?

【知识要点】

环境资源保护规划（或计划），是对环境、资源、生态保护工作的总体部署和行动方案，是就一定时期内环境资源目标及其达到目标的措施所作出的规定。这既是国民经济和社会发展规划（或计划）的组成部分，也是对国民经济和社会发展规划（或计划）的细化和具体化。修订后的环境保护法第十三条第一款明确要求："县级以上人民政府应当将环境保护工作纳入国民经济和社会发展规划。"

环境资源保护规划（或计划）制度，是通过立法的形式，把环境资源保护规划或计划工作法治化、制度化和程序化，在法治轨道上推动环境资源保护规划（或计划）的编制和落实等工作。1989 年通过的环境保护法第十二条曾对此作了原则规定，即"县级以上人民政府环境保护行政主管部门，应当会同有关部门对管辖范围内的环境状况进行调查和评价，拟订环境保护规划，经计划部门综合平衡后，报同级人民政府批准实施"。1994 年 8 月 16 日，国家计划委员会（现在的国家发展和改革委员会）和国家环境保护局联合发布的环境保护计划管理办法，进一步对环境保护计划的编制、实施和检查等事项，作了具体规定。2014 年 4 月，修订后的环境保护法第十三条对此作了修改完善，把环境保护规划作为"监督管理"的第一项重要措施予以规定。

按照环境保护计划的时间长短，可分为：（1）长期环境规划（或远景环境规划），一般是 10 年或 10 年以上的规划，如《中国环境保护行动计划（1991—2000 年）》《全国 2000 年环境保护规划纲要》等；（2）中期环境规划，一般是五年规划，是旨在落实长期环境保护规划，如《国家环境保护

"十二五"规划》；（3）短期环境计划，一般就是年度环境计划，是具体落实环境保护长期规划、中期规划的行动方案。

环境保护中长期规划，之前由国务院制定和发布，或者由国家环境保护行政主管部门拟定后报国务院批准后发布。2011 年 12 月 15 日，国务院发出《国务院关于印发国家环境保护"十二五"规划的通知》，正式印发《国家环境保护"十二五"规划》。修订后的环境保护法作了小的调整，规定："国务院环境保护主管部门会同有关部门，根据国民经济和社会发展规划编制国家环境保护规划，报国务院批准并公布实施。"

以往，环境保护规划（或计划）的主要内容包括：基本原则和主要目标、城市环境质量控制计划、污染排放控制和污染治理计划、自然生态保护计划等方面，同时明确每一项目的目标、任务、指标和措施。根据修订后的环境保护法的规定，环境保护规划的内容应当包括：生态保护和污染防治的目标、任务、保障措施等，并与主体功能区规划、土地利用总体规划和城乡规划等相衔接。

典型案例

2011 年 3 月 14 日，第十一届全国人大第四次会议审议通过了《中华人民共和国国民经济和社会发展第十二个五年规划纲要》。2011 年 12 月 15 日，国务院印发《国家环境保护"十二五"规划》。

该规划以《中华人民共和国国民经济和社会发展第十二个五年规划纲要》为根据，明确了指导思想，就是："以邓小平理论和'三个代表'重要思想为指导，深入贯彻落实科学发展观，努力提高生态文明水平，切实解决影响科学发展和损害群众健康的突出环境问题，加强体制机制创新和能力建设，深化主要污染物总量减排，努力改善环境质量，防范环境风险，全面推进环境保护历史性转变，积极探索代价小、效益好、排放低、可持续的环境保护新道路，加快建设资源节约型、环境友好型社会。"该规划还明确了主要目标，即："到 2015 年，主要污染物排放总量显著减少；城乡饮用水水源地环境安全得到有效保障，水质大幅提高；重金属污染得到有效控制，持久性有机污染物、危险化学品、危险废物等污染防治成效明显；城镇环境基础设施建设和运行水平得到提升；生态环境恶化趋势得到扭转；核与辐射安全监管能力明显增强，核与辐射安全水平进一步提高；环境监管体系得到健全。"

《国家环境保护"十二五"规划》包括九个部分，分为：（1）环境形势；（2）指导思想、基本原则和主要目标；（3）推进主要污染物减排；（4）切实解决突出环境问题；（5）加强重点领域环境风险防控；（6）完善环境保护基本公共服务体系；（7）实施重大环保工程；（8）完善政策措施；（9）加强组织领导和评估考核。

【以案释法】

环境资源保护规划（或计划），是国家环境资源保护方面的法律、法规、政策、目标等的具体体现，是对环境资源保护工作的部署，是实现环境保护与经济社会协调发展、人与自然和谐相处的必要措施。实践证明，要实现经济发展与环境保护的协调发展，其中，很重要的一项措施，就是要全面规划、合理布局。只有如此，才能提高环境与生态保护的水平。

因此，依法制定并严格实施环境资源保护规划（或计划），具有重大意义。这主要表现在以下几个方面：（1）有利于发挥环境保护规划（或计划）的宏观调控作用，增强环境保护工作的计划性、主动性；（2）有利于强化环境资源管理；（3）有利于在环境保护过程中合理分配和使用有限的资金，把钱真正花在刀刃上，增强环境保护和生态文明建设的实际效果。

法条链接

中华人民共和国环境保护法

第十三条 县级以上人民政府应当将环境保护工作纳入国民经济和社会发展规划。

国务院环境保护主管部门会同有关部门，根据国民经济和社会发展规划编制国家环境保护规划，报国务院批准并公布实施。

县级以上地方人民政府环境保护主管部门会同有关部门，根据国家环境保护规划的要求，编制本行政区域的环境保护规划，报同级人民政府批准并公布实施。

环境保护规划的内容应当包括生态保护和污染防治的目标、任务、保障措施等，并与主体功能区规划、土地利用总体规划和城乡规划等相衔接。

中华人民共和国水污染防治法

第十五条 防治水污染应当按流域或者按区域进行统一规划。国家确定的重要江河、湖泊的流域水污染防治规划，由国务院环境保护主管部门会同国务院经济综合宏观调控、水行政等部门和有关省、自治区、直辖市人民政府编制，报国务院批准。

前款规定外的其他跨省、自治区、直辖市江河、湖泊的流域水污染防治规划，根据国家确定的重要江河、湖泊的流域水污染防治规划和本地实际情况，由有关省、自治区、直辖市人民政府环境保护主管部门会同同级水行政等部门和有关市、县人民政府编制，经有关省、自治区、直辖市人民政府审核，报国务院批准。

省、自治区、直辖市内跨县江河、湖泊的流域水污染防治规划，根据国家确定的重要江河、湖泊的流域水污染防治规划和本地实际情况，由省、自治区、直辖市人民政府环境保护主管部门会同同级水行政等部门编制，报省、自治区、直辖市人民政府批准，并报国务院备案。

经批准的水污染防治规划是防治水污染的基本依据，规划的修订须经原批准机关批准。

县级以上地方人民政府应当根据依法批准的江河、湖泊的流域水污染防治规划，组织制定本行政区域的水污染防治规划。

2. 如何理解环境质量标准？

【知识要点】

环境质量标准（或者环境保护标准），是指为了防治环境污染，维护生态平衡，保护人体健康和社会物质财富，根据国家有关法律规定，对环境保护工作中需要统一的各项技术规范和技术要求所制定的各种标准的总称。制定并实施环境质量标准，是我国环境监督管理制度的重要组成部分，是对环境进行监督管理的一项具体制度和措施。

我国环境标准，分成以下五类：(1) 环境质量标准，是在一定时间和空间范围内，就环境质量的要求所作的规定。这又分为国家环境质量标准和地方环境质量标准。(2) 污染物排放标准，是为了达到环境质量标准的目标或要求，结合技术经济条件和环境特点，对排入环境的污染物或有害物所作的规定。污染物排放标准可以分为国家污染物排放标准和地方污染物排放标准。国家污染物排放标准，由国务院环境保护行政主管部门根据国家环境质量标准和国家经济、技术条件来制定。地方污染物排放标准，是由省、自治区、直辖市人民政府对国家污染物排放标准中未作规定的项目而制定的标

准。(3）环境监测方法标准，是为监测环境质量和污染物排放、规范采样、分析测试、数据处理等技术所制定的国家环境监测方法标准。(4）国家环境标准样品标准，是为保证环境监测数据的准确、可靠，对用于量值传递或质量控制的材料、实物样品所制定的国家环境标准样品。(5）环境基础标准，是对环境保护工作中需要进行统一的技术术语、符号、代码（代号)、图形、指南、导则、信息编码等所制定的标准。

在我国，环境质量标准（或者环境保护标准）分成以下三级：(1）国家环境质量标准，是由国务院环境行政主管部门制定，国务院环境行政主管部门和国务院标准化行政主管部门共同发布，在全国范围内适用的标准。按照环境保护法的规定，国务院环境保护主管部门制定国家环境质量标准。(2）环境保护行业标准，是由国务院环境行政主管部门制定和发布的，在全国环境保护行业范围内适用的标准。(3）地方环境标准，是由省级人民政府批准发布的，在该行政区域内适用的标准。按照环境保护法的规定，省、自治区、直辖市人民政府对国家环境质量标准中未作规定的项目，可以制定地方环境质量标准；对国家环境质量标准中已作规定的项目，可以制定严于国家环境质量标准的地方环境质量标准，地方环境质量标准应当报国务院环境保护主管部门备案。

在这里，多说一说地方环境标准。由于我国幅员辽阔，人口众多，各地工业发展水平、技术水平和构成污染的状况、类别、数量等都不相同，各地区对环境质量要求也不尽相同；环境中稀释扩散和自净能力也不相同，完全执行国家质量标准和排放标准是不适宜的，因此，需要制定并实施地方标准。制定的标准应当符合以下两点：第一，地方标准应规定国家标准中所没有规定的项目；第二，地方标准应严于国家标准，以起到补充、完善的作用。根据 2013 年 7 月环境保护部公布的地方环境保护标准备案信息，有 120 项地方排放标准，其中，以行业和特征污染物排放标准居多，也有针对流域、河流的污染物排放标准，重庆还对化工园区制定了主要水污染物排放标准（2012 年 9 月 1 日起实施)。2013 年起生效的地方排放标准有 17 项。其中，河北针对大气治理的要求和地方重点行业情况，实施工业炉窑和石灰行业大气污染物排放标准。河南省 2014 年生效了 3 项单独针对河流的水污染物排放标准。浙江省对工业企业废水氮、磷污染物实施间接排放限值。

典型案例

为治理大气污染，北京市将进一步加严机动车排放标准，力争在 2016 年实施第六阶段机动车排放标准，并同步改善油品质量。

北京市已先后于1999年、2002年、2005年、2008年和2013年五次全国率先实施第一、二、三、四和五阶段机动车排放标准，及相应的油品标准。

为什么要实施“京六”机动车排放标准？据研究测算，机动车排放是北京市大气细颗粒物（PM2.5）的最大来源。

目前，北京市现行有效的地方环保标准共50多项，北京市环保局负责人表示，北京已基本形成了国内最为严格的以污染物排放标准为主体的地方环保标准体系。不仅如此，北京市制定的标准多数被国家借鉴或采用，从而转化为国家标准，这也成为了国内外公认的中国机动车排放控制领域的风向标。

北京的污染物排放限值标准全国最严，部分标准达到国际先进水平。就拿2012年5月31日实施的第五阶段车用油品标准来说，2013年3月1日实施的第五阶段机动车排放标准，北京市现行的机动车标准基本上与欧洲接轨。

除了机动车排放标准，北京市还将研究制定木质家具、包装印刷、汽车制造、工业涂装、餐饮等多个行业的污染物排放标准，以及建筑涂料挥发性有机物含量限值标准。

【以案释法】

环境质量标准（或者环境保护标准）的确定和实施，具有重要意义，这主要表现在以下四个方面：(1) 是制定环境保护规划和计划的重要依据，是一定时期内环境保护目标的具体化；(2) 是有效实施环境保护法律、法规的保证，是强化环境监督管理的核心和关键；(3) 是提高环境质量的重要手段；(4) 是推动环境科学技术进步的动力。

我们既要依法实施国家环境标准，也要依法制定并实施好地方标准。各地方要结合当地的地理特点、水文气象条件、经济技术水平、工业布局、人口密度等因素，进行全面规划，综合平衡，划分区域和质量等级，提出实现环境质量要求，同时增加或补充国家标准中未规定的当地主要污染物的项目及容许浓度，有助于治理污染，保护和改善环境。

随着经济社会的不断发展，环境质量标准（或者环境保护标准）也会不断提高。以PM2.5监测数据的公布来说，这件事本身就很能说明问题，在2012年之前，这个标准的制定以及实施，都还没有提上议事日程。但是，公布实施PM2.5监测数据，这本身是必然的，差别只在于是什么时间。而且，伴随着经济社会的发展，尤其是科技水平的提高，我们不仅要制定实施PM2.5环境质量标准，还要进一步提高标准。这既是建设美丽中国的基本要求，也是建设生态文明的必然要求。因此，我们要不断提高环境质量标准并严格实施。

法条链接

中华人民共和国环境保护法

第十五条 国务院环境保护主管部门制定国家环境质量标准。

省、自治区、直辖市人民政府对国家环境质量标准中未作规定的项目，可以制定地方环境质量标准；对国家环境质量标准中已作规定的项目，可以制定严于国家环境质量标准的地方环境质量标准。地方环境质量标准应当报国务院环境保护主管部门备案。

国家鼓励开展环境基准研究。

第十六条 国务院环境保护主管部门根据国家环境质量标准和国家经济、技术条件，制定国家污染物排放标准。

省、自治区、直辖市人民政府对国家污染物排放标准中未作规定的项目，可以制定地方污染物排放标准；对国家污染物排放标准中已作规定的项目，可以制定严于国家污染物排放标准的地方污染物排放标准。地方污染物排放标准应当报国务院环境保护主管部门备案。

中华人民共和国水污染防治法

第十一条 国务院环境保护主管部门制定国家水环境质量标准。

省、自治区、直辖市人民政府可以对国家水环境质量标准中未作规定的项目，制定地方标准，并报国务院环境保护主管部门备案。

第十二条 国务院环境保护主管部门会同国务院水行政主管部门和有关省、自治区、直辖市人民政府，可以根据国家确定的重要江河、湖泊流域水体的使用功能以及有关地区的经济、技术条件，确定该重要江河、湖泊流域的省界水体适用的水环境质量标准，报国务院批准后施行。

第十三条 国务院环境保护主管部门根据国家水环境质量标准和国家经济、技术条件，制定国家水污染物排放标准。

省、自治区、直辖市人民政府对国家水污染物排放标准中未作规定的项目，可以制定地方水污染物排放标准；对国家水污染物排放标准中已作规定的项目，可以制定严于国家水污染物排放标准的地方水污染物排放标准。地方水污染物排放标准须报国务院环境保护主管部门备案。

向已有地方水污染物排放标准的水体排放污染物的，应当执行地方水污染物排放标准。

第十四条 国务院环境保护主管部门和省、自治区、直辖市人民政府，应当根据水污染防治的要求和国家或者地方的经济、技术条件，适时修订水环境质量标准和水污染物排放标准。

3. 什么是环境监测制度？

【知识要点】

环境监测，是人们针对环境保护的实际需要，运用物理、化学、生物等方法，就影响人类和其他生物生存和发展的环境质量状况进行监视性测定的活动。通常情况下，环境监测的主要内容包括以下三个方面：（1）物理指标，包括测定噪声、振动、电磁波、热能、放射性等的水平；（2）化学指标，包括测定各种化学物质在空气、水体、土壤和生物体内的水平；（3）生态系统，包括监测由于人类活动引起的生态系统的变化，如森林、草原以及过度放牧引起的水土流失、土地沙化，二氧化碳的过量排放引起的温室效应和臭氧层破坏等。

环境监测制度，是通过立法形式而形成的有关环境监测的一套规则和程序，是环境监测工作的制度化、法定化和程序化。环境保护法对此有明确规定，国家建立、健全环境监测制度。国务院环境保护主管部门制定监测规范，会同有关部门组织监测网络，统一规划国家环境质量监测站（点）的设置，建立监测数据共享机制，加强对环境监测的管理。

环境监测的主要任务，包括以下三个方面：（1）环境质量方面的监测，就是对环境的各要素进行经常性监测，掌握环境质量状况，作出评价，预测发展趋势等；（2）环境污染监督方面的监测，就是对各有关单位排放污染物的情况进行监视性监测；（3）环境科研和服务方面的监测，就是对环境监测设备、技术以及相关服务进行的监测。

我国环境监测机构主要包括以下几类：（1）国务院和地方各级人民政府环境行政管理部门所设置的环境监测管理机构；（2）全国环境保护系统所设置的环境监测站，这又分为：国家级、省级、设区的市级、县级四级；（3）各部门的专业环境监测机构，这又分为：环境卫生监测机构、劳动环境监测机构、农业环境监测机构、水利环境监测机构、海洋环境监测机构等；（4）大、中型企事业单位的环境监测站。上述环境监测机构，共同形成全国环境监测网。全国环境监测网分为三级：国家网、省级网、市级网。

目前，环境监测主要有：城市大气监测、地面水监测、地下水监测、生活饮用水监测、工业污染源监测等。这些种类繁多的监测任务，一个环境监测站是根本不可能完成的，必须由环境监测网内的成员单位分工负责，联合协作，共同完成。

在实践中，环保、国土、水利等多个部门在环境监测工作中存在比较严重的“各自为政”的问题。2013 年 9 月，国务院发布的《大气污染防治行动计划》中要求，环保部门要加强与气象部门的合作，建立重污染天气监测预警体系。到 2014 年，京津冀、长三角、珠三角区域要完成区域、省、市级重污染天气监测预警系统建设；其他省（区、市）、副省级市、省会城市于 2015 年底前完成。要做好重污染天气过程的趋势分析，完善会商研判机制，提高监测预警的准确度，及时发布监测预警信息。

修订后的环境保护法规定，国务院环境保护主管部门制定监测规范，会同有关部门组织监测网络，统一规划国家环境质量监测站（点）的设置，建立监测数据共享机制，加强对环境监测的管理。因此，环境监测网，必须联合协作，积极开展环境监测，并及时汇总监测数据和资料，进行综合整理。这些数据和资料就为各级政府全面报告环境质量状况打下了基础。

典型案例

我国监测 PM2.5 并公布监测数据是从 2012 年 5 月才逐步开始的。2012 年 5 月 21 日，环境保护部公布《空气质量新标准第一阶段监测实施方案》。按照方案设计，第一阶段将监测二氧化硫（SO_2）、二氧化氮（NO_2）、可吸入颗粒物（PM10）、细颗粒物（PM2.5）、臭氧（O_3）和一氧化碳（CO）共 6 项监测指标。

该方案提出了具体的时间安排，2012 年 10 月底前，第一阶段实施城市所有国家网监测点位要完成设备安装并开展试运行；2012 年 12 月底前，第一阶段实施城市要按空气质量新标准要求开展监测并发布数据，鼓励具备条件的地方提前实施；2012 年，第一阶段实施地区新增指标不参与空气质量年度评价，采用 SO_2、NO_2 和 PM10 共 3 项指标，按《环境空气质量标准》（GB 3095—2012）进行评价；2013 年，第一阶段实施地区采用 SO_2、NO_2、PM10、PM2.5、O_3 和 CO 共 6 项指标，按《环境空气质量标准》（GB 3095—2012）进行评价。

2013 年 3 月 22 日环境保护部办公厅印发了《空气质量新标准第二阶段监测实施方案》，2014 年 5 月 7 日又公布了《空气质量新标准第三阶段监测实施方案》，其中第二阶段和第三阶段监测实施方案中监测项目未作变动，都提出了具体的时间安排。

【以案释法】

对环境进行及时、持续不断的监测，是环境保护的一项基础性工作，是生态文明建设工作的必要前提。由于环境监测所记录的是环境质量的细微变化，所以，必须确保监测数据资料的准确可靠。为此，必须加强对环境监测质量的管理。国家对环境监测的质量问题很重视，不仅在环境保护法中作了原则性规定，而且，还专门制定了《全国环境监测管理条例》和《环境监测质量管理规定》等规定来加以规范。这些都是在总结有关环境监测的立法经验和实践经验的基础上作出的新规定，适应了新的形势和实际需要。

修订后的环境保护法，不仅完善了环境监测制度规定，还对各类环境质量监测站（点）的设置以及监测机构及其负责人对监测数据的真实性和准确性负责等提出了明确要求：（1）有关行业、专业等各类环境质量监测站（点）的设置应当符合法律、法规规定和监测规范的要求；（2）监测机构应当使用符合国家标准的监测设备，遵守监测规范；（3）监测机构及其负责人对监测数据的真实性和准确性负责。

同时，修订后的环境保护法还增加了"监测预警机制"，规定"省级以上人民政府应当组织有关部门或者委托专业机构，对环境状况进行调查、评价，建立环境资源承载能力监测预警机制"。

现在，要贯彻实施好环境保护法和法规、规章等的有关规定，为环境保护和管理提供有力的技术支撑，依法提高环境监测水平，进而提高环境保护的质量和水平，真正推动生态文明建设。

法条链接

中华人民共和国环境保护法

第十七条 国家建立、健全环境监测制度。国务院环境保护主管部门制定监测规范，会同有关部门组织监测网络，统一规划国家环境质量监测站（点）的设置，建立监测数据共享机制，加强对环境监测的管理。

有关行业、专业等各类环境质量监测站（点）的设置应当符合法律、法规规定和监测规范的要求。

监测机构应当使用符合国家标准的监测设备，遵守监测规范。监测机构及其负责人对监测数据的真实性和准确性负责。

第十八条 省级以上人民政府应当组织有关部门或者委托专业机构，对环境状况进行调查、评价，建立环境资源承载能力监测预警机制。

中华人民共和国水污染防治法

第二十三条 重点排污单位应当安装水污染物排放自动监测设备，与环境保护主管部门的监控设备联网，并保证监测设备正常运行。排放工业废水的企业，应当对其所排放的工业废水进行监测，并保存原始监测记录。具体办法由国务院环境保护主管部门规定。

应当安装水污染物排放自动监测设备的重点排污单位名录，由设区的市级以上地方人民政府环境保护主管部门根据本行政区域的环境容量、重点水污染物排放总量控制指标的要求以及排污单位排放水污染物的种类、数量和浓度等因素，商同级有关部门确定。

第二十五条 国家建立水环境质量监测和水污染物排放监测制度。国务院环境保护主管部门负责制定水环境监测规范，统一发布国家水环境状况信息，会同国务院水行政等部门组织监测网络。

第二十六条 国家确定的重要江河、湖泊流域的水资源保护工作机构负责监测其所在流域的省界水体的水环境质量状况，并将监测结果及时报国务院环境保护主管部门和国务院水行政主管部门；有经国务院批准成立的流域水资源保护领导机构的，应当将监测结果及时报告流域水资源保护领导机构。

4. 怎么理解环境影响评价制度？

【知识要点】

环境影响评价，是指对规划和建设项目实施后可能造成的环境影响进行分析、预测和评估，提出预防或减轻不良环境影响的对策和措施，进行跟踪检测的方法与制度。环境保护法曾规定，防治污染的设施必须经原审批环境影响报告书的环境保护行政主管部门验收合格后，该建设项目方可投入生产或使用。建设污染环境项目的环境影响报告书，必须对建设项目产生的污染和对环境的影响作出评价，规定防治措施，经项目主管部门预审并依规定程序报环境保护行政主管部门批准；经批准后，计划部门方可批准建设项目设计任务书。

环境影响评价法把环境影响评价的范围分为规划和建设项目两大类，并作了明确规定。专项规划的环境影响报告书应当包括三个方面的内容：（1）实施该规划对环境可能造成影响的分析、预测和评估；（2）预防或者减轻不良环境影响的对策和措施；（3）环境影响评价的结论。建设项目的环境影响报告书应当包括七个方面的内容：（1）建设项目概况；（2）建设项目周围环境现状；（3）建设项目对环境可能造成影响的分析、预测和评估；（4）建设项目环境保护措施及其技术、经济论证；（5）建设项目对环境影响的经济损益分析；（6）对建设项目实施环境监测的建议；（7）环境影响评价的结论。

《规划环境影响评价条例》还规定：国家建立规划环境影响评价信息共享制度，县级以上政府及其有关部门应当对规划环境影响评价所需资料实行信息共享；规划编制机关对可能造成不良环境影响并直接涉及公众环境权益的专项规划，应当在规划草案报送审批前，采取调查问卷、座谈会、论证会、听证会等形式，公开征求有关单位、专家和公众对环境影响报告书的意见，但是，依法需要保密的除外。

需要特别说明的是，修订后的环境保护法在总结以往经验的基础上，对环境影响评价作了进一步规定：（1）编制有关开发利用规划，建设对环境有影响的项目，应当依法进行环境影响评价。（2）未依法进行环境影响评价的开发利用规划，不得组织实施。（3）未依法进行环境影响评价的建设项目，不得开工建设。（4）防治污染的设施应当符合经批准的环境影响评价文件的要求，不得擅自拆除或者闲置。

典型案例

2013年6月25日，备受关注的中石油云南1000万吨/年炼油项目环境影响报告书及其批复正式公布。从6月25日至7月25日，市民可到安宁市宁湖公园综合展览馆查阅，现场还专门安排了专家答疑解惑。同时，中国石油天然气集团公司官方网站上也公布了项目环境影响报告书的主要内容。

第一，环评报告认为项目建设可行。环境保护部批复强调应采取最严格污染防治措施。在安宁市宁湖公园综合展览馆看到，这里主要分三个区域：户外项目介绍展示区、环评报告及其批复材料查询区和专家答疑区。据介绍，25日共有31人来查阅相关资料，其中包括11名媒体记者。

此次公布的环评报告及相关资料有700多页，“主要内容”版有28页。环评报告经过国家环境保护部批复，对项目选址、污染物排放、环境影响评价等内容作了详细介绍。

环评报告显示，该项目二氧化硫和氮氧化物每年排放量分别为2152.56吨和1272.05吨，化学需氧量和氨氮排放量每年分别为74.09吨和18.52吨，化学需氧量和氨氮排放量排放指标来源于昆明市第七污水处理厂的减排项目。

报告认为，项目污染治理措施可保证“三废”达标排放，保证周围空气、地表水、地下水和土壤环境质量。项目实施后，区域主要污染物排放总量将得到削减。

“环境影响评价结论”部分指出，在项目建设和运营中将严格执行国家法律、法规和标准以及地方各项环境保护政策，落实本报告书提出的各项环境保护措施，昆明市及安宁市严格实施区域各项规划、落实区域污染防治及污染物总量减排措施的前提下，从环境保护角度论证，项目建设可行。

环境保护部在批复中特别强调指出：“鉴于本项目加工沙特和科威特的混合原油属高硫中间基原油，项目所处区域的环境容量有限，应采取最严格的污染防治措施、风险防范及环境监控措施，按计划实施居民搬迁安置，并严格控制周边人口规模，建立及时有效的应急响应与联动机制，防止污染事故发生。”

第二，环境监管工作方案向社会公布。来自环境影响评价单位，即中国石油天然气华东勘察设计研究院的专家贾伟玲透露，环境保护部的行政审批是极其严肃的，报告上报环境保护部前经过专家评审。针对社会上对项目选址不必限于昆明市域内的建议，中石油环境工程技术评估中心有关专家介绍，项目选址不仅要考虑环境，还要综合考虑地质条件、市场、产业配套、环境支撑等因素，当时曾沿着中缅油气管道云南段的不同地点进行比选，最终选择了安宁市。

有市民问，项目建成后会衍生出来的石化“产业集群”，是否影响安宁和昆明的环境？有关专家表示，这既取决于当地的石化产业发展规划，又要看今后环境保护的情况。相关建议不必把所有的项目都放在石化产业园区里。实际上，该项目主要是炼油型，而非化工型，即主要生产清洁用油而非化工原料。

云南省环保厅也公布了针对该项目的环境监管工作方案，将重点监管项目生产工艺以及防治污染、防止生态破坏的措施与环评报告的相符性，施工期污染防治和生态保护情况。安宁市环境保护局还将派专人驻厂监督；每季度第一个月10日前，昆明市环境保护局向社会发布上季度环境监管情况。

【以案释法】

可以说，像中石油云南炼油项目环评报告及批复公开这件事，是一个好的、正面的典型，实践已经作了充分说明。

在现实中，也不乏反面的典型。比如，一些地方、一些单位在开发建设过程中发生突发环境事件。究其原因比较多，也比较复杂，其中较为突出的是违法违规开工建设甚至运行。之所以造成这种局面，就是因为规划布局不尽科学、不尽合理，事前没有进行充分有效的环境影响评价。

因此，必须依法加强对规划的环境影响评价工作，这有利于提高规划的科学性，从源头上预防环境污染和生态破坏，促进经济、社会和环境的全面协调可持续发展。

法条链接

中华人民共和国环境保护法

第十九条　编制有关开发利用规划，建设对环境有影响的项目，应当依法进行环境影响评价。

未依法进行环境影响评价的开发利用规划，不得组织实施；未依法进行环境影响评价的建设项目，不得开工建设。

第四十一条　建设项目中防治污染的设施，应当与主体工程同时设计、同时施工、同时投产使用。防治污染的设施应当符合经批准的环境影响评价文件的要求，不得擅自拆除或者闲置。

中华人民共和国环境影响评价法

第二条　本法所称环境影响评价，是指对规划和建设项目实施后可能造成的环境影响进行分析、预测和评估，提出预防或者减轻不良环境影响的对策和措施，进行跟踪监测的方法与制度。

第三条　编制本法第九条所规定的范围内的规划，在中华人民共和国领域和中华人民共和国管辖的其他海域内建设对环境有影响的项目，应当依照本法进行环境影响评价。

第四条 环境影响评价必须客观、公开、公正，综合考虑规划或者建设项目实施后对各种环境因素及其所构成的生态系统可能造成的影响，为决策提供科学依据。

中华人民共和国水污染防治法

第十七条 新建、改建、扩建直接或者间接向水体排放污染物的建设项目和其他水上设施，应当依法进行环境影响评价。

建设单位在江河、湖泊新建、改建、扩建排污口的，应当取得水行政主管部门或者流域管理机构同意；涉及通航、渔业水域的，环境保护主管部门在审批环境影响评价文件时，应当征求交通、渔业主管部门的意见。

建设项目的水污染防治设施，应当与主体工程同时设计、同时施工、同时投入使用。水污染防治设施应当经过环境保护主管部门验收，验收不合格的，该建设项目不得投入生产或者使用。

规划环境影响评价条例

第二条第一款 国务院有关部门、设区的市级以上地方人民政府及其有关部门，对其组织编制的土地利用的有关规划和区域、流域、海域的建设、开发利用规划（以下称综合性规划），以及工业、农业、畜牧业、林业、能源、水利、交通、城市建设、旅游、自然资源开发的有关专项规划（以下称专项规划），应当进行环境影响评价。

5. 如何理解跨行政区环境保护制度？

【知识要点】

1989 年的环境保护法第十五条曾明确了跨地区环境问题政府处置制度，即“跨行政区的环境污染和环境破坏的防治工作，由有关地方人民政府协商解决，或者由上级人民政府协调解决，作出决定”。具体来说，跨地区环境问题政府处置制度包括以下内容：

第一，从适用范围来看，该制度适用于跨区域环境问题，就是“跨区域的环境污染和环境破坏的防治工作”。跨区域，既可以是在全国范围内跨不同的省、自治区、直辖市，也可以是在省、自治区、直辖市范围内跨不同的设区的市、自治州，等等。

第二，从政府处置方式来看，主要有两种：（1）由有关地方人民政府协商解决。（2）由共同的上一级人民政府协调解决。这两种方式的选择，主要取决于环境问题本身所跨的区域。不管是哪种方式，有关各方都必须予以执行。

在实践中，上述规定发挥了一定作用，但效果并不理想。究其原因，主要有两个方面：（1）环境资源是公共物品，具有非排他性和共享性。大气、水的流动性、扩散性使得大气污染、水污染能够长距离传输，跨省市、跨区域的大气污染或水污染传递在所难免。（2）由于利益问题，致使推诿、扯皮现象时有发生，政府之间的协商效率并不高，严重影响了环境保护工作和生态文明建设的顺利进行。因此，传统的以单一行政区划为单位的防治方法已经不能有效解决区域大气和水污染问题，也很难实现区域内环境质量目标。

总之，必须实现区域性联防联治，这既是国内的呼声与需求，也是国际上的成功经验。修订后的环境保护法第二十条对此作了修改完善，该法条规定：（1）国家建立跨行政区域的重点区域、流域环境污染和生态破坏联合防治协调机制，实行统一规划、统一标准、统一监测、统一的防治措施；（2）前述规定以外的跨行政区域的环境污染和生态破坏的防治，由上级人民政府协调解决，或者由有关地方人民政府协商解决。这是第一次以法律的形式明确了跨行政区域的环境污染与生态破坏联合防治协调机制，对我国跨区域环境治理具有重大意义。

典型案例

由于环境污染无地界，相应地，环境治理也不能一省一市“各自为政”，必须携起手来，建立健全联防联控机制，进而形成“全国一盘棋”的局面。

可喜的是，我国的京津冀、长江三角洲等地区，已着手探索环境区域协调治理。就拿京津冀来说，这项工作已着手进行，特别是2014年，为应对该地区日益严重的环境污染，国家发展改革委员会、能源局、环境保护部联合发布《能源行业加强大气污染防治工作方案》。2014年5月15日，京津冀及周边地区并邀请长江三角洲、珠江三角洲有关省市参加的大气污染防治协作机制会议在北京召开。国务院明确要求，一方面，京津冀及周边地区重污染天气应对工作一定要见到实效，要让老百姓看到治理大气污染的希望。（1）要因地制宜，做好各项预防和准备工作。

(2) 要未雨绸缪，做好重污染天气监测和预警工作。(3) 要各司其职，做好重污染天气应急响应工作。省、市人民政府要建立区域重污染天气应急响应体系，并按照各自的应急预案分别采取应急措施。相关单位按要求停产、停工、限产、限排。(4) 要强化执法，做好重污染天气应对监督检查工作。(5) 要进一步加大宣传力度，形成“同呼吸共奋斗”的社会氛围。

另一方面，要理顺关系，建立国家协调督导、各省（区、市）统筹组织、城市负责实施、单位具体落实和全民广泛参与的联动机制。为此，要着重从两个方面来加强。(1) 要加大责任追究力度。政府和相关部门要签订目标责任书，认真实施“一把手”负责制。环境保护部将定期检查、调度，对干预、伪造监测数据等行为，严格追究责任；对问题突出的地区和企业实施建设项目环评限批；对工作不力、履职缺位等导致持续3天重污染天气的，将对主要领导和分管领导依法实施问责。对偷排偷放、屡查屡犯的企业，依法责令停产关闭。对应急响应时期的各项违法行为依法实施上限处罚。(2) 国务院在2014年年初对各省（区、市）大气污染防治目标责任落实情况进行考核，并作为对领导班子和干部综合评价的重要依据。

【以案释法】

近几年，流行一句打油诗：“世界上最遥远的距离，不是生与死，而是你站在我面前，我却看不到你”，说的就是雾霾笼罩下的城市景象。2013年1月，4次雾霾笼罩30个省（区、市），在北京，仅有5天不是雾霾天。

的确，我国目前大气污染问题比较突出，影响范围大、持续时间长、污染物浓度高。秋冬季节重污染爆发时，京津冀、长江三角洲、珠江三角洲等地区较为严重。大气环境作为人类赖以生存的可贵资源，要污染是容易的，而要防治却是不容易的，是一项涉及面广、综合性强、需要长期努力的重大任务。随着我国工业化、城镇化的快速推进，能源资源消耗和机动车保有量还会上升，大气污染防治压力将持续加大。

实际上，不仅空气污染是这样，水污染等环境污染也是如此。在实践中，由于环境和资源问题具有特殊性，常常发生跨区域的问题，特别是水流往往会流经不同的地方，必然产生上下游之间的关系问题、利益纠纷。这既不利于环境污染和环境破坏问题的解决，也不利于环境和资源的保护管理。所以，从法律上对此予以明确，作出规定，要切实建立跨区域联合防治协调机制，以便加强对跨行政区域的环境污染和生态破坏的防治工作。

法条链接

中华人民共和国环境保护法

第二十条 国家建立跨行政区域的重点区域、流域环境污染和生态破坏联合防治协调机制，实行统一规划、统一标准、统一监测、统一的防治措施。

前款规定以外的跨行政区域的环境污染和生态破坏的防治，由上级人民政府协调解决，或者由有关地方人民政府协商解决。

中华人民共和国水污染防治法

第十五条 防治水污染应当按流域或者按区域进行统一规划。国家确定的重要江河、湖泊的流域水污染防治规划，由国务院环境保护主管部门会同国务院经济综合宏观调控、水行政等部门和有关省、自治区、直辖市人民政府编制，报国务院批准。

前款规定外的其他跨省、自治区、直辖市江河、湖泊的流域水污染防治规划，根据国家确定的重要江河、湖泊的流域水污染防治规划和本地实际情况，由有关省、自治区、直辖市人民政府环境保护主管部门会同同级水行政等部门和有关市、县人民政府编制，经有关省、自治区、直辖市人民政府审核，报国务院批准。

省、自治区、直辖市内跨县江河、湖泊的流域水污染防治规划，根据国家确定的重要江河、湖泊的流域水污染防治规划和本地实际情况，由省、自治区、直辖市人民政府环境保护主管部门会同同级水行政等部门编制，报省、自治区、直辖市人民政府批准，并报国务院备案。

经批准的水污染防治规划是防治水污染的基本依据，规划的修订须经原批准机关批准。

县级以上地方人民政府应当根据依法批准的江河、湖泊的流域水污染防治规划，组织制定本行政区域的水污染防治规划。

6. 政府如何鼓励和支持环境保护产业的发展？

【知识要点】

保护和改善环境，建设生态文明，都必须加强环境保护科学技术的研究、开发和利用。要将科技成果应用在环境保护中，就要积极发展环保产业。

2011 年 12 月 15 日，国务院印发的《国家环境保护“十二五”规划》中提出的“发展环保产业”，具体内容包括：(1) 围绕重点工程需求，强化政策驱动，大力推动以污水处理、垃圾处理、脱硫脱硝、土壤修复和环境监测为重点的装备制造业发展，研发和示范一批新型环保材料、药剂和环境友好型产品。(2) 推动跨行业、跨企业循环利用联合体建设。实行环保设施运营资质许可制度，推进烟气脱硫脱硝、城镇污水垃圾处理、危险废物处理处置等污染设施建设和运营的专业化、社会化、市场化进程，推行烟气脱硫设施特许经营；制定环保产业统计标准。(3) 研究制定提升工程投融资、设计和建设、设施运营和维护、技术咨询、清洁生产审核、产品认证和人才培训等环境服务业水平的政策措施。

2012 年 7 月 9 日，国务院印发的《“十二五”国家战略性新兴产业发展规划》中提出：(1) 节能环保产业要突破能源高效与梯次利用、污染物防治与安全处置、资源回收与循环利用等关键核心技术，发展高效节能、先进环保和资源循环利用的新装备和新产品，推行清洁生产和低碳技术，加快形成支柱产业；(2) 新一代信息技术产业要加快建设下一代信息网络，突破超高速光纤与无线通信、先进半导体和新型显示等新一代信息技术，增强国际竞争力；(3) 生物产业要面向人民健康、农业发展、资源环境保护等重大需求，强化生物资源利用等共性关键技术和工艺装备开发，加快构建现代生物产业体系；(4) 高端装备制造产业要大力发展现代航空装备、卫星及应用产业，提升先进轨道交通装备发展水平，加快发展海洋工程装备，做大做强智能制造装备，促进制造业智能化、精密化、绿色化发展；(5) 新能源产业要发展技术成熟的核电、风电、太阳能光伏和热利用、生物质发电、沼气等新能源，积极推进可再生能源技术产业化；(6) 新材料产业要大力发展新型功能材料、先进结构材料和复合材料，开展共性基础材料研究和产业化，建立认定和统计体系，引导材料工业结构调整；(7) 新能源汽车产业要加快高性能动力电池、电机等关键零部件和材料核心技术研发及推广应用，形成产业化体系。

《中共中央关于制定国民经济和社会发展第十三个五年规划的建议》指出：支持绿色清洁生产，推进传统制造业绿色改造，推动建立绿色低碳循环发展产业体系，鼓励企业工艺技术装备更新改造。发展绿色金融，设立绿色发展基金。

为加快发展节能环保产业，2013 年 8 月 1 日，国务院发布的《关于加快发展节能环保产业的意见》进一步提出：围绕重点领域，促进节能环保产业发展水平全面提升，包括：（1）加快节能技术装备升级换代，推动重点领域节能增效。为此，要推广高效锅炉、扩大高效电动机应用、发展蓄热式燃烧技术装备、加快新能源汽车技术攻关和示范推广、推动半导体照明产业化。（2）提升环保技术装备水平，治理突出环境问题。为此，要示范推广大气治理技术装备、开发新型水处理技术装备、推动垃圾处理技术装备成套化、攻克污染土壤修复技术、加强环境监测仪器设备的开发应用。（3）发展资源循环利用技术装备，提高资源产出率。为此，要提升再制造技术装备水平、建设“城市矿产”示范基地、深化废弃物综合利用、推动海水淡化技术创新。（4）创新发展模式，壮大节能环保服务业。为此，应发展节能服务产业、扩大环保服务产业、培育再制造服务产业。意见还提出：发挥政府带动作用，引领社会资金投入节能环保工程建设；推广节能环保产品，扩大市场消费需求；加强技术创新，提高节能环保产业市场竞争力；强化约束激励，营造有利的市场和政策环境。

2014 年修订的环境保护法第七条规定：“国家支持环境保护科学技术研究、开发和应用，鼓励环境保护产业发展，促进环境保护信息化建设，提高环境保护科学技术水平。”并且，在第二十一条中作了进一步规定：“国家采取财政、税收、价格、政府采购等方面的政策和措施，鼓励和支持环境保护技术装备、资源综合利用和环境服务等环境保护产业的发展”。当然，国务院及其有关部门已经采取相关措施，推进这方面的工作。2014 年 4 月，《国务院关于节能减排工作情况的报告》中提出，国务院调整优化了价格、财税、金融等政策，主要包括：（1）在节能、节水、环保等领域按规定实行增值税、所得税减免优惠，实施原油、天然气资源税从价计征改革，取消“两高一资”产品出口退税。（2）大力推行绿色信贷，到 2013 年底，21 家主要银行绿色信贷余额达 5.2 万亿元，支持节能环保企业债务融资近 3300 亿元。11 个试点省份排污权有偿使用和交易累计超过 30 亿元。（3）中央预算内投资和中央财政加大节能减排工作支持力度，在 18 个城市开展节能减排财政政策综合示范。

典型案例

中国清洁保洁产业总产值高达人民币 3200 亿元，并以每年 25% 的速度增长，这是 2013 年中国国际清洁产业博览会发布的数据。

的确，扫地、抹桌子、洗衣服、擦玻璃、清洁设备……看似不太起眼的清洁保洁行业，已发展为横跨工业与服务业的产业。而这本身需要行业标准予以规范，先进的机器设备作支撑，以及企业自身技术水平来保障等。

然而，我国清洁保洁行业往往都是在低水平上竞争，甚至是恶性竞争，这当中最突出的，就是低价竞争。这是清洁行业的普遍现象，在洗涤领域“低价”表现得更加明显。海特斯上海洗涤服务有限公司总经理鞠伟宏说：“在很多清洁公司，酒店床单与医院床单有时是混合洗的。”当然，这主要是出于成本考虑。其实，这并不算什么行业“秘密”。而监管失范、低价竞争带来的则是卫生隐患。“一些不规范的洗涤公司为了生存，以很低的价格承接后，使用成本较低的工业洗涤剂。”

在清洁机器设备方面，也存在这个问题。

10 多年前，一台清洁用叉车价格是 2 万元，现在只有 2000 多元。这些年，中国清洁设备的价格普遍一直往下走。

清洁设备价格为何大幅度下降？

有关专家说，成本没有下降那么多。“竞争激烈了，大家为了拼低价，产品就做了‘减法’。比如，吸水机里面以前用的线材是铜线，现在改成铝线，镀上一层铜。成本是下降了，但机器的寿命也缩短了。”

【以案释法】

进入 21 世纪以来，特别是 2008 年爆发全球金融危机之后，美国、日本、韩国、欧盟等国家或地区都在根据自己的特点优化经济结构，寻找新的经济增长点，作为振兴经济的措施之一，要培育一些重点新兴产业。

我国也不例外，大力培育新的增长点，发展新兴产业或者战略性新兴产业，就是以重大技术突破和重大发展需求为基础，发展对经济社会全局和长远发展具有重大引领带动作用，知识技术密集，物质资源消耗少，成长潜力大，综合效益好的产业。换句话说，这样的产业就是代表科技创新和产业发展的方向，是新兴科技和新兴产业的深度融合。同时，又对经济社会发展具有很强的关联作用，对于推动经济社会的发展能够发挥重要的作用。所以，我国确定的战略性新兴产业 7 大领域，包括节能环保、新一代信息技术、生物、高端装备制造、新能源、新材料和新能源汽车。

在发达国家，大气污染、水污染等已经不是非常突出的矛盾或者问题了，但在中国，因为仍处于快速的工业化、城镇化过程中，大量地消耗资源，环境承载能力已达极限，环境污染和生态破坏极为严重，所以，我们不仅把节能环保产业列入战略性新兴产业，而且是放在第一位。实际上，这不仅有利于节能环保产业的发展，促进生态文明建设，也有利于经济的转型升级，提升经济社会发展质量，实现可持续发展。

法条链接

中华人民共和国环境保护法

第二十一条 国家采取财政、税收、价格、政府采购等方面的政策和措施，鼓励和支持环境保护技术装备、资源综合利用和环境服务等环境保护产业的发展。

7. 如何鼓励减少污染物排放？

【知识要点】

“十一五”时期，我国把能源消耗强度降低和主要污染物排放总量减少确定为国民经济和社会发展的约束性指标。各地区、各部门认真贯彻落实党中央、国务院的决策部署，采取切实有效措施做好相关工作，基本实现了“十一五”规划纲要确定的节能减排约束性目标，取得了显著成效，为保持国民经济平稳较快发展提供了有力支撑，为应对全球气候变化作出了重要贡献。

2011年12月15日，国务院印发的《国家环境保护“十二五”规划》中提出：“推进主要污染物减排”。具体来说，包括：（1）加大结构调整力度。加快淘汰落后产能；着力减少新增污染物排放量；大力推行清洁生产和发展循环经济。（2）着力削减化学需氧量和氨氮排放量。加大重点地区、行业水污染物减排力度；提升城镇污水处理水平；推动规模化畜禽养殖污染防治。（3）加大二氧化硫和氮氧化物减排力度。持续推进电力行业污染减排；加快其他行业脱硫脱硝步伐；开展机动车船氮氧化物控制。

为进一步做好节能减排工作，2012年8月，国务院正式印发了《节能减排“十二五”规划》。这是国务院确定的“十二五”国家级重点专项规划之一，是指导推动“十二五”节能减排工作的纲领性文件。

为了确保实现“十二五”节能减排约束性目标，加快建设资源节约型、环境友好型社会，规划提出了基本原则，即：强化约束，推动转型；控制增量，优化存量；完善机制，创新驱动；分类指导，突出重点。规划同时提出了包括全国万元国内生产总值能耗下降16%、主要污染物排放总量下降8%至10%的总体目标，以及有效控制各行业、重点领域和主要耗能设备能耗增幅的具体目标。规划扩大了污染物减排的覆盖面，明确提出了三项重点任务，包括调整优化产业结构、推动能效水平提高、强化主要污染物减排。

规划明确提出了相应的保障措施，包括：（1）坚持绿色低碳发展，在制定和实施发展战略、专项规划、产业政策等各种政策时体现节能减排要求；（2）强化目标责任评价考核，国务院每年组织开展省级人民政府节能减排目标责任评价考核，考核结果作为领导班子和领导干部综合考核评价的重要内容，纳入政府绩效管理，实行问责制；（3）加强用能节能管理，切实改变敞开供应能源、无约束使用能源的现象；（4）健全节能环保法律、法规和标准，加快制定和修订配套法律法规，加快建设节能环保标准体系，依法推进节能减排；（5）完善节能减排投入机制，引导企业、社会资金积极投入节能减排，提高财政资金使用效率；（6）完善促进节能减排的经济政策，具体包括价格、财政、税收和金融等政策；（7）推广节能减排市场化机制，建立高耗产品和主要终端用能产品能效"领跑者"标准制度，建立完善排污权有偿使用和交易政策体系，开展碳排放交易试点；（8）推动节能减排技术创新和推广应用，加快推广先进、成熟的新技术、新工艺、新设备和新材料；（9）强化节能减排监督检查和能力建设，强化执法监督，加强对重点用能单位、重点污染源和治理设施运行的监管；（10）开展节能减排全民行动，倡导低碳生产方式和消费模式，积极营造良好的节能减排社会氛围。

为适应节能减排的现实需要，修订后的环境保护法第二十二条、第二十三条和第三十六条主要从以下几个方面对节能减排工作作了规定：（1）企业事业单位和其他生产经营者，在污染物排放符合法定要求的基础上，进一步减少污染物排放的，人民政府应当依法采取财政、税收、价格、政府采购等方面的政策和措施予以鼓励和支持。（2）企业事业单位和其他生产经营者，为改善环境，依照有关规定转产、搬迁、关闭的，人民政府应当予以支持。（3）国家鼓励和引导公民、法人和其他组织使用有利于保护环境的产品和再生产品，减少废弃物的产生。（4）国家机关和使用财政资金的其他组织应当优先采购和使用节能、节水、节材等有利于保护环境的产品、设备和设施。

典型案例

截至2013年年底，北京市建成2.5万辆公共自行车服务系统，办卡9.2万张，累计骑行次数510余万次。公共自行车网点覆盖范围也从最初的2个区县扩大到7个区县，方便了市民出行。

免费骑行，既环保又健康。“在1小时内，到另一站点立马还，重新借1辆，不仅免费，还能锻炼身体，何乐而不为？”2014年6月25日，在东城区天坛东门公共自行车租赁网点，王先生熟练地刷了一下“一卡通”，语音提示“租车成功，请取车”。从2012年6月开始，北京市由政府主导，推行公共自行车服务。北京市已有766个租车网点，覆盖了东城、朝阳等7个区县以及亦庄经济技术开发区，城六区已经实现车辆通存通取，可以跨（行政）区租借或归还自行车。

为鼓励市民短途出行中使用公共自行车，目前租赁公用自行车后1小时内免费骑行，之后每小时收费1元，每天累计不超过10元，连续租用时间不得超过3天，非常便宜。

与商业租赁自行车模式相比，此次试运营主要是政府主导、企业参与运营，具体来说，就是由政府投入了项目启动资金，运营商负责具体经营管理，并承担人员、维修、零部件等费用支出责任。

下午6点，正值交通晚高峰。市民高先生从八通线梨园地铁站出来，径直走进公共租赁自行车站点，熟练地刷卡、取车。骑车不到5分钟，就到了格兰晴天小区门口。高先生介绍说：“我们小区门口没有公交车站，以前上班每天只能走到地铁站，要是赶时间就得打黑‘摩的’，自己买辆自行车吧，又怕被偷了，还是公租自行车方便。”从小区门口到梨园地铁站，大概要走10到15分钟，但骑车只要四五分钟。

越来越多的居民像高先生一样，选择公租自行车作为地铁到家之间的交通工具。统计数据也印证了这一点，1小时之内还车的人数占租车人群的90%以上，平均使用时间在20分钟左右。

【以案释法】

在北京这样的大都市，大多数人租车都是用来解决上下班的“最后1公里”难题，快借快还、免费用车。

的确，在机动车不断增长、交通拥堵和大气污染加剧的背景下，推广使用公共自行车，就是一项利国利民的“善举”。在全国许多地方，比如北京、苏州、西安、淮北、北仑、义乌等地，都在倡导“低碳生活、绿色出行”，并推行公共自行车服务。

不仅如此，一些地方还已开始推广智能交通管理，实施公交优先战略，提高公共交通出行比例，加强步行、自行车交通系统建设等等。

当前，这些工作还需要继续做好。一方面，要坚持并大力推行公共自行车服务，使这一服务不断深入人心，成为绝大多数人的自觉行动；另一方面，还要研究解决实际问题。比如，网点太少且分布还不尽合理等。尽管公共自行车使用率和周转率持续上升，但在不少租借者看来，与一些公共自行车运作较为成熟的城市相比，北京的公租自行车还是明显呈现出利用率不高的问题。实际上，一些人不租用自行车的原因是租用后找不到合适的归还点，反而耽误时间，其根本原因是租赁点明显不足。又比如，由于公共自行车损坏率高，没人管理，以致在有些网点，根本无车可借。这些都需要在实际工作中逐步加以解决，特别是政府有关部门、运营商等要积极研究、出台相关措施，真正把好事办好。

“节能领跑，绿色发展”，这是2016年全国节能宣传周的主题。的确，建设绿色低碳家园，需要我们共同践行节能减排的理念，这是社会每一份子的责任。要继续深入开展节能减排全民行动，抓好家庭社区、青少年、企业、学校、军营、农村、政府机构、科技、科普和媒体等专项行动，倡导文明、节约、绿色、低碳的消费理念，引导绿色消费行为。政府机构带头节能减排，继续组织做好全国节能宣传周、世界环境日、全国低碳日等主题宣传活动，进一步强化资源环境国情教育。组织实施“节俭惜福、养德圆梦”全民节约行动，加强舆论监督和社会监督，营造推进节能减排的良好氛围。

当然，要把这一先进理念变成行动、落到实处，必须要有相应的政策和措施，特别是要有便民措施、惠民措施。

法条链接

中华人民共和国环境保护法

第二十二条　企业事业单位和其他生产经营者，在污染物排放符合法定要求的基础上，进一步减少污染物排放的，人民政府应当依法采取财政、税收、价格、政府采购等方面的政策和措施予以鼓励和支持。

第二十三条　企业事业单位和其他生产经营者，为改善环境，依照有关规定转产、搬迁、关闭的，人民政府应当予以支持。

第三十六条　国家鼓励和引导公民、法人和其他组织使用有利于保护环境的产品和再生产品，减少废弃物的产生。

国家机关和使用财政资金的其他组织应当优先采购和使用节能、节水、节材等有利于保护环境的产品、设备和设施。

中华人民共和国清洁生产促进法

第二条 本法所称清洁生产，是指不断采取改进设计、使用清洁的能源和原料、采用先进的工艺技术与设备、改善管理、综合利用等措施，从源头削减污染，提高资源利用效率，减少或者避免生产、服务和产品使用过程中污染物的产生和排放，以减轻或者消除对人类健康和环境的危害。

第八条 国务院清洁生产综合协调部门会同国务院环境保护、工业、科学技术部门和其他有关部门，根据国民经济和社会发展规划及国家节约资源、降低能源消耗、减少重点污染物排放的要求，编制国家清洁生产推行规划，报经国务院批准后及时公布。

国家清洁生产推行规划应当包括：推行清洁生产的目标、主要任务和保障措施，按照资源能源消耗、污染物排放水平确定开展清洁生产的重点领域、重点行业和重点工程。

国务院有关行业主管部门根据国家清洁生产推行规划确定本行业清洁生产的重点项目，制定行业专项清洁生产推行规划并组织实施。

县级以上地方人民政府根据国家清洁生产推行规划、有关行业专项清洁生产推行规划，按照本地区节约资源、降低能源消耗、减少重点污染物排放的要求，确定本地区清洁生产的重点项目，制定推行清洁生产的实施规划并组织落实。

中华人民共和国节约能源法

第三条 本法所称节约能源（以下简称节能），是指加强用能管理，采取技术上可行、经济上合理以及环境和社会可以承受的措施，从能源生产到消费的各个环节，降低消耗、减少损失和污染物排放、制止浪费，有效、合理地利用能源。

第四条 节约资源是我国的基本国策。国家实施节约与开发并举、把节约放在首位的能源发展战略。

第五条 国务院和县级以上地方各级人民政府应当将节能工作纳入国民经济和社会发展规划、年度计划，并组织编制和实施节能中长期专项规划、年度节能计划。

国务院和县级以上地方各级人民政府每年向本级人民代表大会或者其常务委员会报告节能工作。

第六条 国家实行节能目标责任制和节能考核评价制度，将节能目标完成情况作为对地方人民政府及其负责人考核评价的内容。

省、自治区、直辖市人民政府每年向国务院报告节能目标责任的履行情况。

第七条 国家实行有利于节能和环境保护的产业政策，限制发展高耗能、高污染行业，发展节能环保型产业。

国务院和省、自治区、直辖市人民政府应当加强节能工作，合理调整产业结构、企业结构、产品结构和能源消费结构，推动企业降低单位产值能耗和单位产品能耗，淘汰落后的生产能力，改进能源的开发、加工、转换、输送、储存和供应，提高能源利用效率。

国家鼓励、支持开发和利用新能源、可再生能源。

中华人民共和国循环经济促进法

第二条 本法所称循环经济，是指在生产、流通和消费等过程中进行的减量化、再利用、资源化活动的总称。

本法所称减量化，是指在生产、流通和消费等过程中减少资源消耗和废物产生。

本法所称再利用，是指将废物直接作为产品或者经修复、翻新、再制造后继续作为产品使用，或者将废物的全部或者部分作为其他产品的部件予以使用。

本法所称资源化，是指将废物直接作为原料进行利用或者对废物进行再生利用。

第三条 发展循环经济是国家经济社会发展的一项重大战略，应当遵循统筹规划、合理布局，因地制宜、注重实效，政府推动、市场引导，企业实施、公众参与的方针。

第四条 发展循环经济应当在技术可行、经济合理和有利于节约资源、保护环境的前提下，按照减量化优先的原则实施。

在废物再利用和资源化过程中，应当保障生产安全，保证产品质量符合国家规定的标准，并防止产生再次污染。

8. 如何理解环境现场检查制度?

【知识要点】

现场检查是环境保护管理机关直接进入企业事业单位生产经营现场进行

查看、检查，是环境保护管理机关开展行政执法的一种方式，是环境保护管理机关行使监督检查职能的一种法律手段。可以说，现场检查是环境行政监督的一项重要措施。

现场检查制度，是环境保护主管部门及其委托的环境监察机构和其他负有环境保护监督管理职责的部门，依法对在自己管辖范围内的单位和个人遵守环境保护法律、法规，执行其命令和决定，以及其他与环境保护有关的情况，直接进入现场进行检查的一种法律制度。之所以在法律上规定现场检查制度，主要目的就是：通过检查、督促排污单位执行环境资源保护管理制度和规定，及时发现违法行为，以便采取相应的防范措施和补救办法。所以说，现场检查制度对于环境资源保护管理制度的贯彻落实，是一项重要的保障制度和措施。

现场检查的内容，主要是检查企业事业单位和其他生产经营者遵守环境资源法律、法规，执行环境资源行政管理部门有关命令和决定的情况，以及与环境资源保护管理有关的情况。在实践中，环境保护管理部门往往根据实际需要，对不同的检查对象和环境影响因素，确定相应的现场检查内容。

现场检查的程序：(1) 准备。主要是明确现场检查的目的和任务，确定检查的对象和内容、检查的项目及相关要求以及适当的检查方式等。(2) 进入现场。检查人员进入现场进行检查，必须佩戴标志，身着统一的制服，向被检查单位明示身份，并出示检查证件和标志。(3) 检查。检查时，检查人员须两人或两人以上。要依法按规定，对有关项目逐一进行检查、提出要求。被检查单位应当派出有关负责人，提供有关资料，说明情况。这是被检查单位的法定义务。(4) 总结归档。检查人员应当及时整理检查笔录和有关资料，认真总结，提出相应的意见和建议，并分类归档。

环境保护法对现场检查制度作了原则规定，水污染防治法及其实施细则、大气污染防治法等对这一制度进一步作了具体规定。在实践的基础上，又有新的发展，新修订的环境保护法作了补充完善。主要内容有：(1) 明确了环境保护主管部门的职责。县级以上人民政府环境保护主管部门及其委托的环境监察机构和其他负有环境保护监督管理职责的部门，有权对排放污染物的企业事业单位和其他生产经营者进行现场检查。(2) 明确了被检查者的义务。被检查者应当如实反映情况，提供必要的资料。(3) 对被检查者的商业秘密进行保护。实施现场检查的部门、机构及其工作人员应当为被检查者保守商业秘密。(4) 查封、扣押造成污染物排放的设施、设备。企业事业单位和其他生产经营者违反法律、法规规定排放污染物，造成或者可能造成严重污染的，县级以上人民政府环境保护主管部门和其他负有环境保护监督管理职责的部门，可以查封、扣押造成污染物排放的设施、设备。

典型案例

2014 年 2 月 21 日，环境保护部公开通报督查情况时表示，一些企业的无组织排放情况比较严重。环境保护部华北督查中心在赴河南郑州市所辖的上街区、新郑市、登封市、荥阳市、新密市、中牟县等地，针对大气污染防治情况进行督查时，发现郑州市面源污染问题十分突出，尤其是市政工程、拆迁工地现场敞开式作业，作业处无任何覆盖防尘措施。而大量渣土运输车在运输过程中没有上盖，无任何遮挡措施。

另外，多家企业拒绝或阻挠督查组进入厂区进行执法检查。据环境保护部透露，在新郑市恒益瓷业和新郑福华钢铁集团，督查组在出示证件要求对企业进行检查后，企业门卫均以“主要负责人不在”为由拒绝检查，将督查组拒之门外。在登封市铝庄碳素厂，相关负责人阻挠执法人员拍摄取证。

郑州沃原化工股份有限公司建成于 20 世纪 70 年代，设备严重老化，存在严重的跑、冒、滴、漏问题，工厂内弥漫着浓浓的氨水气味，灰渣满地。荥阳市永联碳素厂和登封市铝庄碳素厂存在环保设备不能正常运行、管理水平低下、无组织排放问题严重、污染物超标排放等问题。

督查组还发现，一些企业的无组织排放情况比较严重。环境保护部说，新郑碳素厂、登封市铝庄碳素厂、登封市铝庄建材厂、河南华兴玻璃有限公司、郑州广源铝业有限公司等大部分企业在生产过程中都存在烟气和粉尘的无组织排放问题，导致厂区及周边空气中充斥着刺鼻的气味。

在新密市超化镇湖地村公路旁边，长达 3 公里的道路两侧分布着约 20 家小耐火材料加工作坊，而这个小制造企业群，企业规模小，生产水平低，无任何的污染治理措施，烟粉尘直接排放。大量的生产原料堆积在道路两侧，简易的生产车间内粉尘四溢。

【以案释法】

现场检查制度作为环境资源保护管理的一项重要制度，是其他环境资源管理制度得以贯彻落实的重要保证。如果说要让环境保护法长出“牙齿”，成为一部管用的法律，很重要的一点，就是既要完善制度规定，又要严格执法，把现场检查制度落到实处。从现实情况看，我国的环境污染和生态破坏严重，一方面是由于环境保护法的相关规定还不完善、不健全；另一方面在于现行环境资源保护管理制度和规定没有得到有效落实。

修订后的环境保护法对现场检查制度作了修改，特别是赋予检查机关以查封、扣押权，即“可以查封、扣押造成污染物排放的设施、设备”。所以，环境保护主管部门和其他负有环境监督管理职责的部门，必须严格按照环境保护法等法律的规定，认真执行环境现场检查制度，确保有关制度和规定落实到位，不打折扣。

法条链接

中华人民共和国环境保护法

第二十四条 县级以上人民政府环境保护主管部门及其委托的环境监察机构和其他负有环境保护监督管理职责的部门，有权对排放污染物的企业事业单位和其他生产经营者进行现场检查。被检查者应当如实反映情况，提供必要的资料。实施现场检查的部门、机构及其工作人员应当为被检查者保守商业秘密。

第二十五条 企业事业单位和其他生产经营者违反法律法规规定排放污染物，造成或者可能造成严重污染的，县级以上人民政府环境保护主管部门和其他负有环境保护监督管理职责的部门，可以查封、扣押造成污染物排放的设施、设备。

中华人民共和国行政强制法

第二条 本法所称行政强制，包括行政强制措施和行政强制执行。

行政强制措施，是指行政机关在行政管理过程中，为制止违法行为、防止证据损毁、避免危害发生、控制危险扩大等情形，依法对公民的人身自由实施暂时性限制，或者对公民、法人或者其他组织的财物实施暂时性控制的行为。

行政强制执行，是指行政机关或者行政机关申请人民法院，对不履行行政决定的公民、法人或者其他组织，依法强制履行义务的行为。

第三条 行政强制的设定和实施，适用本法。

发生或者即将发生自然灾害、事故灾难、公共卫生事件或者社会安全事件等突发事件，行政机关采取应急措施或者临时措施，依照有关法律、行政法规的规定执行。

行政机关采取金融业审慎监管措施、进出境货物强制性技术监控措施，依照有关法律、行政法规的规定执行。

第九条 行政强制措施的种类：

（一）限制公民人身自由；

（二）查封场所、设施或者财物；

（三）扣押财物；

（四）冻结存款、汇款；

（五）其他行政强制措施。

第十二条 行政强制执行的方式：

（一）加处罚款或者滞纳金；

（二）划拨存款、汇款；

（三）拍卖或者依法处理查封、扣押的场所、设施或者财物；

（四）排除妨碍、恢复原状；

（五）代履行；

（六）其他强制执行方式。

中华人民共和国水污染防治法

第二十七条 环境保护主管部门和其他依照本法规定行使监督管理权的部门，有权对管辖范围内的排污单位进行现场检查，被检查的单位应当如实反映情况，提供必要的资料。检查机关有义务为被检查的单位保守在检查中获取的商业秘密。

中华人民共和国水污染防治法实施细则

第十七条 环境保护部门和海事、渔政管理机构对管辖范围内向水体排放污染物的单位进行现场检查时，应当出示行政执法证件或者佩戴行政执法标志。

第十八条 环境保护部门和海事、渔政管理机构进行现场检查时，根据需要，可以要求被检查单位提供下列情况和资料：

（一）污染物排放情况；

（二）污染物治理设施及其运行、操作和管理情况；

（三）监测仪器、仪表、设备的型号和规格以及检定、校验情况；

（四）采用的监测分析方法和监测记录；

（五）限期治理进展情况；

（六）事故情况及有关记录；

（七）与污染有关的生产工艺、原材料使用的资料；

（八）与水污染防治有关的其他情况和资料。

9. 什么是环境保护目标责任制和考核评价制度?

【知识要点】

环境保护法在“总则”中规定，地方各级人民政府应当对本行政区域的环境质量负责。就是说，地方各级人民政府，既包括县级人民政府、设区的市（或自治州）级人民政府以及省级人民政府，也包括乡级人民政府，都要采取有效措施，对本辖区的环境质量负责。

什么是政府环境质量负责制？这是指地方各级人民政府应当根据环境保护目标和治理任务，采取积极有效措施，改善本行政区的环境质量。具体措施包括以下几个方面：（1）切实加强对环境保护工作的领导；（2）将环境保护纳入本行政区域的国民经济和社会发展规划（或计划）；（3）根据上级的总体规划，规划工业布局并作适当调整；（4）依法制定和修改地方性环境规章，发布有关决定或命令；（5）制定并实施本行政区域的环境保护规划（或计划）；（6）统筹规划、一体实施城市环境综合整治与城市建设改造；（7）切实保证财政资金投入，多渠道筹措环境保护资金；（8）未达到国家环境质量标准的重点区域、流域的有关地方人民政府，应当制定限期达标规划，并采取措施按期达标。

特别是修订后的环境保护法明确规定“国家实行环境保护目标责任制和考核评价制度”，并作了具体规定，主要包括：县级以上人民政府应当将环境保护目标完成情况纳入对本级人民政府负有环境保护监督管理职责的部门及其负责人和下级人民政府及其负责人的考核内容，作为对其考核评价的重要依据，考核结果应当向社会公开。

2013 年 9 月，国务院正式发布了《大气污染防治行动计划》，该计划特别提出了加大综合治理力度、减少污染物排放；调整优化产业结构、推动产业转型升级；加快企业技术改造、提高科技创新能力等 10 项大气污染防治措施，其中还明确规定：工作不力未达标将被追责。该计划指出，经过五年努力，全国空气质量总体改善，重污染天气较大幅度减少；京津冀、长三角、珠三角等区域空气质量明显好转，力争再用五年或更长时间，逐步消除重污染天气，全国空气质量明显改善。到 2017 年，全国地级及以上城市可吸入颗粒物浓度比 2012 年下降 10% 以上，优良天数逐年提高；京津冀、长三角、珠三角等区域细颗粒物浓度分别下降 25%、20%、15% 左右，其中北京市细颗粒物年均浓度控制在 60 微克/立方米左右。

典型案例

太湖流域重点断面水质频繁异常波动，江苏省首次“环保约谈”四县级政府负责人，整改不到位将处理地方政府责任人。

据报道，2013 年 6 月初，针对一季度太湖流域重点断面水质频繁异常波动现象，江苏省环保厅首次启动“约谈”机制，约谈了苏南四地政府相关负责人。对于限期之内没有整改到位的，将启动“挂牌督办”、“区域限批”等措施，如半年内仍未完成整改，将直接由江苏省纪委和省监察厅处理地方政府责任人。

2013 年一季度，太湖流域重点断面水质频繁出现异常波动，前 3 个月省环保厅发现太湖流域 15 个断面共计 28 次水质异常波动，接近去年全年波动频次。原因主要是养殖、种植企业以及无证经营的洗桶、塑料造粒企业（作坊）违法排污；集中式污水处理设施运行不稳定；化工企业违法倾倒等。

位于武进的“五牧”断面，今年以来发生了 3 次水质异常波动。有不法分子夜间通过船只向河中偷倒化工废液以及个别企业偷排污水，而丹阳市皇塘镇东庄村是个典型的没有任何污染防治措施的生猪集中养殖点，养殖产生的高浓度废水废液定期排到仅 50 米外的战备河里，造成泥炭桥断面总磷浓度时常出现飙升。

江苏省环保厅首次启动了“约谈”机制，对 2013 年以来断面水质波动超过 3 次的武进、江阴、张家港、丹阳等市（区）政府负责人“环保约谈”，要求两个月内完成排污达标整改。今后这样的政府负责人被“环保约谈”机制将在每次突发重污染事件后启动。

江苏省环保厅苏南环保督查中心主任程炜介绍，从督查结果来看，张家港、江阴、武进等市完成了整改，但目前丹阳问题仍然严重。丹阳市的联丰溶剂包装厂非法从事化工废桶清洗业务，还在继续非法生产。

对于限期之内没有整改到位的地方，程炜表示，将启动“挂牌督办”“区域限批”等措施对其进行“制裁”。挂牌督办由环保厅和监察厅联合推动，半年内如果挂牌督办不完成，将直接由纪委和监察厅处理地方政府责任人。

【以案释法】

2013年9月，国务院办公厅发布的《大气污染防治行动计划》提出了加大综合治理力度、减少污染物排放；调整优化产业结构、推动产业转型升级；加快企业技术改造、提高科技创新能力等10项大气污染防治措施，其中还明确规定：工作不力未达标将被追责。

根据该计划，国务院与各省（区、市）人民政府签订大气污染防治目标责任书，将目标任务分解落实到地方人民政府和企业。将重点区域的细颗粒物指标、非重点地区的可吸入颗粒物指标作为经济社会发展的约束性指标，构建以环境质量改善为核心的目标责任考核体系。国务院制定考核办法，每年初对各省（区、市）上年度治理任务完成情况进行考核；2015年进行中期评估，并依据评估情况调整治理任务；2017年对行动计划实施情况进行终期考核。考核和评估结果经国务院同意后，向社会公布，并交由干部主管部门，按照《关于建立促进科学发展的党政领导班子和领导干部考核评价机制的意见》《地方党政领导班子和领导干部综合考核评价办法（试行)》《关于开展政府绩效管理试点工作的意见》等规定，作为对领导班子和领导干部综合考核评价的重要依据。

未通过年度考核的，由环境保护部门会同组织部门、监察机关等部门约谈省级人民政府及其相关部门有关负责人，提出整改意见，予以督促。对因工作不力、履职缺位等导致未能有效应对重污染天气的，以及干预、伪造监测数据和没有完成年度目标任务的，监察机关要依法依纪追究有关单位和人员的责任，环境保护部门要对有关地区和企业实施建设项目环评限批，取消国家授予的环境保护荣誉称号。

环境考核定升迁？难度不小。但是，再难也要认真研究，努力推行。

将环保成绩纳入官员政绩考核并非没有，目前很多地方已经开始将生态环保责任纳入官员政绩考核中，但往往没有什么实质性的效果，比如，很少有地方官员因为环保考核不过而被免职，即使被免职的，往往也是级别比较低。比如，争议中的“红豆局长”曾被免职；河北文安县因电镀厂污染，县长被免职。所以，相对来说，做得比较多的只是问责。究其原因，一方面，一些地方环保考核分值比重较低；另一方面，环保考核也未纳入民意反馈机制。

环保成绩和政绩挂钩，最重要的是能够通过环保考核，影响官员的人事任免，但从组织机构角度来说，要做到这点难度不小。好在这方面的工作已经开始，需要进一步加大问责力度，增强问责的效果，进而真正促进环保工作的有效开展。

法条链接

中华人民共和国环境保护法

第二十六条 国家实行环境保护目标责任制和考核评价制度。县级以上人民政府应当将环境保护目标完成情况纳入对本级人民政府负有环境保护监督管理职责的部门及其负责人和下级人民政府及其负责人的考核内容，作为对其考核评价的重要依据。考核结果应当向社会公开。

第二十八条 地方各级人民政府应当根据环境保护目标和治理任务，采取有效措施，改善环境质量。

未达到国家环境质量标准的重点区域、流域的有关地方人民政府，应当制定限期达标规划，并采取措施按期达标。

10. 如何理解向人大或人大常委会报告环境状况和环境目标的完成情况制度?

【知识要点】

在我国，政府由人民代表大会产生，对人民代表大会负责，受人民代表大会监督，这是宪法第三条明确规定的。同时，根据宪法规定，在中央层面，国务院对全国人民代表大会负责并报告工作；在全国人民代表大会闭会期间，对全国人民代表大会常务委员会负责并报告工作。在地方层面，地方各级政府对本级人民代表大会负责并报告工作；县级以上的地方政府在本级人民代表大会闭会期间，对本级人民代表大会常务委员会负责并报告工作。

监督法第二章对人民代表大会常务委员会听取和审议人民政府的专项工作报告作了明确规定：各级人民代表大会常务委员会每年选择若干关系改革发展稳定大局和群众切身利益、社会普遍关注的重大问题，有计划地安排听取和审议本级人民政府的专项工作报告。

修订后的环境保护法进一步就政府向人民代表大会或人民代表大会常务委员会报告环境状况和环境目标的完成情况作了规定：(1) 县级以上人民政府应当每年向本级人民代表大会或者人民代表大会常务委员会报告环境状况和环境保护目标完成情况。也就是说，今后每年的人民代表大会会议，将在审议政府工作报告以及计划报告和预算报告的基础上，增加审议“环境报告”。这必将有利于进一步加强人民代表大会对环保工作的监督，督促政府高度重视并改进环境保护工作。(2) 对发生的重大环境事件应当及时向本级人民代表大会常务委员会报告，依法接受监督。环境保护法的这一规定，就使得它与突发事件应对法的规定一致起来了。根据突发事件应对法的规定，县级以上人民政府作出应对突发事件的决定、命令，应当报本级人民代表大会常务委员会备案；突发事件应急处置工作结束后，应当向本级人民代表大会常务委员会作出专项工作报告。

这些规定，是现行宪法中政府由人民代表大会产生、受人民代表大会监督、对人民代表大会负责有关规定的具体化，强化了人民代表大会及其常务委员会监督政府及其部门的职责，必将有利于环境保护工作的开展，有利于生态文明建设的推进。

在实践中，国务院按照宪法和监督法等法律的规定，向全国人民代表大会常务委员会报告了环境保护与资源管理等方面的专项工作情况。比如，2012 年 12 月 25 日，国土资源部时任部长徐绍史在第十一届全国人民代表大会常务委员会第三十次会议上作了《国务院关于土地管理和矿产资源开发利用及保护工作情况的报告》。新一届政府延续了这一做法，在两年内又作了两个相关报告：(1) 2013年 4 月 23 日，国家发展和改革委员会主任徐绍史在第十二届全国人民代表大会常务委员会第二次会议上作了《国务院关于生态补偿机制建设工作情况的报告》。(2) 2014 年 4 月 21 日，国家发展和改革委员会主任徐绍史在第十二届全国人民代表大会常务委员会第八次会议上作了《国务院关于节能减排工作情况的报告》。

典型案例

2013 年 9 月，广东省第十二届人民代表大会常务委员会第四次会议举行联组会议，就广东农村垃圾管理情况开展专题询问，以切实解决“垃圾围村”问题。

省人民代表大会常务委员会一委员首先提问：“请问省住建厅是如何

判断我省农村垃圾管理形势的，本届政府如何解决我省农村垃圾管理问题，如何确立总体目标、总体规划，每年有没有制订具体工作计划方案，实现总体目标应重点解决哪些问题?”

应询发言的广东省住房和城乡建设厅厅长说，2013 年，广东省政府把农村生活垃圾问题列入民生十大实事，要求“一县一场、一镇一站、一村一点”在今年 100% 实现。但按照目前的实际情况来说，实现这一目标有非常大的难度。

省人民代表大会常务委员会另一个委员关注垃圾收运问题：“农村生活垃圾要从村收集到乡镇，然后再运送到县市，有一个关键，就是垃圾收运设备的配置问题。现在的收运设备配置是什么样的情况，能不能满足目前生活垃圾收运的基本要求？还有哪些需要?”建设厅厅长回复道：“垃圾收运确实是需要解决的一个重大问题，也是关键的一环，今后怎样在统筹方面做得更好是我们需要思考的。”

……

这次专题询问是广东省人民代表大会常务委员会在连续两年重点督办农村垃圾管理建议的基础上开展的，是本届人民代表大会常务委员会第一次专题询问，主要目的就是要问出广东省农村垃圾管理工作存在的深层次问题，拿出切实可行的解决方案，明确本届政府任期内的工作目标和要求，每年要解决一两个突出问题，通过五年努力，使广东省的“垃圾围村”问题、农村垃圾管理状况有大的改观。

【以案释法】

保护和改善环境，是政府及其环境保护管理部门的一项重要职责。2014 年 3 月，李克强总理在政府工作报告中提出：要像对贫困宣战一样，坚决向污染宣战。这是政府的庄严承诺，也是政府的责任担当。

在这个过程中，人民代表大会及其常务委员会与政府相向而行，共同努力。一方面，通过及时修订环境保护法，采取法治的方式向污染宣战；另一方面，加强对环境保护工作的监督，保护和改善环境，大力推进生态文明建设。

全国人民代表大会常务委员会听取和审议国务院有关环境保护工作情况的报告，不仅及时将其列入会议议程，而且在认真审议的基础上，整理形成审议意见并交由国务院研究处理，推动工作的开展、解决生态文明建设中的实际问题。同时，全国人民代表大会有关专门委员会加强了相关工作。比如，为配合常务委员会会议审议好国务院的专项工作报告，全国人民代表大会环境与资源保护委员会先听取了国务院有关部门的汇报，并组织开展专题调研，形成《全国人民代表大会环境与资源保护委员会关于生态补偿机制建设情况的调研报告》，与国务院《关于生态补偿机制建设工作情况的报告》一起提交给全国人民代表大会常务委员会会议；还形成《全国人民代表大会环境与资源保护委员会关于节能减排工作情况的专题调研报告》，与国务院《关于节能减排工作情况的报告》一起提交给全国人民代表大会常务委员会会议。

修订后的环境保护法，适应形势要求，重点强化了第三方监督主体的职责，增加了人民代表大会及其常务委员会对环保工作监督的规定，比如，人民代表大会应每年听取环保工作报告等。这不仅有利于保护和改善环境，也有利于保障和改善民生，因为，环境问题本身也是一个民生问题，加强对政府环境工作的监督，是人民代表大会作为民意机关的责任担当。

法条链接

中华人民共和国宪法

第三条　中华人民共和国的国家机构实行民主集中制的原则。

全国人民代表大会和地方各级人民代表大会都由民主选举产生，对人民负责，受人民监督。

国家行政机关、审判机关、检察机关都由人民代表大会产生，对它负责，受它监督。

……

第六十七条　全国人民代表大会常务委员会行使下列职权：

……

（六）监督国务院、中央军事委员会、最高人民法院和最高人民检察院的工作；

……

第九十二条　国务院对全国人民代表大会负责并报告工作；在全国人民代表大会闭会期间，对全国人民代表大会常务委员会负责并报告工作。

第一百零四条　县级以上的地方各级人民代表大会常务委员会讨论、决定本行政区域内各方面工作的重大事项；监督本级人民政府、人民法院和人民检察院的工作；

……

中华人民共和国环境保护法

第二十七条 县级以上人民政府应当每年向本级人民代表大会或者人民代表大会常务委员会报告环境状况和环境保护目标完成情况，对发生的重大环境事件应当及时向本级人民代表大会常务委员会报告，依法接受监督。

中华人民共和国各级人民代表大会常务委员会监督法

第八条 各级人民代表大会常务委员会每年选择若干关系改革发展稳定大局和群众切身利益、社会普遍关注的重大问题，有计划地安排听取和审议本级人民政府、人民法院和人民检察院的专项工作报告。

常务委员会听取和审议专项工作报告的年度计划，经委员长会议或者主任会议通过，印发常务委员会组成人员并向社会公布。

第九条 常务委员会听取和审议本级人民政府、人民法院和人民检察院的专项工作报告的议题，根据下列途径反映的问题确定：

（一）本级人民代表大会常务委员会在执法检查中发现的突出问题；

（二）本级人民代表大会代表对人民政府、人民法院和人民检察院工作提出的建议、批评和意见集中反映的问题；

（三）本级人民代表大会常务委员会组成人员提出的比较集中的问题；

（四）本级人民代表大会专门委员会、常务委员会工作机构在调查研究中发现的突出问题；

（五）人民来信来访集中反映的问题；

（六）社会普遍关注的其他问题。

人民政府、人民法院和人民检察院可以向本级人民代表大会常务委员会要求报告专项工作。

第十三条 专项工作报告由人民政府、人民法院或者人民检察院的负责人向本级人民代表大会常务委员会报告，人民政府也可以委托有关部门负责人向本级人民代表大会常务委员会报告。

第十四条 常务委员会组成人员对专项工作报告的审议意见交由本级人民政府、人民法院或者人民检察院研究处理。人民政府、人民法院或者人民检察院应当将研究处理情况由其办事机构送交本级人民代表大会有关专门委员会或者常务委员会有关工作机构征求意见后，向常务委员会提出书面报告。常务委员会认为必要时，可以对专项工作报告作出决议；本级人民政府、人民法院或者人民检察院应当在决议规定的期限内，将执行决议的情况向常务委员会报告。

常务委员会听取的专项工作报告及审议意见，人民政府、人民法院或者人民检察院对审议意见研究处理情况或者执行决议情况的报告，向本级人民代表大会代表通报并向社会公布。

第三章 保护和改善环境

1. 地方政府如何加强环境治理、改善环境质量?

【知识要点】

近些年,“血铅事件”如同幽灵不时现身:浙江台州、广东河源、安徽安庆、湖北咸宁、陕西凤翔……都先后爆发了“血铅事件”。

血铅超标是长期污染导致铅元素在人体里累积的结果。这表明,每一个爆发血铅事件的地方,都曾经遭受长期污染而无人过问。造成污染的企业、个人当然要追究责任。然而,不能忽略的是,在长达数年的污染中,当地的环境监管部门在做什么?他们是否有失职的地方?如果有失职行为,是否被追究了责任?

保护和改善环境,是政府必须履行的职责,所谓“守土有责”。修订后的环境保护法第二十八条对此作了规定:(1)地方各级人民政府应当根据环境保护目标和治理任务,采取有效措施,改善环境质量;(2)未达到国家环境质量标准的重点区域、流域的有关地方人民政府,应当制定限期达标规划,并采取措施按期达标。

2011年12月15日,国务院印发的《国家环境保护“十二五”规划》提出环境保护的“主要目标”,就是到2015年,主要污染物排放总量显著减少;城乡饮用水水源地环境安全得到有效保障,水质大幅度提高;重金属污染得到有效控制,持久性有机污染物、危险化学品、危险废物等污染防治成效明显;城镇环境基础设施建设和运行水平得到提升;生态环境恶化趋势得到扭转;核与辐射安全监管能力明显增强,核与辐射安全水平进一步提高;环境监管体系得到健全,还明确提出一系列目标和措施:(1)“推进主要污染物减排”,包括:加大结构调整力度,着力削减化学需氧量和氨氮排放量,加大二氧化硫和氮氧化物减排力度;(2)“切实解决突出环境问题”,包括:

改善水环境质量，实施多种大气污染物综合控制，加强土壤环境保护，强化生态保护和监管；（3）“加强重点领域环境风险防控”，包括：推进环境风险全过程管理，加强核与辐射安全管理，遏制重金属污染事件高发态势，推进固体废物安全处理处置，健全化学品环境风险防控体系；（4）“完善环境保护基本公共服务体系”，包括：推进环境保护基本公共服务均等化，提高农村环境保护工作水平，加强环境监管体系建设；（5）“实施重大环保工程”，包括：主要污染物减排工程，改善民生环境保障工程，农村环保惠民工程，生态环境保护工程，重点领域环境风险防范工程，核与辐射安全保障工程，环境基础设施公共服务工程，环境监管能力基础保障及人才队伍建设工程；（6）“完善政策措施”，包括：落实环境目标责任制，完善综合决策机制，加强法规体系建设，完善环境经济政策，加强科技支撑，发展环保产业，加大投入力度，严格执法监管，发挥地方人民政府积极性，部门协同推进环境保护，积极引导全民参与，加强国际环境合作；（7）“加强组织领导和评估考核”：在2013年年底和2015年年底，分别对规划执行情况进行中期评估和终期考核，评估和考核结果向国务院报告，向社会公布，并作为对地方人民政府政绩考核的重要内容。

应该说，《国家环境保护“十二五”规划》对各级政府在环境保护中的目标、主要任务、主要工作、政策措施等都提出了明确要求，关键就是要落实，要以实施新修订的环境保护法为契机，切实履行环境保护责任。

典型案例

从2013年10月起，环境保护部在重点地区持续4个月开展大气污染防治专项检查。专项检查的地域范围是京津冀及周边地区、长江三角洲、珠江三角洲区域以及辽宁中部、武汉及其周边、长株潭、成渝、海峡西岸、陕西关中、甘宁、乌鲁木齐等重点地区。

专项检查的重点是相关市、县人民政府落实《大气污染防治行动计划》的情况；工业企业燃煤设施脱硫脱硝除尘装置运行情况，污染物（烟粉尘、二氧化硫、氮氧化物等）达标排放情况，燃煤锅炉煤改气、改电进展情况，煤场、料堆、渣场防尘措施的落实情况；各类不符合国家产业政策排放大气污染物的小企业取缔情况，对违法建设的燃煤锅炉、茶浴炉的查处情况；政府有关职能部门按照各自职责，开展集中供热管网不能覆盖地区改电、改新能源或洁净煤、施工场地扬尘控制、渣土运输车辆密闭、餐饮服务业油烟净化、黄标车和老旧车辆淘汰等工作情况。

环境保护部要求，各级环境保护部门要保持连续执法检查的高压态势，采取集中检查与日常检查、明查与暗查、夜查、节假日检查相结合的方式，加大巡查、突击检查的力度，严肃查处污染大气环境的违法行为。对重点污染源和问题突出的单位要实行驻厂监督，对发现的环境问题要依法予以查处。各省级环境保护部门要组织开展联合执法、区域执法、交叉执法，督促市、县人民政府落实大气污染防治监管的各项措施。

各级环境保护部门要提请当地人民政府成立专项检查工作领导小组统一指挥。各省级环境保护部门要督促市、县人民政府成立由纪检监察、组织人事等部门参加的督导组，加大督查力度。对发现违法问题不及时查处、检查工作存在遗漏、经整改仍不到位、突出问题没有得到有效解决的，要依法依纪严肃追究相关部门、相关人员的责任，同时邀请新闻媒体参加检查工作，及时公布专项检查情况和违法案件查处信息，要求各地设立有奖举报，鼓励广大人民群众举报环境违法行为。

【以案释法】

环境保护、环境监管必须“守土有责”，可以说，这是政府尤其是地方政府的一项基本要求。

我们常常可以看到，在许多环境污染事件的背后，社会舆论往往习惯于谴责“唯利是图”的企业，谴责它们没有道德底线、没有社会责任，而对监管部门的失职渎职却没有引起足够重视。

环境监管的渎职失职，可以说，与环境污染是一对“孪生姊妹”。有一些环境监管执法人员被污染企业拉拢腐蚀，失去了最起码的职业操守，成为违法排污的“保护伞”。残酷的现实是：造成环境污染的“罪魁祸首”大都是当地的“纳税大户”“环保标兵”企业，不仅此前没有任何环保违规事件，在例行环保检查中也往往能顺利通过。然而，明明知道企业违法排污甚至造成严重危害，监管部门却置若罔闻，更有甚者，还给企业“帮忙”，帮忙为企业作假，“瞒天过海”。

环保监管执法人员是社会公众利益的守护者，肩负着对人类赖以生存的环境的保护重任。可是，一些人却将手中的权力当赚钱的工具，为了一己私利，甚至急着“兑现”，只要眼前有利可图，哪管身后洪水滔天。所以，在处理环境污染事件时，有关部门不妨再多查一步、深挖一尺，看看有没有环境监管部门的失职渎职行为。

不仅如此，还要依法考核和评价政府完成环境保护目标和治理任务的情况。只有这样，我们的环境保护、生态文明建设才会真正落到实处。

法条链接

中华人民共和国环境保护法

第二十八条 地方各级人民政府应当根据环境保护目标和治理任务，采取有效措施，改善环境质量。

未达到国家环境质量标准的重点区域、流域的有关地方人民政府，应当制定限期达标规划，并采取措施按期达标。

中华人民共和国大气污染防治法

第三条 县级以上人民政府应当将大气污染防治工作纳入国民经济和社会发展规划，加大对大气污染防治的财政投入。

地方各级人民政府应当对本行政区域的大气环境质量负责，制定规划，采取措施，控制或者逐步削减大气污染物的排放量，使大气环境质量达到规定标准并逐步改善。

2. 如何理解生态保护红线制度？

【知识要点】

生态保护红线，是指在自然生态服务功能、环境质量安全、自然资源利用等方面，需要实行严格保护的空间边界与管理限值，以适应经济布局与资源环境承载能力，促进各类资源集约节约利用，维护国家和区域生态安全及经济社会可持续发展，引导人口分布、保障人民群众健康。

2013 年 11 月，党的十八届三中全会通过的《全面深化改革若干重大问题的决定》明确提出，要加快生态文明制度建设，用制度保护生态环境。其中，关于“划定生态保护红线”，这一提法是首次在党中央文件中正式出现。这也是自半年前，中央领导人提及这一概念之后，国家再度将它列入生态文明建设的顶层设计之中，是生态文明建设的重大制度创新。我们看到，“生态保护红线”是继“18 亿亩耕地红线”后，另一条被提升到国家层面的“生命线”。

国家生态保护红线即《国家生态保护红线——生态功能基线划定技术指南（试行）》（以下简称《指南》），是中国首个生态保护红线划定的纲领性技术指导文件。修订后的环境保护法对“生态保护红线制度”作了规定，该法第二十九条第一款规定：“国家在重点生态功能区、生态环境敏感区和脆弱区等区域划定生态保护红线，实行严格保护。”

国家提出划定生态保护红线的战略决策，旨在构建和强化国家生态安全格局，遏制生态环境退化趋势，力促人口资源环境相均衡、经济社会和生态效益相统一。划定生态红线实行永久保护，体现了中国科学规范生态保护空间管制并以强制性手段构建国家生态安全格局的政策导向和决心。就重大意义来说，这是维护国家生态安全的需要，是不断改善环境质量的关键举措，有助于增强经济社会的可持续发展能力。

近年来，随着工业化和城镇化快速发展，中国资源环境形势日益严峻。尽管中国生态环境保护与建设力度逐年加大，但总体来说，资源约束压力持续增大，环境污染仍在加重，生态系统退化依然严重，生态问题更加复杂，资源环境与生态恶化趋势尚未得到逆转。已建各类保护区空间上存在交叉重叠，布局不够合理，生态保护效率不高，生态环境缺乏整体性保护，且严格性不足，尚未形成保障国家与区域生态安全和经济社会协调发展的空间格局。

2011 年发布的《国务院关于加强环境保护重点工作的意见》明确提出，在重要生态功能区、陆地和海洋生态环境敏感区、脆弱区等区域划定生态红线，这是中国首次以国务院文件形式出现“生态红线”概念并提出划定任务。2012 年 3 月，环境保护部组织召开全国生态红线划定技术研讨会，邀请国内知名专家和主要省份环保厅（局）管理者对生态红线的概念、内涵、划定技术与方法进行了深入研讨和交流，并对全国生态红线划定工作进行了总体部署。2012 年 4—10 月，生态红线技术组草拟了《全国生态红线划定技术指南》，初步制定生态红线划定技术方法，形成《全国生态红线划定技术指南（初稿）》。2012 年底，环境保护部召开生态红线划定试点启动会，确定内蒙古、江西为红线划定试点，随后，湖北和广西也被列为红线划定试点。2013 年技术组全面开展了试点省（自治区）生态红线划定工作，提出了试点省（自治区）生态红线划分方案，并进一步完善了指南。

在划定试点省（自治区）生态红线过程中，技术组分别于 2013 年 5—8 月陆续开展了内蒙古、江西、广西、湖北等省（自治区）生态红线区域实地调查，充分听取了地方政府各部门意见和建议，为指南的修改完善提供了有利的工作基础条件。2014 年 1 月，环境保护部印发了《国家生态保护红线——生态功能基线划定技术指南（试行）》，成为中国首个生态保护红线划定的纲领性技术指导文件。经过一年的试点试用和技术论证，2015 年 4 月，环境保护部正式印发《生态保护红线划定技术指南》，要求各地区按照指南组织开展本地区生态保护红线划定工作。

国家生态保护红线的内涵，主要内容包括对生态功能红线的定义、特征及管控要求，生态保护红线划定的基本原则、技术流程、范围、方法和成果要求等。生态保护红线的实质是生态环境安全的底线，目的是建立最为严格的生态保护制度，对生态功能保障、环境质量安全和自然资源利用等方面提出更高的监管要求，从而促进人口资源环境相均衡、经济社会生态效益相统一。生态保护红线主要包括禁止开发区生态保护红线、重点生态功能区保护红线和生态环境敏感区、脆弱区保护红线。纳入生态保护红线的区域，禁止进行工业化和城镇化开发，从而有效保护中国珍稀、濒危并具代表性的动植物物种及生态系统，维护中国重要生态系统的主导功能。环境质量安全底线是保障人民群众呼吸上新鲜的空气、喝上干净的水、吃上放心的粮食、维护人类生存的基本环境质量需求的安全线，包括环境质量达标红线、污染物排放总量控制红线和环境风险管理红线。自然资源利用上线是促进资源能源节约，保障能源、水、土地等资源高效利用，不应突破最高限值。

典型案例

2013 年 7 月，国家林业局启动了生态红线保护行动；两个月后，环境保护部对外通报，“力争在 2014 年完成全国生态红线划定技术工作”；而国家海洋局近年来推行的海洋红线制度也涉及陆地区域。

早在 2005 年，广东省就提出珠江三角洲区域“红线调控、绿线提升、蓝线建设”的总体战略，要求对 12.13% 的陆域（5058 平方公里）实行红线管控，实际上就是现在的生态红线。该红线经广东省人大批复，分解到 9 个城市强制实行，而且效果很好。2013 年 10 月，广东省住建厅要求全省各地划定生态控制线方案，并于 2014 年 4 月底完成划定工作。

早在 2005 年，深圳市划定基本生态控制线，一举将占全市陆地面积约 50% 的土地划为基本生态控制线，同时出台《深圳市基本生态控制线管理规定》，严守生态环境“铁线”。

作为深圳规划的重要参与者，盛鸣回忆道，“从我们专业的角度来说，（生态红线）不是新鲜的事情”，可用“不得已而为之”来描述。深圳当时城市建设规模不断扩张，人口、土地、能源与水资源、环境承载力都“难以为继”，为此，寸土寸金的深圳不得不“非常艰难地”划定了这条控制线。

除重大道路交通设施、市政公用设施、旅游设施和公园之外，线内基本没有再建设。“挡住了很多违规建设，当时看是紧箍咒，现在价值一下子就上来了”，盛鸣把这视为规划事业生涯中最具自豪感的事。

尽管深圳得到了一致的赞赏，但一些做法无法移植。深圳市规划国土委一名工作人员解释，深圳是为遏制城市用地建设无序开发，而“生态红线”则更多地是为了保障自然生态安全。

此外，2013 年 6 月，并不在试点省份里的江苏省率先公布了生态红线区域规划，成为第一个发布省级层面生态红线的地区。江苏省早在 2012 年 5 月就启动了该省重要生态功能保护区区域规划的修编工作，只不过如今更名为“江苏省生态红线区域保护规划”。

【以案释法】

党的十八届三中全会对生态文明建设作出重大部署，并进行了相应的制度创新，包括生态红线、自然资源资产负债表、自然资源资产离任审计、生态环境损害责任终身追究制，现在，要认真贯彻落实。具体到“生态红线”来说，当务之急，就是要让这根“红线”划出来，而前提是要明确“生态红线”的含义、标准，由哪些部门来划定，还应建立健全什么样的制度等。这些不仅仅是技术问题，背后所隐藏的是利益，如地区的利益、部门的利益。实际情况表明，推行生态红线最大的阻力还是保护与发展的矛盾，眼前利益与长远利益的矛盾。划定红线的面积太大会影响当地的经济发展。

因此，落实中央的决策部署和新环境保护法的规定，需要更大的创新勇气和胆识，也需要更大的智慧。

实际上，一牵涉利益，特别是既有利益格局的调整，那肯定就会有阻力和障碍，但显然不能绕着走，不能回避矛盾和问题。

首先，要区分、界定不同的利益，哪些是正当的、哪些是不正当的，哪些是合理合法的、哪些是不合理不合法的，应区别对待。

其次，健全保障生态保护红线的制度、体制和机制。包括：自然资源资产产权和用途管制制度，自然资源资产负债表制度，生态、资源和环境风险监测预警和防控机制，产业环境准入机制，区域补偿机制，排污权有偿交易机制，考核与责任追究机制，等等，以确保红线落地。

再次，要进一步完善相关制度。一方面，要健全考核指标体系。实行

"生态红线"制度之后，需要重新设定党政绩效考核的指标；另一方面，各地方的发展情况不一样，经济发展水平环境容量也不一样，必须因地制宜。

最后，要充分讨论，凝聚共识，让相关各方尤其是地方认可。只有这样，"生态红线"才能划出来，才能具有可操作性和可执行性，才能真正落地、落到实处。

当然，划定生态保护红线不能一味迁就，该执行的必须执行，不能讨价还价。

法条链接

中华人民共和国环境保护法

第二十九条 国家在重点生态功能区、生态环境敏感区和脆弱区等区域划定生态保护红线，实行严格保护。

各级人民政府对具有代表性的各种类型的自然生态系统区域，珍稀、濒危的野生动植物自然分布区域，重要的水源涵养区域，具有重大科学文化价值的地质构造、著名溶洞和化石分布区、冰川、火山、温泉等自然遗迹，以及人文遗迹、古树名木，应当采取措施予以保护，严禁破坏。

3. 对于需要重点保护区域如何进行保护?

【知识要点】

环境保护法第二十九条第二款规定："各级人民政府对具有代表性的各种类型的自然生态系统区域，珍稀、濒危的野生动植物自然分布区域，重要的水源涵养区域，具有重大科学文化价值的地质构造、著名溶洞和化石分布区、冰川、火山、温泉等自然遗迹，以及人文遗迹、古树名木，应当采取措施予以保护，严禁破坏。"

根据环境保护法和有关法律的规定，需要特别保护的区域包括：(1) 风景名胜区；(2) 自然保护区；(3) 生活饮用水源地；(4) 重要渔业水体；(5) 具有特殊经济文化价值的水体。这些需要特别保护的区域，是由国务院、国务院有关主管部门和省、自治区、直辖市人民政府划定的，而其他需要特别保护的区域，也应由国务院和省、自治区、直辖市人民政府进行划定。

典型案例

2012 年 1 月 21 日，国务院办公厅发出《关于发布河北青崖寨等 28 处新建国家级自然保护区名单的通知》。通知说，河北青崖寨等 28 处国家级自然保护区主要保护对象的典型性、稀有性、濒危性、代表性较强，在保护生物多样性和生物资源、维持生态系统良性循环等方面具有重要作用。有关地区和部门要严格执行自然保护区条例等有关规定，认真贯彻《国务院办公厅关于做好自然保护区管理有关工作的通知》（国办发〔2010〕63 号）要求，切实加强对自然保护区工作的领导、协调和监督，妥善处理好自然保护区管理与当地经济建设及居民生产生活的关系，确保各项管理措施得到落实，不断提高国家级自然保护区建设和管理水平。有关地区要按照批准的面积和范围组织勘界，落实自然保护区土地和海域权属，并在规定的时限内标明区界。

【以案释法】

保护和改善环境，既要注重“面”上的工作，也要加强“点”上的工作，“点”“面”结合。这是环境保护工作、生态文明建设工作的经验总结。

自然保护区是保护生物多样性、建设生态文明的重要载体，建立自然保护区是保护生态环境、自然资源的有效措施，是加快转变经济发展方式、实现可持续发展的积极手段。所以，不管是自然保护区，还是人文遗迹的保护，都有利于保护生态的多样性，有利于保护文明的多样性。

法条链接

中华人民共和国环境保护法

第二十九条　国家在重点生态功能区、生态环境敏感区和脆弱区等区域划定生态保护红线，实行严格保护。

各级人民政府对具有代表性的各种类型的自然生态系统区域，珍稀、濒危的野生动植物自然分布区域，重要的水源涵养区域，具有重大科学文化价值的地质构造、著名溶洞和化石分布区、冰川、火山、温泉等自然遗迹，以及人文遗迹、古树名木，应当采取措施予以保护，严禁破坏。

4. 如何理解开发利用自然资源制度?

【知识要点】

“环境”这一概念，所包含的内容是很多、很丰富的。根据环境保护法第二条的规定，环境包括大气、水、海洋、土地、矿藏、森林、草原、湿地、野生生物、自然遗迹、人文遗迹、自然保护区、风景名胜区、城市和乡村等。所以，在环境与资源的保护管理过程中，一直存在一对矛盾，即环境保护与资源开发利用之间的矛盾。如何妥善处理这一矛盾，既关系经济社会的发展，也关系环境的有效保护，处理这一矛盾的关键之一，就是如何合理开发利用资源。

1989 年环境保护法曾规定：“开发利用自然资源，必须采取措施保护生态环境。”这就明确了开发利用自然资源的制度。通常情况下，对于自然资源，都是在保护中开发利用，在开发利用中加强保护，这两个方面处理好了，既能开发利用自然资源，提高经济社会发展水平，又能切实保护自然环境，促进生态文明建设。

环境保护法只是就开发利用自然资源制度作了原则性规定，土地管理法、矿产资源法、野生动物保护法等一系列法律对此作了更为详细、具体的规定。

修订后的环境保护法第三十条规定在关于“开发利用自然资源”规定的基础上，进一步明确要“保护生物多样性，保障生态安全”：（1）开发利用自然资源，应当合理开发，保护生物多样性，保障生态安全，依法制定有关生态保护和恢复治理方案并予以实施；（2）引进外来物种以及研究、开发和利用生物技术，应当采取措施，防止对生物多样性的破坏。

典型案例

为了加强三峡工程环境保护工作，在国务院三峡工程建设委员会的领导下，成立了三峡工程生态与环境保护协调领导小组，全面系统开展环境保护工作，中国三峡总公司负责枢纽工程施工区环境保护和地震观测。三峡总公司设有环境及文物保护委员会；三峡总公司科技与环境保护部设有环境保护处，负责施工区环境保护工作；三峡总公司枢纽管理部设有水库管理处，负责地震观测和水库坝前漂浮物的清理工作。湖北省政府、重庆市政府负责三峡库区移民安置的环境保护工作和建设期间水库管理的环境保护工作。生态与环境补偿专项、泥沙观测与研究工作由国务院三峡建委办公室负责具体组织实施。库区污水处理和生活垃圾处理由国家环保总局负责，地质灾害监测与治理由国土资源部负责。文物考古与保护由国家文物主管部门统一组织协调，全国文物考古与保护单位共同参与。

三峡工程采取了有力的水环境保护措施。为保护三峡水库水质安全，国务院组织制定并批准了《三峡库区及其上游水污染防治规划》，投资近400亿元用于三峡库区及其上游流域水污染防治。三峡库区已经建成和正在建设的28座污水处理场，将形成每天160万吨的污水处理能力，覆盖约900万人口。库区已经建设20座垃圾处理场，每个县城和大的集镇都有垃圾处理场。在水库淹没涉及的1959家工矿企业中，对污染严重、技术落后、经济效益差的搬迁企业坚决实行关闭、破产，以确保库区的水环境。库区已经完成了139米水位以下的水库清理工作，加强了船舶油水分离器的安装和运行管理，完成了三峡水库水污染控制研究（第一期）等相关科研项目。

三峡工程的兴建，不仅可以使江汉平原和洞庭湖地区2300万亩耕地和1500万人口得到有效保护，百年之后其烟波浩渺的盛景将会成为书本上的记忆。而三峡工程的建成，特别是其高位蓄水及平稳运行，将会改变洞庭湖的宿命。三峡工程对洞庭湖的影响不仅仅是更有效地控制了长江超额洪水，而且由于三峡大坝拦截了大量泥沙，长江洪水经过三峡后泥沙含量剧减，上游泥沙至少有60%留在了三峡。可以说，三峡水库对减轻洞庭湖淤积压力、延缓洞庭湖的消亡是极为有利的。据专家论证，在三峡水库运行30年后，洞庭湖泥沙总入湖和淤积量将减到0.6亿吨/年。此后随着三峡水库出库泥沙呈恢复性增加，洞庭湖的入湖泥沙和淤积量也将随之逐渐增加，至运行80年后入湖泥沙大致会稳定在0.79亿吨/年水平，淤积量约为0.51亿吨/年，相当于现在的1/3。

同时，三峡工程还可以使长江中下游枯水期的流量显著增加，有利于珍稀鱼类和其他鱼类安全越冬，有利于减少长江口盐水浸灌。

【以案释法】

水电资源（尤其是像长江这样跨省区的大流域水电资源）的开发利用面临市场等问题，同时，资源开发过程中的环境保护，以及央属企业与地方的利益关系等，都是十分复杂的。正视并解决这些问题，是三峡总公司（包括中国长江电力股份有限公司）等大型水电企业可持续发展的必要条件，也是协调中央与地方利益的必然要求。

建设社会主义市场经济体制，当然需要国内市场的统一，在我国已经成为世贸组织正式成员的情况下就更应如此。因此，形成统一的国内市场，一方面，就需要切实消除地方分割；另一方面，也需要兼顾地方利益。像三峡工程这样的跨区域、特大型水利项目，就更应当给工程所在地以适当的照顾。

根据我国宪法的规定，像长江这样的水资源是属于国家所有的。三峡总公司作为央企，在生产经营过程中必然要和地方打交道，形成国家利益、地方利益和企业利益等种种关系。这要从国家体制上加以解决，从国有资产分级所有（中央所有与地方所有）的国有资产管理体制等方面作出规定，要明确应当让流域所经过的省份从大型水电企业所创造的价值中获益。

法条链接

中华人民共和国环境保护法

第三十条 开发利用自然资源，应当合理开发，保护生物多样性，保障生态安全，依法制定有关生态保护和恢复治理方案并予以实施。

引进外来物种以及研究、开发和利用生物技术，应当采取措施，防止对生物多样性的破坏。

5. 什么是生态保护补偿制度?

【知识要点】

现行森林法、水污染防治法等法律只对生态补偿作了原则性规定，没有明确的操作指引，不能满足全面建立生态补偿机制的要求。

目前，我国的生态补偿分散在森林、矿产、水资源等多个领域，没有整合成系统。这些年来，随着我国环境保护工作的不断加强，要求对生态补偿进行立法的呼声日益高涨。比如，在新安江，生态补偿资金在补偿额度相对于全面提升生态环境质量、改善民生的目标还远远不够，大批污染治理项目建设及建成后的维护运行管理面临巨大资金缺口。大家担心，在试点结束后，中央资金如退出补偿，补偿机制如何延续还有待研究。

在生态补偿机制建设方面，相关的政策、法规还不健全，存在利益分配机制不够科学、受益主体没有合理确定、生态保护标准难以制定等问题。在实际工作中，生态补偿的总体情况不清楚，哪些需要生态补偿，补偿到什么程度，需要多少年的补偿，需要多少经费等等，这些都还不明确。因此，群众保护生态环境的积极性没有充分调动起来。特别是跨省流域的生态补偿方式，因涉及不同行政区域间的利益协调而未能落实，保护者和受益者之间缺乏公平。

由于生态补偿未能在国家层面形成制度化、规范化，没有建立起生态补偿的长效机制，仅仅依靠地方性法规难以解决所有问题，特别是：(1）资金的来源问题；(2）大中型国有企业等特殊补偿主体的补偿责任如何落实问题等。

通过完善政策和立法，建立健全生态补偿长效机制，加快生态补偿机制的法制化进程、实现生态补偿的法制化，这已成为社会各界的共识，也可以说，已经是众望所归。

国务院早已开始研究制定生态补偿政策、法规工作。2013 年 4 月，在第十二届全国人大常委会第二次会议上，国家发改委主任徐绍史表示要抓紧修改完善《关于建立健全生态补偿机制的若干意见》。此外，国务院还将加快研究制定生态补偿条例，明确生态补偿的基本原则、主要领域、补偿范围、补偿对象、资金来源、补偿标准、相关利益主体的权利义务、考核评估办法、责任追究等。

修订后的环境保护法顺应了这一要求，其中第三十一条明确规定了生态保护补偿制度：(1）国家建立、健全生态保护补偿制度。(2）国家加大对生态保护地区的财政转移支付力度。有关地方人民政府应当落实生态保护补偿资金，确保其用于生态保护补偿。(3）国家指导受益地区和生态保护地区人民政府通过协商或者按照市场规则进行生态保护补偿。与此相关，还要建立并实行生态保护红线区域补偿机制，探索建立多元化的生态补偿模式，对生态产品生产方和受益方明确的区域，按照谁受益谁补偿的原则，建立不同地区间横向的生态补偿机制。

典型案例

生态补偿的“袁河样本”是：江西省人大环资委积极探索，从 2012 年开始，用三年时间组织开展袁河流域水资源生态补偿试点工作。

2009 年至2010 年，江西省人大环资委组织省环保厅、农业厅、林业厅、水利厅、国土资源厅、江西财经大学等部门和单位30 多位专家、教授、研究人员开展了赣江流域水资源生态补偿机制研究，把河流交界断面的水量与水质一并作为考核指标，积累了流域生态补偿的宝贵经验。2011 年初，赣江流域水资源生态补偿机制研究课题完成，并通过了江西省科技厅的验收。

为加强赣江流域水资源生态补偿机制研究成果的应用，继续探索江西省实行水资源生态补偿的可行性，2011 年8 月29 日，江西省人大、省政府召开协调会，决定于2012 年1 月至2014 年12 月，对袁河流域水资源生态补偿开展试点工作，逐步形成水资源的有偿使用和市界断面水质的奖惩责任制度，促进水资源和水环境保护。

袁河是赣江的一条支流，发源于萍乡市芦溪县武功山，流经宜春、新余，再进入宜春樟树市汇入赣江，全长110 多公里，流域面积约776 平方公里，是江西省所辖萍乡、新余、宜春三市居民生活用水和城市景观用水、工业用水、农业用水的重要水源。保护好袁河的水资源关系到袁河流域内居民的生活和工农业生产，对江西省的稳定、繁荣和可持续发展有着特别重要的意义和作用。关键是，袁河流域涉及的主要市级交界断面不多，将袁河流域作为水资源生态补偿试点具有较强的可行性和操作性。

江西省政府从“五河一湖”及东江源头保护区生态环境保护奖励资金1.3 亿元中单独列支1500 万元，用于生态补偿试点资金，每年500 万元。同时，试点所需工作、设施经费，另行安排。

根据试点方案，袁河所流经的棚下、彬江、下蒋家、荷湖馆四个设区市级交界断面每月一次的水质监测数据由省环境监测中心站负责提供，水量监测数据由省水文局负责提供，两项数据由省环境监测中心站汇总后报省人大环资委。年末，省人大环资委组织召开试点工作领导小组会暨专家论证会，根据全年考核数据，提出奖励方案，报省财政厅进行奖励或处罚。

与全国各地生态补偿机制不同的是，袁河流域水资源生态补偿试点是赣江流域水资源生态补偿机制这一课题研究的具体实践，不仅把水质作为断面考核的标准，而且把水量列为考核的目标；不仅有奖励，还有惩罚。

按照“谁污染谁付费、谁破坏谁补偿”原则，袁河流域断面水资源生态补偿金额采取动态变化的方式进行。如果监测断面水质指标值达到控制目标，则对该断面水质不奖不罚；如果监测断面水质指标值优于控制目标或劣于控制目标，则对该断面水质给予补偿或处罚。在行政区水质保护目标的基础上，对保护水质水量进行补偿，对污染水质及超量用水的情况进行处罚。

2012 年是袁河流域水资源生态补偿试点工作的第一年。为做好试点工作，江西省人大环资委多次组织赴萍乡、新余、宜春市进行调研，及时了解试点工作进展情况，针对试点工作中存在的问题，积极帮助解决。如萍乡市芦溪县请求增加省级生态公益林面积 51.5 万亩，省人大环资委专门去函建议省林业厅重点考虑列入，目前仍在继续推动落实；宜春水文局提出增加水生态试验站设施投入和测验费用的意见，省人大环资委已向省财政厅转达。

省财政厅及时拨付了 2012 年试点工作启动资金 60 万元，用于相关水文站添置基本设备，开展水质水量监测；省环保厅、省水利厅以及省环境监测中心站、省水文局坚持按时监测，每月及时将上月各断面的水质和水量监测数据报送省人大环资委；萍乡、新余、宜春市人大常委会、政府认真配合，为试点工作开展做了大量工作。

一年下来，棚下、彬江、下蒋家、荷湖馆四个设区市级交界断面全年的水质大部分符合功能区划标准，仅 1 月份萍乡至宜春的断面水质劣于控制目标，10 月份新余至宜春的水量低于控制目标。

2012 年作为试点工作的实验年，按照只奖不罚、多优多奖的原则对萍乡、新余、宜春三个设区市进行了奖励。在 500 万元奖励资金中，宜春市获得 175 万元，新余市获得 165 万元，萍乡市获得 160 万元。奖励资金已下达至三市财政局，各市也已确定奖励资金使用方案，明确将奖励资金用于袁河流域水资源生态保护基础设施投入。

【以案释法】

这些年来，随着保护生态环境意识的深入，国家重视生态补偿工作，积极试点探索，许多地方也自发开展了一系列工作。各地和各方面普遍反映，由于缺乏统一的生态补偿制度和政策支撑，没有共同遵循的原则与规范，因此，就很难指导和约束不同层次和类型的生态补偿。

在这种背景下，修订后的环境保护法明确了生态补偿制度，可以说，这是顺应时代要求和人民呼声的“良善”之举。不过，这仅仅作出了原则性规定，还只是迈出了第一步，如果说生态补偿亟须制度“给力”的话，那就还必须有进一步的细化规定，使这一制度具有可操作性。为此，要认真研究落实。

第一，要认真研究当前生态补偿工作中亟须解决的问题，因为生态补偿涉及多个领域、多个层次，任务繁重艰巨，仅靠单个领域、个别地区的试点是不够的，迫切需要加强整体研究，进行顶层设计。

第二，需要认真总结各地的试点工作经验，及时上升制度规定，进一步建立健全生态补偿机制，实现生态补偿的制度化、规范化、程序化。具体来说，要科学确立生态补偿的目标与范围，补偿的主体和客体，各方的职责、权利和义务，补偿程序，补偿资金的来源，补偿的管理与监督等。

第三，还要继续加强试点工作，加强规范和指导，共同推进生态补偿工作规范有序进行，推动生态文明建设。

第四，要在全社会开展宣传教育。现在，有一种模糊认识，下游地区受益的发达地区对上中游相对贫困地区的生态补偿，主要以“扶贫”的方式进行，是对上中游地区的“恩赐”。因此，要加强宣传教育，提高全社会对生态环境补偿制度重要性的认识，统一各方的思想，为实行生态补偿制度营造良好氛围。

法条链接

中华人民共和国环境保护法

第三十一条　国家建立、健全生态保护补偿制度。

国家加大对生态保护地区的财政转移支付力度。有关地方人民政府应当落实生态保护补偿资金，确保其用于生态保护补偿。

国家指导受益地区和生态保护地区人民政府通过协商或者按照市场规则进行生态保护补偿。

中华人民共和国水污染防治法

第七条　国家通过财政转移支付等方式，建立健全对位于饮用水水源保护区区域和江河、湖泊、水库上游地区的水环境生态保护补偿机制。

6. 如何加强对大气、水、土壤等的保护？

【知识要点】

环境保护法所保护的“环境”，包括大气、水、土地等，相关的法律，比如，大气污染防治法、水污染防治法等对此作了进一步规定。这些年来，伴随着经济社会的快速发展，环境明显恶化，引起党和国家的高度重视，社会各界对此也普遍关注和强烈担忧。

比如，空气持续恶化，在一些城市，市民要想呼吸上新鲜空气似乎已成为一种奢求。我国有70%左右的城市空气质量较差，达不到新的空气质量标准。特别是，自2013年以来，我国中东部等地区多次出现大范围雾霾天气，持续时间之长、影响范围之广，都是前所未有。包括京津冀、长江三角洲、珠江三角洲在内的许多区域空气污染严重，许多地区都发布了雾霾橙色预警，部分城市细颗粒物即PM2.5浓度，一度接近达到1000微克/立方米，空气处于重度污染状态。同时，全国酸雨污染仍然较重，酸雨地区面积占国土面积的比例超过12%；有的地方出现了光化学烟雾污染。

又比如，水污染有加重的趋势。这在一句顺口溜中得到了较为直观的反映：“70年代淘米洗菜，90年代水质变坏，到了现在鱼虾绝代。”的确，我国已有70%的江河湖泊被污染，75%的湖泊出现程度不等的富营养化，90%流经城市的河段受到严重污染。地下水也不能幸免，据国土资源部2012年公报，全国198个地市级行政区4929个监测点中，有将近60%的地下水质为“差”，有16.8%的监测点水质为“极差”。

再如，重金属污染日益突出。镉、砷、铅、珞、汞等重金属污染越发严重，不仅对水体造成污染，也对土壤造成严重污染，不断发生的“血铅事件”，以及震惊全国的“镉大米事件”，就是明证。

党的十八大强调要建设生态文明，提出建设美丽中国的目标。修订后的环境保护法第三十二条规定：“国家加强对大气、水、土壤等的保护，建立和完善相应的调查、监测、评估和修复制度。”

典型案例

我国启动重金属污染耕地修复治理，首先在湖南省长株潭地区开展试点工作。

2014年，国家启动重金属污染耕地修复综合治理工作，先期在湖南省长株潭地区开展试点。财政部表示，中央财政安排专项资金对湖南省试点地区给予补助，支持耕地保护与质量提升。通过加强耕地质量建设和污染修复治理，实现重金属污染耕地的稻米达标生产，确保国家粮食安全和人民群众“舌尖上的安全”。

2013 年，媒体披露湖南省稻米镉超标事件，引起社会的广泛关注。实际上，重金属污染耕地可防可治，稻米镉积累可控可调。土壤中自然含有一定数量、不同种类的重金属，外源污染又会增加重金属含量，当耕地质量下降、土壤酸化等造成土壤活性增强时，重金属就可能被农作物吸收并积累。通过采取农艺耕种等措施，可以调控农作物对重金属的吸收和积累状况。

对此，国务院高度重视，召开专题会议进行了深入研究，作出了全面部署，提出了工作措施，并要求国务院有关部门会同湖南省抓紧制订落实方案。农业部组织有关专家进行了认真研究，提出了开展综合治理的总体思路和技术路线。

农业部提出，试点工作按照“因地制宜、政府引导、农民自愿、收益不减”的基本思路，科学合理地确定技术路线及配套措施，通过土壤改良、培肥地力等农艺措施进行综合治理，确保稻米重金属含量不超标。污染较重的耕地（占少部分）调整农作物种植结构，不再种植水稻，改种棉花、蚕桑、麻类、花卉等，并对残余物去向进行监控，不得再回流进入耕地。

湖南省委、省政府高度重视试点工作，多次召开专题会议研究部署相关工作，并已将试点工作纳入各级政府的绩效考核指标，落实了责任单位、责任人和具体乡镇、村组、田块。

【以案释法】

当前，加强对大气、水、土壤等的保护，刻不容缓！

第一，要站在生态文明建设的高度，提高对保护大气、水、土壤等的重要性的认识。切实保护好大气、水、土壤等，本身是保护和改善环境的重要组成部分，也是加强生态文明建设的基本要求。所以，各级政府及其有关部门以及全社会都要增强使命感和责任感，坚决贯彻落实中央的决策部署，保护好我们赖以生存的环境。

第二，要特别加强对土壤的保护。土壤是人们赖以生存的“生命线”。与空气污染、水污染不同，对土壤污染，我们仅凭肉眼是看不出来的，仅凭鼻子也是闻不着的。然而，长期以来，我国土壤污染状况不明、污染“家底不清”。有专家指出：“现在，我国土壤污染比许多国家都要严重，日益加剧的污染趋势可能还要持续30年。”一方面，土壤的污染已经十分严重；另一方面，对于污染了的土地进行修复、治理的难度很大，更为深层的问题是，我国耕地质量保护法规不完善，作为耕地使用主体的农民缺乏保护耕地质量的主动性。对土壤污染，国家层面还没有制定专门的法律，也缺乏相应的行政法规和技术标准。解决土壤污染的问题，要多管齐下，既要增加投入，加强修复、治理，还要制定土壤环境保护法。目前，土壤环境保护立法工作取得积极进展，土壤环境保护法（草案）已经初步形成，还必须抓紧工作，争取早日出台。

第三，要从完善相关制度出发，尽快细化有关制度。在执行过程中，发现问题，总结经验，及时出台相关规定，以建立和完善对大气、水、土壤等的调查、监测、预警、评估和修复制度等，增强可操作性、可执行性。

第四，要严格执法。对于大气的保护，我们有大气污染防治法；对于水的保护，我们有水污染防治法，这次修订后的环境保护法又重申了对大气、水、土壤等的保护。所以说，在这方面，不是没有法律和制度，而是执行不执行的问题、执行得好与坏的问题。不管是对大气、水、土壤等环境污染的治理也好，还是环境保护与生态文明建设也罢，都必须严格执法，把法律规定真正落到实处。

法条链接

中华人民共和国环境保护法

第三十二条 国家加强对大气、水、土壤等的保护，建立和完善相应的调查、监测、评估和修复制度。

中华人民共和国大气污染防治法

第一条 为保护和改善环境，防治大气污染，保障公众健康，推进生态文明建设，促进经济社会可持续发展，制定本法。

第二条 防治大气污染，应当以改善大气环境质量为目标，坚持源头治理，规划先行，转变经济发展方式，优化产业结构和布局，调整能源结构。

防治大气污染，应当加强对燃煤、工业、机动车船、扬尘、农业等大气污染的综合防治，推行区域大气污染联合防治，对颗粒物、二氧化硫、氮氧化物、挥发性有机物、氨等大气污染物和温室气体实施协同控制。

第三条 县级以上人民政府应当将大气污染防治工作纳入国民经济和社会发展规划，加大对大气污染防治的财政投入。

地方各级人民政府应当对本行政区域的大气环境质量负责，制定规划，采取措施，控制或者逐步削减大气污染物的排放量，使大气环境质量达到规定标准并逐步改善。

中华人民共和国水污染防治法

第一条 为了防治水污染，保护和改善环境，保障饮用水安全，促进经济社会全面协调可持续发展，制定本法。

第二条 本法适用于中华人民共和国领域内的江河、湖泊、运河、渠道、水库等地表水体以及地下水体的污染防治。

海洋污染防治适用《中华人民共和国海洋环境保护法》。

第三条 水污染防治应当坚持预防为主、防治结合、综合治理的原则，优先保护饮用水水源，严格控制工业污染、城镇生活污染，防治农业面源污染，积极推进生态治理工程建设，预防、控制和减少水环境污染和生态破坏。

第四条 县级以上人民政府应当将水环境保护工作纳入国民经济和社会发展规划。

县级以上地方人民政府应当采取防治水污染的对策和措施，对本行政区域的水环境质量负责。

7. 怎样加强对农业环境的保护?

【知识要点】

环境保护法第三十三条对农业环境保护的问题作了规定：“各级人民政府应当加强对农业环境的保护，促进农业环境保护新技术的使用，加强对农业污染源的监测预警，统筹有关部门采取措施，防治土壤污染和土地沙化、盐渍化、贫瘠化、石漠化、地面沉降以及防治植被破坏、水土流失、水体富营养化、水源枯竭、种源灭绝等生态失调现象，推广植物病虫害的综合防治。”这对农业环境的保护起了一定作用，但是，我国农业环境保护与资源合理利用仍然迫在眉睫。

2006 年 7 月，由农业部和经济合作与发展组织联合召开的“中国环境资源与农业政策国际研讨会”上，专家学者就提出，农业环境保护与资源合理利用形势严峻。这主要表现在：（1）我国水资源现状是，人均水资源紧张，南北方水资源开发利用不均，区域结构矛盾突出。(2) 农业用水供需状况不容乐观，主要体现在两方面：水资源总量不足、无法支撑现有用水模式的持续扩张，以及水污染问题严重，使得用水形势更加严峻。(3) 化肥施用比例不尽合理，化肥产品中单质肥料、低品位肥料所占比重较大，高品位肥料、复合肥料所占比重较小；我国有机肥资源丰富，种类繁多，不仅有粪尿类、堆沤肥类、秸秆类、绿肥类、土杂肥类，而且有饼肥类、海肥类、农用城镇废弃物肥类和沼气肥类等，但有机肥料开发利用不够。

目前，农村和农业环境污染形势依然严峻、环境治理任务异常艰巨。因此，全国人大常委会在审议环境保护法修订草案时，许多组成人员都建议，要充实有关农业和农村环境保护的内容。修订后的环境保护法对此作了补充和完善：(1) 加强对大气、水、土壤等的保护，建立和完善相应的调查、监测、评估和修复制度；(2) 各级人民政府应当加强对农业环境的保护，促进农业环境保护新技术的使用，加强对农业污染源的监测预警，统筹有关部门采取措施，防治土壤污染和土地沙化、盐渍化、贫瘠化、石漠化、地面沉降以及防治植被破坏、水土流失、水体富营养化、水源枯竭、种源灭绝等生态失调现象，推广植物病虫害的综合防治；(3) 县级、乡级人民政府应当提高农村环境保护公共服务水平，推动农村环境综合整治。

典型案例

2011 年 3 月中旬，在浙江台州市路桥区峰江街道，一座建在居民区中央的蓄电池有限公司被曝出其引起的铅污染已致使当地 168 名村民血铅超标。作为全国最大的洋垃圾市场，台州从这些废旧金属垃圾里，拆解出来的产值高达 200 多亿元。在创造一座座金山银山的同时，引发的环境问题也随之加剧。该蓄电池公司厂区离峰江街道办事处只有五六百米的距离。厂区前面、后面便是一片当地村民种植粮食蔬菜的田地。环保人士表示，像这类有重金属污染可能的企业，起码要建在距离居民区 500 米外的地方。

在施家村，几乎家家户户都在从事垃圾拆解业。村里空余土地几乎都变成了垃圾挑选场。由于金属污染，这里的土地早已不宜耕种。这里随处可见电机、线缆、家电外壳等废旧物资，在马路旁堆成了一座座小山。三五成群的工人不停地将各种塑料归类。挑选好的废塑料，倒进水池里漂洗，废品上的油污便四处横流，废旧电脑、复印机里的重金属，随之渗进土壤里。

一位当地电镀设备经销商说，凡是涉及废旧金属拆解业的村庄，土地几乎都不能用来种植粮食蔬菜。

早在2007年5月份，受浙江省国土资源厅委托，浙江省地质调查院开始在峰江街道和新桥镇，全境展开土地质量调查。在历时3年调查后，该地质调查院专家拿出了《峰江地区基本农田质量调查工作报告》。

这份报告显示，在调查区域中，中等程度以上重金属污染土地共28块，占调查区土地面积的1/3，其中重污染土地9块。重度污染控制区，无一例外全分布在水田或园地，是严禁种植可食用农产品的，并严禁采集地表水饮用或灌溉。只有非食用经济作物如观赏花卉、苗木等，才可种植。该地区土壤普遍已遭受严重的镉、铜等重金属和多氯联苯等有机污染物的复合污染，显著影响了土地质量，并带来显著的食品安全问题。

【以案释法】

面对重金属污染日益严重的现状，要抓紧做好以下工作。

第一，认真开展重金属污染耕地修复治理工作。当前，既要在试点工作的基础上，认真总结经验，及时加以推广，也要严格贯彻落实新环境保护法关于建立和完善对大气、水、土壤等的调查、监测、评估和修复制度，提高对大气、水、土壤等的保护水平。

第二，要依法控制农业面源污染。综合采取技术、工程措施，控制农业面源污染。在做好农业污染源普查工作的基础上，着力提高农业面源污染的监测能力；大力推广测土配方施肥技术，积极引导农民科学施肥，在粮食主产区和重点流域要尽快普及；积极引导和鼓励农民使用生物农药或高效、低毒、低残留农药，推广病虫草害综合防治、生物防治和精准施药等技术；进行种植业结构调整与布局优化，在高污染风险区优先种植需肥量低、环境效益突出的农作物；推行田间合理灌排，发展节水农业。

法条链接

中华人民共和国环境保护法

第三十二条 国家加强对大气、水、土壤等的保护，建立和完善相应的调查、监测、评估和修复制度。

第三十三条 各级人民政府应当加强对农业环境的保护，促进农业环境保护新技术的使用，加强对农业污染源的监测预警，统筹有关部门采取措施，防治土壤污染和土地沙化、盐渍化、贫瘠化、石漠化、地面沉降以及防治植被破坏、水土流失、水体富营养化、水源枯竭、种源灭绝等生态失调现象，推广植物病虫害的综合防治。

县级、乡级人民政府应当提高农村环境保护公共服务水平，推动农村环境综合整治。

8. 如何加强对海洋环境的保护?

【知识要点】

海洋是国土的重要组成部分。环境保护法第三十四条规定："国务院和沿海地方各级人民政府应当加强对海洋环境的保护。向海洋排放污染物、倾倒废弃物，进行海岸工程和海洋工程建设，应当符合法律法规规定和有关标准，防止和减少对海洋环境的污染损害。"

我国海洋事业蓬勃发展，海洋经济生产总值已从1978年的60多亿元人民币激增到2012年的5万亿元人民币，占国民生产总值的9.6%。同时，海洋生态环境也呈现出不断恶化的趋势，目前我国是世界上海洋环境污染最严重的地区之一，海底栖息环境不断恶化，海洋生物多样性和珍稀濒危物种减少，海产品品质下降，赤潮、绿潮等海洋生态灾害频发。据不完全统计，我国沿海地区每年排放入海的工业污水和生活污水约60亿吨，沿岸油田和石油化工企业每年跑、冒、滴、漏入海的石油达10多万吨。我国海洋生态环境的破坏是很严重的，2011年的"康菲溢油事件"累计造成5500多平方公里海水污染，对渤海生态造成严重破坏。可以说，海洋溢油事故给水域环境和生态造成的巨大损害令人痛心，然而，更加令人难以接受的事实，则是这些生态被损害后，最终能够经由国家求偿而获得弥补的损失却仅有三四成。

总之，我国海洋生态环境已经到了"不堪重负"的程度，急需加强海洋生态环境保护。党的十八大提出"建设海洋强国"的战略目标，保护海洋生态环境是建设海洋强国的重要内容，而尽快完善海洋生态环境保护法律、法规体系是题中应有之义。

切实保护好海洋生态环境，一要坚持环保优先、生态优先理念，提高环境保护的准入门槛。同时，必须提高全民的海洋环保意识，切实解决重开发轻保护、重眼前轻长远、重局部轻全局的问题。二要对湾口湾区的信息沟通反馈，加强对突发事件的应急反应和处理能力建设，以及预警机制的建设。三要以海域环境容量为基础，以改善海域环境质量、保证沿海社会经济可持续发展为目标，要以省、市为区域，尽快实施重点海域排污总量控制制度。四要完善生态环境补偿机制，重点对保护区域给予补偿，提高海洋环境污染的补偿和赔偿标准。

典型案例

2014 年 1 月初，国家海洋局发布第二十一期海洋环境信息。监测数据显示，在所监测的 156 个陆源入海排污口中，有 78 个入海排污口向邻近海域超标排放污水，超标排污口占到监测总数的一半。

2013 年 8—11 月，我国各级海洋行政主管部门继续组织实施海洋环境监测评价工作。2013 年 10 月，国家海洋环境监测中心选取了辽宁、河北、浙江、福建、广西、海南 6 省（自治区）进行入海排污口超标比率的监测。超标排污口比率范围为 21.1%—93.3%。其中，广西最高，被监测的排污口 15 个，超标 14 个。2013 年 11 月，我国海洋环境监测部门还对 156 个陆源入海排污口进行了监测。通过对污染物样品的分析，证明有 78 个入海排污口向邻近海域超标排放污水，占监测排污口总数的一半。入海排污口超标比率最高类型为市政排污，占 58.3%。

同时，我国海洋倾倒区环境状况、海洋油气区环境状况、海洋环境放射性状况、赤潮和绿潮状况的监测结果比较乐观。

【以案释法】

在我国，包括海洋经济在内的海洋事业取得了巨大成就，已是有目共睹。然而，我们必须清醒地看到，我国已成为世界上海洋环境污染最严重的地区之一，海洋生态环境呈现出不断恶化的趋势。因此，保护好蓝色国土迫在眉睫，必须下大力气加以扭转，否则，任其发展下去，后果不难想象。当前，加强海洋生态环境保护，已经成为各方的共识，而加强海洋生态环境法治建设，则是重中之重。

一方面，必须抓紧修改或制定海洋环境保护方面的法律、法规。尽管我国先后颁布了有关保护海洋生态环境的一系列法律、法规，并在实践中发挥了重要作用，但是，仍然不能完全适应海洋强国建设战略的客观需要。因此，加强海洋生态环境法治建设应当做到：（1）尽快调整修改现有海洋生态

环境保护法规制度。我国现行海洋生态环境保护法规出台时间较早，大都在20世纪八九十年代，已经明显不适应时代发展的需求。其中，最突出的便是对违反海洋生态环境保护法规的处罚额度与国际标准差距过大。以“康菲溢油事件”为例，按照目前法律规定的最高额度，只能罚款20万元人民币，远远不能弥补事故造成的危害和损失。应对之策，就是相应修改《中华人民共和国海洋环境保护法》《防治海洋工程建设项目污染损害海洋环境管理条例》等法律、法规。(2) 必须抓紧制定新的法律、法规，尽快健全海洋生态损害、补偿等方面的制度规定，尽快出台海洋生态环境保护法律实施细则，以进一步完善和健全海洋生态环境保护法律、法规体系，为海洋生态环境保护提供有力的法制保障。

另一方面，必须加大环境保护法律实施力度。立法不是最终目的，我们不能为立法而立法。法律一旦颁布实施，就必须一体遵循。不管是政府，还是企业事业单位或个人，都必须认真履行法律、法规所规定的义务和责任，都必须将法律、法规的规定落到实处，增强法律、法规的执行力。只有如此，修订后的环境保护法才不会是一纸空文。

法条链接

中华人民共和国环境保护法

第三十四条　国务院和沿海地方各级人民政府应当加强对海洋环境的保护。向海洋排放污染物、倾倒废弃物，进行海岸工程和海洋工程建设，应当符合法律法规规定和有关标准，防止和减少对海洋环境的污染损害。

中华人民共和国海洋环境保护法

第九条　国家根据海洋环境质量状况和国家经济、技术条件，制定国家海洋环境质量标准。

沿海省、自治区、直辖市人民政府对国家海洋环境质量标准中未作规定的项目，可以制定地方海洋环境质量标准。

沿海地方各级人民政府根据国家和地方海洋环境质量标准的规定和本行政区近岸海域环境质量状况，确定海洋环境保护的目标和任务，并纳入人民政府工作计划，按相应的海洋环境质量标准实施管理。

第十条　国家和地方水污染物排放标准的制定，应当将国家和地方海洋环境质量标准作为重要依据之一。在国家建立并实施排污总量控制制度的重点海域，水污染物排放标准的制定，还应当将主要污染物排海总量控制指标作为重要依据。

9. 如何加强城乡的规划和建设?

【知识要点】

我国正处于工业化、城市化（城镇化）、现代化过程中。城市（或城镇）是我国政治、经济、科技、文化教育的中心，是工业和人口集中的地区，在经济社会发展中扮演着极其重要的角色。由于城市人口密集、经济活动集中，使得大量物质和能量在城市生态系统中流动、循环，也必然使得大量的废物和其他物质被排放到环境中，从而对城市环境产生很大的压力。因此，城市化（或城镇化），必须加强城市规划，加强对城市（或城镇）环境保护的规划。

1989 年环境保护法曾对此作了规定，其中，第二十二条规定：“制定城市规划，应当确定保护和改善环境的目标和任务”；第二十三条规定：“城乡建设应当结合当地自然环境的特点，保护植被、水域和自然景观，加强城市园林、绿地和风景名胜区的建设”。

1989 年 12 月 26 日，第七届全国人大常委会第十一次会议审议通过了城市规划法。在该法的基础上，第十届全国人大常委会第三十次会议于 2007 年 10 月 28 日通过了城乡规划法，其中第四条第一款进一步规定：“制定和实施城乡规划，应当遵循城乡统筹、合理布局、节约土地、集约发展和先规划后建设的原则，改善生态环境，促进资源、能源节约和综合利用，保护耕地等自然资源和历史文化遗产，保持地方特色、民族特色和传统风貌，防止污染和其他公害，并符合区域人口发展、国防建设、防灾减灾和公共卫生、公共安全的需要。”

修订后的环境保护法在原来的基础上，第三十五条明确规定：“城乡建设应当结合当地自然环境的特点，保护植被、水域和自然景观，加强城市园林、绿地和风景名胜区的建设与管理”。

典型案例

北京市海淀区太阳园边角地紧邻交通动脉北三环西路，处在“中关村科技园区”中心腹地。整个边角地遍布的是一片低矮平房，有的被用作库房，有的则作为无照废品回收站或租户，环境脏乱。

拆除前，170 余人已腾退，完成了 60 间、共计 2500 余平方米的违法建设拆除。2013 年 1 月 5 日，正式启动太阳园边角地违建拆除。强制拆除正式开始后，同时启动洒水降尘，整个拆除持续了1天。最终全部拆除各类违建120间，面积为4550平方米。该违法建设拆除后，将对该区域彻底清理，进行绿化和硬化。设置场地围挡，围挡建成后根据现实情况，将设置城市绿地、公共空间等，恢复中关村科技园区生态环境。

2013年5月8日，北京东城城管等部门在南二环永定门桥辅路，对位于桃园北街4号的18处，面积为252平方米的违法建设进行了集中拆除。在南二环永定门桥辅路，在银色铁皮板的遮挡下，十余处违法建设隐藏其中。为了节约成本、最大限度腾出空间，违法建设的屋顶是铁皮包裹泡沫板搭建而成的，墙体多为单层的砖墙，两名工人稍用力就能将其推倒。为了解决用电问题，房主们私自连接的电线在房顶上杂乱地交织着，存在较大安全隐患。在发现该处违建后，城管分队同街道工作人员多次上门劝导，并集中拆除。现场工作人员介绍说："在违法建设拆除完成后，将把该空地建设成一处绿地，美化周边环境，并安排专人进行日常管理。"

【以案释法】

随着首都城市发展，城乡结合部地区的环境问题日益凸显，这也是首都环境建设长期面临的问题。特别是，北京城六区及各区县中心城镇这些建成区实行的是城市环境管理体系，但广大农村地区并没有纳入这一管理体系，管理标准低，经费投入与城市有较大差距。

2013年5月9日，北京市发布《关于进一步加强首都环境建设工作的意见》，提出逐步把城乡结合部的环卫作业、环境管理等纳入城市管理体系，解决城乡结合部地区的环境问题。北京将逐步把农村的环卫作业、市政基础设施建设、环境管理、网格化管理纳入城市管理体系，从根本上解决城乡结合部的失管问题。针对广大农村地区，相关部门要统一标准、加大投入、行业主管单位要向农村地区延伸。市委市政府将通过完善相关体制、机制，实现对城乡结合部地区的长效管理。

解决城乡结合部的环境问题，通过突击"检查""治理"只能是治标而不能治本，长久之计，必须在管理体制和机制上有所突破、有所创新，真正将城乡结合部的环境与城区看齐，只有如此，才能真正治理好。

法条链接

中华人民共和国环境保护法

第三十五条 城乡建设应当结合当地自然环境的特点，保护植被、水域和自然景观，加强城市园林、绿地和风景名胜区的建设与管理。

第五十一条 各级人民政府应当统筹城乡建设污水处理设施及配套管网，固体废物的收集、运输和处置等环境卫生设施，危险废物集中处置设施、场所以及其他环境保护公共设施，并保障其正常运行。

中华人民共和国城乡规划法

第四条 制定和实施城乡规划，应当遵循城乡统筹、合理布局、节约土地、集约发展和先规划后建设的原则，改善生态环境，促进资源、能源节约和综合利用，保护耕地等自然资源和历史文化遗产，保持地方特色、民族特色和传统风貌，防止污染和其他公害，并符合区域人口发展、国防建设、防灾减灾和公共卫生、公共安全的需要。

在规划区内进行建设活动，应当遵守土地管理、自然资源和环境保护等法律、法规的规定。

……

第三十条 城市新区的开发和建设，应当合理确定建设规模和时序，充分利用现有市政基础设施和公共服务设施，严格保护自然资源和生态环境，体现地方特色。

在城市总体规划、镇总体规划确定的建设用地范围以外，不得设立各类开发区和城市新区。

第三十一条 旧城区的改建，应当保护历史文化遗产和传统风貌，合理确定拆迁和建设规模，有计划地对危房集中、基础设施落后等地段进行改建。

历史文化名城、名镇、名村的保护以及受保护建筑物的维护和使用，应当遵守有关法律、行政法规和国务院的规定。

第三十二条 城乡建设和发展，应当依法保护和合理利用风景名胜资源，统筹安排风景名胜区及周边乡、镇、村庄的建设。

风景名胜区的规划、建设和管理，应当遵守有关法律、行政法规和国务院的规定。

10. 如何加强对生活废弃物的处理?

【知识要点】

对于城市里的居民来说，垃圾处理似乎只是从自家厨房垃圾桶到楼下小区垃圾箱的距离，然而，我们高速发展中的城市，正遭遇垃圾围城之痛。截止 2014 年 2 月，全国城市垃圾堆存累计侵占土地 75 万亩，全国 1/3 以上城市遭遇垃圾围城，造成这种后果的重要因素之一就是垃圾分类处理成为空谈，与此同时，无序的垃圾焚烧正日益成为城市环境的毒瘤。

早在 20 世纪 90 年代，国内众多城市已经开始提倡垃圾分类收集处理，并陆续出台相关条例加以规范。2000 年，建设部（现为住房和城乡建设部）就确定北京、上海、南京、杭州、桂林、广州、深圳、厦门为“生活垃圾分类收集试点城市”。

当今世界，“垃圾围城”困境很普遍，怎么破解这一世界性难题呢？减量化、无害化、资源化是被公认的最终出路，而减量化是先决基础。国内外的实践证明，发展循环经济是解决资源、环境问题的一种重要途径，这不仅可以为经济发展开辟新的资源，而且能够有效减少污染物排放，提高经济效益。

所谓循环经济，是指在生产、流通和消费等过程中进行的减量化、再利用、资源化活动的总称。通俗一点来说，“减量化”是指在生产、流通和消费等过程中减少资源消耗和废物产生；“再利用”是指将废物直接作为产品或者经修复、翻新、再制造后继续作为产品使用，或者将废物的全部或者部分作为其他产品的部件予以使用；“资源化”是指将废物直接作为原料进行利用或者对废物进行再生利用。

2008 年 8 月 29 日，第十一届全国人大常委会第四次会议审议通过的《中华人民共和国循环经济促进法》，自 2009 年 1 月 1 日起施行。该法总结国内外发展循环经济的有益经验，以“减量化、再利用、资源化”为主线，为促进循环经济发展作出了一系列制度安排。

概括地说，循环经济促进法确立了以下原则和制度：（1）明确了减量化优先的原则，规定发展循环经济应当在技术可行、经济合理和有利于节约资源、保护环境的前提下，按照减量化优先的原则实施。（2）建立循环经济发展规划制度，包括：国家制定产业政策，应当符合发展循环经济的要求；国务院循环经济发展综合管理部门会同国务院环境保护等有关主管部门编制全国循环经济发展规划，报国务院批准后公布施行；国务院循环经济发展综合管理部门会同国务院统计、环境保护等有关主管部门建立和完善循环经济评价指标体系。(3) 建立总量调控制度，县级以上地方政府应当依据上级政府下达的本行政区域主要污染物排放、建设用地和用水总量控制指标，规划和调整本行政区域的产业结构，促进循环经济发展。新建、改建、扩建建设项目，必须符合本行政区域主要污染物排放、建设用地和用水总量控制指标的要求。(4) 建立再利用和资源化机制。在废物再利用和资源化过程中，应当保障生产安全，保证产品质量符合国家规定的标准，并防止产生再次污染。县级以上政府应当统筹规划区域经济布局，合理调整产业结构，促进企业在资源综合利用等领域进行合作，实现资源的高效利用和循环使用。国家鼓励和推进废物回收体系建设。(5) 建立生产者责任延伸制度。“废物利用”已成为企业的一项义务和责任。企业对在生产中产生的废物，不能再一弃了之，而是有责任将其再利用和资源化。(6) 强化产业政策的规范和引导。一方面对重点企业实行重点管理，对钢铁、有色金属、煤炭、电力、石油加工、化工、建材、建筑、造纸、印染等行业年综合能源消费量、用水量超过国家规定总量的重点企业，实行能耗、水耗的重点监督管理制度；另一方面，又强化产业政策在政府规范和引导产业发展中的作用，以及对淘汰落后技术、工艺、设备和产品，指导市场准入等方面的作用。(7) 建立合理的激励机制。促进循环经济的发展，仅靠行政强制手段是不够的。还必须建立合理的激励机制，利用经济手段，调动各行各业各类主体的积极性，激励循环经济发展，缓解资源瓶颈。

环境保护法第三十七条规定：“地方各级人民政府应当采取措施，组织对生活废弃物的分类处置、回收利用。”就是对于生活废弃物，要实行分类处置，既有利于降低成本和难度，更好地处理生活废弃物，也有利于对生活废弃物的回收利用，更好地再使用生活废弃物，从而实现生活废弃物的资源化利用。

典型案例

在北京、上海、广州等许多城市，垃圾分类试点流于形式是一种十分普遍的现象。比如，在北京最繁华的CBD国贸核心区，随意打开一个分类垃圾箱，看到的却依然是废纸、饮料瓶、牛奶包装、塑料餐盒和食物残渣等的“混合体”“共生体”。所谓的“垃圾分类”仍然只是停留在口头上、体现在口号中。

在上海，杨浦区的建德国际公寓是上海市选定的试点小区之一，但居委会的工作人员透露，虽然志愿者会对分类进行指导，但居民自觉将家中干湿垃圾分类的比例只能达到30%至40%。

2014 年 5 月 1 日起正式施行的《上海市促进生活垃圾分类减量办法》明确，下阶段上海暂不会对居民征收垃圾费，但是，今后在上海生活垃圾不分类，将面临处罚。根据该办法，对于生活垃圾分类各环节未尽责的，要承担相应责任。比如，生活垃圾分类投放管理责任人未将分类投放的生活垃圾分类驳运的，由城管执法部门责令改正；拒不改正的，处 1000 元以上 3000 元以下罚款。对个人未按照规定投放生活垃圾的，责令改正；拒不改正的，处 50 元以上 200 元以下罚款。

不过，在责任人和奖惩办法方面将进一步明确。处罚条款并不是自施行之日起全面适用，而是根据渐进性特点，在实施初期，对垃圾分类做得好的单位和个人给予精神鼓励和物质奖励，对不符合规范的行为进行劝阻、教育，只对个别较为恶劣的行为会依法处罚。

【以案释法】

垃圾泛滥，垃圾围城，这是一个世界性难题，但并不是没有“解”的难题。

20 多年前的台北市，也存在严重的垃圾问题，企业乱排污、百姓乱扔垃圾。从环保教育入手，倡导前端垃圾分类投放，十余年如一日，台北居民遵守着严格的垃圾分类制度，自觉将家庭垃圾分成资源、厨余和一般垃圾，在指定时间丢弃。1999 年，台北市家庭垃圾量为每天 2970 吨，到 2012 年降至每天 986 吨，减幅达 66%；资源回收率则从 2.4% 提升至 47.7%。台北的垃圾处理方法曾入选上海世博会“城市最佳实践区”。

当前，解决垃圾问题，必须采取发展的方式，需要基础设施投入，需要制度设计创新，更需要全体国人的自觉自醒。垃圾分类是全社会的共同责任，个人、家庭、社区和政府无一可袖手旁观，需要全社会再造一套科学、可操作的行为规范。要站在资源循环利用、建设美丽中国的高度，既下定决心，又投入人力物力，破解“垃圾围城”这一世界性难题。

第一，政府责无旁贷，应将更多公共财政资金投向垃圾处置全过程，以更严谨的态度和更负责任的决策来制定垃圾处理政策法规、布局垃圾处置设施。

第二，需要全民参与，从垃圾分类、减量开始，再加上焚烧等技术的采用、资源回收率的提高，垃圾围城这一难题终将被破解。

第三，要大力发展循环经济。目前，“循环经济”这一概念不仅为人们津津乐道，而且正在深入人心。自古以来，中国就崇尚人与自然的和谐相处，强调“天人合一”。这与“循环经济”有相通之处，因为循环经济最根本的就是要解决人和自然的协调问题。新中国成立后就陆续开展了循环经济的实践活动，即再利用和资源化。只不过，在当时叫“资源综合利用”，而不叫“循环经济”罢了。在新的历史条件下，要认真贯彻落实循环经济促进法和环境保护法，不仅处理好垃圾，而且处理好包括废旧衣物在内的生活废弃物，真正处置好生活废弃物，建设美好家园。

法条链接

中华人民共和国环境保护法

第三十七条 地方各级人民政府应当采取措施，组织对生活废弃物的分类处置、回收利用。

中华人民共和国循环经济促进法

第十五条 生产列入强制回收名录的产品或者包装物的企业，必须对废弃的产品或者包装物负责回收；对其中可以利用的，由各该生产企业负责利用；对因不具备技术经济条件而不适合利用的，由各该生产企业负责无害化处置。

对前款规定的废弃产品或者包装物，生产者委托销售者或者其他组织进行回收的，或者委托废物利用或者处置企业进行利用或者处置的，受托方应当依照有关法律、行政法规的规定和合同的约定负责回收或者利用、处置。

对列入强制回收名录的产品和包装物，消费者应当将废弃的产品或者包装物交给生产者或者其委托回收的销售者或者其他组织。

强制回收的产品和包装物的名录及管理办法，由国务院循环经济发展综合管理部门规定。

11. 怎样理解环境与健康监测、调查和风险评估制度？

【知识要点】

由于我国缺乏系统的长期监测，还无法揭示雾霾特征污染物的健康危害。而治理大气污染又是一项长期而艰巨的工作，换句话说，这就意味着我国大多数城市居民在未来一段时期内，都可能生活在 PM2. 5 等大气污染物超标的环境中。在这一背景下，就迫切需要开展空气污染（雾霾）健康影响监测，了解不同地区空气污染（雾霾）特征污染物的浓度变化规律及其对人群健康的危害，为进行健康风险评价提供数据支持。

环境保护法第三十九条对此作了规定，主要是两个方面：（1）国家建立、健全环境与健康监测、调查和风险评估制度。（2）鼓励和组织开展环境质量对公众健康影响的研究，采取措施预防和控制与环境污染有关的疾病。

2013 年 10 月 28 日，针对近年来我国许多省份雾霾天气频发情况，国家卫生计生委印发了《2013 年空气污染（雾霾）健康影响监测工作方案》，明确计划通过 3 年至 5 年的时间，逐步建立覆盖全国的空气污染（雾霾）监测网络，目的就是要揭示雾霾污染物健康危害。

2013 年，通过对环境保护部门空气质量监测数据和文献的分析，确定了空气污染（雾霾）高发的地区包括：华北地区、黄淮海地区、长江三角洲、珠江三角洲、四川盆地及东北地区，以上高发地区涉及 16 个省（或直辖市）。在雾霾高发地区以城市为重点开展监测，每个城市在空气污染相对重的区域和污染相对轻的区域设立监测点，另外，还选择了部分农村地区设立监测点。

典型案例

落户于中国上海的美国江森自控有限公司附近，出现多例居民儿童血铅检测超标，这一问题引起了中国两家环保组织的关注。2012 年 1 月 10 日，环保组织自然之友与公众环境研究中心两家环保组织联合致信美国江森自控有限公司，希望就其下属企业上海江森自控国际蓄电池有限公司存在的严重环境问题进行沟通。

据报道，江森公司附近发现多例居民儿童血铅检测超标，其中康花新村儿童，在接受检测的 43 人中，有 33 人超标，最高值 897ug/L。按照中国国家标准，血铅浓度超过 100ug/L 为中毒。

两家环保组织表示，据浦东新区环保局披露，2011 年 6 月 3 日，浦东新区环保局对江森公司的 35 个排放口做了检测，发现其中的 4 个超标排放。对此，环保局对其罚款 3 万元，责令其停产整治。浦东新区环保局又在 6 月 21 日和 8 月 30 日对江森公司进行了两次抽查，浓度方面都是达标的。2011 年 9 月初，发现大批儿童血铅超标后，上海市及浦东新区政府在儿童生活区附近做了排查，确认江森公司为肇事单位，环境保护部门在 2011 年 9 月 13 日下达了责令江森公司暂停生产的通知。

而江森公司曾向媒体透露，其委托中国电器工业协会曾就血铅事件进行第三方调查，并出具报告说明上海江森公司的生产并非血铅事件的最大成因，这一说法受到了当地环境保护部门的质疑。

【以案释法】

作为生产经营单位尤其是上市公司，必须承担更多的社会责任，理所当然地要向公众披露更广泛的环境信息，包括铅污染物排放的信息、环境影响评价的信息、清洁生产审核的信息以及其委托第三方进行环境责任调查的信息。

的确，随着人类社会的发展进步，人们越来越关注自身所处环境的好坏及其对身体健康的影响。一方面，人类在生产生活中，在开发利用资源过程中，由于种种原因，对环境产生不同程度的影响，其中严重的是污染破坏了环境。另一方面，人在这种被污染甚至是被破坏了的环境中生产和生活，自身的健康必然受到影响。

政府必须高度重视环境质量对人体健康的影响，为此，要加强环境质量对于各种健康影响的研究，并采取相应措施，预防和控制与环境污染有关的各种疾病。2013 年 10 月 28 日，国家卫生计生委印发的《2013 年空气污染（雾霾）健康影响监测工作方案》，明确要求逐步建立覆盖全国的空气污染（雾霾）监测网络，目的就是要揭示雾霾污染物健康危害。

这是一个好的开端，表明我们已经走在一条正确的道路上，接下来就是要持之以恒地做下去。

法条链接

中华人民共和国环境保护法

第三十九条 国家建立、健全环境与健康监测、调查和风险评估制度；鼓励和组织开展环境质量对公众健康影响的研究，采取措施预防和控制与环境污染有关的疾病。

第四章 防治污染和其他公害

1. 什么是清洁生产制度？

【知识要点】

伴随着商品经济、市场经济的蓬勃发展以及人民群众生活水平的提高，喧宾夺主、华而不实的商品“过度包装”风行天下，商品变礼品，必定披上“美丽外衣”。不仅如此，我国工农业生产的情况也不容乐观。比如，钢铁、电力、水泥等高耗能行业的单位产品能耗比世界先进水平平均高 20% 左右；矿产资源总回收率为 30%，比国外先进水平低 20% 以上；木材综合利用率为 60%，比国外先进水平低 20%；再生资源利用量占总生产量的比重，比起国外先进水平也低很多。在一定程度上，可以说，我国经济增长是建立在生产、消费、废物数量都很大的基础上的。显然，这样的增长是难以为继的、不能持久的。

国内外的实践已经证明，清洁生产和资源循环利用，是防治污染的有效方法和手段。

一提到“清洁生产”这一说法，人们自然就会联想到环境污染、环境保护。的确，面对环境污染问题，仅仅采用“末端治理”的手段或方式，不仅收效甚微，而且是无法从根本上加以解决的。人们开始反思，逐渐认识到：要从源头抓起。正是在这一背景下，1979 年 4 月，欧洲共同体理事会宣布推行清洁生产政策。同年 11 月，在日内瓦举行的“在环境领域内进行合作的全欧高级会议”，通过了《关于少废无废工艺和废物利用的宣言》。到 20 世纪八九十年代“清洁生产”才被越来越广泛地接受。目前，还没有一个完全统一的“清洁生产”定义，说法不一，意义也完全相同，比如，污染预防、废物最小化、源削减、源控制、清洁工艺、污染削减等。2002 年 6 月 29 日，第九届全国人大常委会第二十八次会议通过了《中华人民共和国清洁生产促进法》。2012 年 2 月 29 日，第十一届全国人大常委会第二十五次会议通过《关于修改〈中华人民共和国清洁生产促进法〉的决定》。清洁生产促进法第二条对“清洁生产”这一概念作了规定：“是指不断采取改进设计、使用清洁的能源和原料、采用先进的工艺技术与设备、改善管理、综合利用等措施，从源头削减污染，提高资源利用效率，减少或者避免生产、服务和产品使用过程中污染物的产生和排放，以减轻或者消除对人类健康和环境的危害”。

修订后的环境保护法第四十条第一款明确规定：“国家促进清洁生产和资源循环利用。”具体包括：（1）国务院有关部门和地方各级人民政府应当采取措施，推广清洁能源的生产和使用。（2）企业应当优先使用清洁能源，采用资源利用率高、污染物排放量少的工艺、设备以及废弃物综合利用技术和污染物无害化处理技术，减少污染物的产生。

2011 年 12 月 15 日，国务院印发的《国家环境保护“十二五”规划》提出“大力推行清洁生产和发展循环经济”。具体包括：（1）提高造纸、印染、化工、冶金、建材、有色、制革等行业污染物排放标准和清洁生产评价指标，鼓励各地制定更加严格的污染物排放标准；（2）推进农业、工业、建筑、商贸服务等领域清洁生产示范；（3）全面推行排污许可证制度；（4）深化循环经济示范试点，加快资源再生利用产业化，推进生产、流通、消费各环节循环经济发展，构建覆盖全社会的资源循环利用体系。

典型案例

近些年来，在我国，商品“过度包装”“豪华包装”的现象不仅十分普遍，也十分严重，且禁而不止，甚至有愈演愈烈之势。比如，一套名叫《妙趣科学》的图书，成套包装，色彩艳丽；每套 6 本，每本才几页，售价 142 元。而且，这些年来，越来越多的图书都加上了一层塑料包装。又比如，铁观音等茶叶被精美陶瓷、金属罐和考究的包装盒包装起来。再比如，大小餐馆使用一次性餐具、宾馆使用一次性洗漱用品的现象也非常普遍。

“过度包装”为何禁而不止？

其实，在商场里，“您是自己用还是送人”，无论在茶、酒专柜还是滋补保健品专柜，售货员无一例外地都会这样问你。如果是自家用（吃或喝），他们会建议买经济实惠、包装简单的；如果是送人，他们又会根据你送的是亲朋好友还是重要客人来建议你买什么价位、什么包装的商品。原来，这里有奥秘。一是有的商品与包装是分开的，特别是价格较便宜的商品，如果要作为礼品送人，售货员必定会给其穿上“美丽的外衣”，经过“乔装打扮”，不太贵的礼品也能体体面面地送出去。二是越贵重的商品，包装越豪华。比如数千元乃至数万元的虫草、燕窝、海参等滋补品的包装就比蜂蜜的包装高档得多。虽然有“好马配好鞍”之说法，但这一现象更可能与贵重商品一般都会被买者作为礼品送人有关。三是包装表面上看基本符合“不超过3层”的国家标准，但所使用的材料种类繁多，导致商品体积和重量大大增加，且大多是复合型材料，如在木盒或纸盒表面又贴上或镶嵌工艺复杂的金属、玻璃（或有机玻璃）等材料。四是国家标准中规定了包装成本不能超过产品销售价格的20%，所以前些年盛行的在包装中附带金银饰品、手表等的现象很少看到。但五花八门的包装材料的实际成本是多少，消费者很难搞清楚。

【以案释法】

欧美、日本等国家对包装都有严格的限制，包装成本不应超过产品出厂价的15%，否则就属于过度包装。目前国内一些产品包装成本已超出30%，卖商品在一定程度上变成了卖包装。

“过度包装”问题，真是“按下葫芦浮起瓢”，且呈蔓延之势。除食品和化妆品、保健品外，其他如电子产品、药品、玩具、书籍等的过度包装现象也很严重。目前，一些厂家的心思不在提高产品本身的质量上，却在包装盒材质上大做文章。据介绍，目前市面上的包装材质涉及金属、玻璃、绸缎、塑料等七八种，不少是混合使用的，给包装物的回收利用带来很大麻烦，许多包装垃圾都难以分解。

不仅如此，消费者在购买商品的时候，所支付的不仅仅是商品本身的价钱，还要支付大量的包装费。所以，“过度包装”现象，不仅浪费资源，还污染环境；不仅损害消费者利益，也助长和败坏了社会风气，讲排场、比阔气，把“爱面子”演绎到了极致。此风断不可长！所以说，“过度包装”问题已经超出了商品包装本身，并不是单纯的经济问题，而成了一个社会问题，涉及传统习俗、送礼文化与消费理念等。解决好“过度包装”这一问题，不仅是政府、企业的责任，也是全体公民的责任。因此，必须加强源头控制，切实转变观念。同时，包装生产企业在商品包装的生产、销售中，应坚持减量化、资源化、无害化、单一化的“四化”原则，从包装的数量、重量、循环再利用、废弃后的无害化处理以及减少使用复合材料等方面解决“过度包装”问题。

我们既要解决“过度包装”问题，更要解决清洁生产和资源循环利用问题。一方面，资源供应和环境容量保障不了经济长期增长需要，我国资源总量和人均资源严重不足；另一方面，我们也付出了很大的资源和环境代价。以往在治理污染时往往采用“末端治理”的办法，成本太高，地方和企业治污积极性不高，治污效果也是不尽如人意。当前，要严格依法办事，将环境保护法、清洁生产促进法、循环经济促进法等法律规定落到实处，真正促进清洁生产和资源循环利用，保护和改善环境，建设美丽中国。

法条链接

中华人民共和国环境保护法

第四十条 国家促进清洁生产和资源循环利用。

国务院有关部门和地方各级人民政府应当采取措施，推广清洁能源的生产和使用。

企业应当优先使用清洁能源，采用资源利用率高、污染物排放量少的工艺、设备以及废弃物综合利用技术和污染物无害化处理技术，减少污染物的产生。

中华人民共和国清洁生产促进法

第二条 本法所称清洁生产，是指不断采取改进设计、使用清洁的能源和原料、采用先进的工艺技术与设备、改善管理、综合利用等措施，从源头削减污染，提高资源利用效率，减少或者避免生产、服务和产品使用过程中污染物的产生和排放，以减轻或者消除对人类健康和环境的危害。

第十二条 国家对浪费资源和严重污染环境的落后生产技术、工艺、设备和产品实行限期淘汰制度。国务院有关部门按照职责分工，制定并发布限期淘汰的生产技术、工艺、设备以及产品的名录。

第十三条 国务院有关部门可以根据需要批准设立节能、节水、废物再生利用等环境与资源保护方面的产品标志，并按照国家规定制定相应标准。

2. 什么是资源循环利用制度?

【知识要点】

发展循环经济是解决资源、环境问题的一种重要途径。实践证明，发展循环经济可以为经济发展开辟新的资源，有效减少污染物排放，提高经济效益。什么是循环经济呢？就是指在生产、流通和消费等过程中进行的减量化、再利用、资源化活动的总称。通俗地说，减量化是指在生产、流通和消费等过程中减少资源消耗和废物产生。再利用是指将废物直接作为产品或者经修复、翻新、再制造后继续作为产品使用，或者将废物的全部或者部分作为其他产品的部件予以使用。资源化是指将废物直接作为原料进行利用或者对废物进行再生利用。

2008 年 8 月 29 日，第十一届全国人大常委会第四次会议审议通过的循环经济促进法，在总结国内外发展循环经济的有益经验基础上，以“减量化、再利用、资源化”为主线，为促进循环经济发展作出了一系列制度安排。

这主要包括：(1) 明确减量化优先原则，规定发展循环经济应当在技术可行、经济合理和有利于节约资源、保护环境的前提下，按照减量化优先的原则实施。从事工艺、设备、产品及包装物设计，应当按照减少资源消耗和废物产生的要求，优先选择采用易回收、易拆解、易降解、无毒无害或者低毒低害的材料和设计方案，并应当符合有关国家标准的强制性要求。(2) 建立循环经济发展规划制度。国家制定产业政策，应当符合发展循环经济的要求。县级以上政府编制国民经济和社会发展规划及年度计划，县级以上政府有关部门编制环境保护、科学技术等规划，应当包括发展循环经济的内容。(3) 建立总量调控制度。一些地方的经济增长存在着过度消耗资源和污染环境的问题，对这种不可持续的发展方式必须要有必要的总量控制措施。县级以上地方政府应当依据上级政府下达的本行政区域主要污染物排放、建设用地和用水总量控制指标，规划和调整本行政区域的产业结构，促进循环经济发展。新建、改建、扩建建设项目，必须符合本行政区域主要污染物排放、建设用地和用水总量控制指标的要求。(4) 建立再利用和资源化机制。在废物再利用和资源化过程中，应当保障生产安全，保证产品质量符合国家规定的标准，并防止产生再次污染。国家鼓励和推进废物回收体系建设。(5) 建立生产者责任延伸制度。过去，火力发电厂的副产品粉煤灰非常多，拿它当废物，现在用粉煤灰造砖。钢铁厂遗留的废钢渣堆积如山，既占土地又污染环境，现在用废钢渣制造水泥。“废物利用”成为企业责任。

环境保护法第四十条第一款明确规定：“国家促进清洁生产和资源循环利用。”具体包括：（1）国务院有关部门和地方各级人民政府应当采取措施，推广清洁能源的生产和使用；（2）企业应当优先使用清洁能源，采用资源利用率高、污染物排放量少的工艺、设备以及废弃物综合利用技术和污染物无害化处理技术，减少污染物的产生。

2011 年 12 月 15 日，国务院印发的《国家环境保护“十二五”规划》提出“大力推行清洁生产和发展循环经济”，要深化循环经济示范试点，加快资源再生利用产业化，推进生产、流通、消费各环节循环经济发展，构建覆盖全社会的资源循环利用体系。

典型案例

山西朔州润臻公司利用高科技从粉煤灰里提取出来的新型装饰材料，防火防水、耐磨耐压，甲醛排放量低于国家标准，市场供不应求，已远销欧美地区。

粉煤灰是火力发电的工业废渣，其扬尘会污染大气，入水会造成淤塞。作为煤电大市的朔州，拥有电力装机容量 700 多万千瓦，北京每 5 盏灯就有一盏是朔州点亮的。在为京津地区做出贡献的同时，朔州市面临着粉煤灰年排放 800 万吨、累积堆存已高达 1.8 亿吨的考验。如何变废为宝，变环境压力为发展动力？朔州市投资近 5000 万元与北京大学合作共建了固废资源综合利用研发中心，与国内 16 所高等院校建立了长期合作关系。目前，朔州市集中进行粉煤灰、煤矸石开发利用研究，取得了 13 项国内专利、1 项国际专利。有了技术支撑，朔州开始大力发展粉煤灰制建材、粉煤灰提取氧化铝等产业，力争到 2020 年实现粉煤灰综合利用率达到 80%，建成全国有影响的工业固废综合利用示范基地。

朔州市采取以点带面的方式加快对粉煤灰的利用。市财政拿出 2 亿多元，建设固废综合利用工业园区，园区内企业享受税费减免、土地全征全返、技术扶持、资金补贴等优惠政策。如今，园区完成投资 120 亿元，已有 15 家企业入园，年可消化粉煤灰 330 万吨。园区全部建成后，将成为世界最大的粉煤灰综合利用产业集聚区和全国唯一的固废综合利用产学研示范中心。

粉煤灰的成功利用，带动了当地经济的发展。目前，朔州市固体废弃物综合利用年产值达 55 亿元，占全市工业总产值的 5%，成为新的支柱产业。

【以案释法】

像山西朔州润臻公司这样，变废为宝，变污染物质为原材料，变环境压力为发展动力，这种做法是法律、法规都鼓励和提倡的。当前，要严格依法办事，将环境保护法、循环经济促进法等法律规定落到实处，真正促进清洁生产和资源循环利用，保护和改善环境，建设美丽中国。

法条链接

中华人民共和国环境保护法

第四十条 国家促进清洁生产和资源循环利用。

国务院有关部门和地方各级人民政府应当采取措施，推广清洁能源的生产和使用。

企业应当优先使用清洁能源，采用资源利用率高、污染物排放量少的工艺、设备以及废弃物综合利用技术和污染物无害化处理技术，减少污染物的产生。

中华人民共和国循环经济促进法

第二条 本法所称循环经济，是指在生产、流通和消费等过程中进行的减量化、再利用、资源化活动的总称。

本法所称减量化，是指在生产、流通和消费等过程中减少资源消耗和废物产生。

本法所称再利用，是指将废物直接作为产品或者经修复、翻新、再制造后继续作为产品使用，或者将废物的全部或者部分作为其他产品的部件予以使用。

本法所称资源化，是指将废物直接作为原料进行利用或者对废物进行再生利用。

第三条 发展循环经济是国家经济社会发展的一项重大战略，应当遵循统筹规划、合理布局，因地制宜、注重实效，政府推动、市场引导，企业实施、公众参与的方针。

第四条 发展循环经济应当在技术可行、经济合理和有利于节约资源、保护环境的前提下，按照减量化优先的原则实施。

在废物再利用和资源化过程中，应当保障生产安全，保证产品质量符合国家规定的标准，并防止产生再次污染。

3. 什么是"三同时"制度?

【知识要点】

"三同时"制度，是指建设对环境有影响的一切建设项目，必须依法执行环境保护设施与主体工程同时设计、同时施工、同时投产使用的制度，这是我国环境保护法律制度中的一项基本制度。

这项制度是我国首创的，最早见于1972年国务院批准的《国家计委、国家建委关于官厅水库污染情况和解决意见的报告》。该报告首次提出："工厂建设和三废利用工程要同时设计、同时施工、同时投产"。1973年颁布的《关于保护和改善环境的若干规定》沿袭了这一规定。《中华人民共和国环境保护法（试行）》从法律上确认了"三同时"制度。1989年环境保护法第二十六条曾明确规定，建设项目中防治污染的设施，必须与主体工程同时设计、同时施工、同时投产使用（修订后的环境保护法改为第四十一条）；违反"三同时"规定的，要承担相应的责任。水污染防治法第十七条第三款也明确规定："建设项目的水污染防治设施，应当与主体工程同时设计、同时施工、同时投入使用。水污染防治设施应当经过环境保护主管部门验收，验收不合格的，该建设项目不得投入生产或者使用。"

需要说明的是，在我国，"三同时"制度并不仅仅局限于环境保护，在安全生产等其他领域也实行这一制度，比如在生产工作中就有相应的规定，2004年1月9日发布的《国务院关于进一步加强安全生产工作的决定》中就规定："新建、改建、扩建项目的安全设施必须与主体工程同时设计、同时施工、同时投入生产和使用（简称"三同时"），对未通过'三同时'审查的建设项目，有关部门不予办理行政许可手续，企业不准开工投产。"

修订后的环境保护法第四十一条中增加规定："防治污染的设施应当符合经批准的环境影响评价文件的要求，不得擅自拆除或者闲置。"

典型案例

三峡工程开工之初，就以"环境与工程建设同步"原则为指导，制定了一系列环境保护管理的规范性制度和文件，明确了三峡工程参建各方的职责、权利和义务，也明确了施工区相关环境保护工作的基本内容、范围、管理程序及奖惩办法，所有规定内容都作为合同条款的组成部分，纳入了合同管理的范畴。通过在施工区认真执行这些管理规定，促进施工区的环境保护工作有序展开。

1993年，国务院三峡建委批准《长江三峡水利枢纽初步设计报告(枢纽工程部分)》，其中包括环境保护初步设计。1995年，国家环境保护总局和国务院三峡建委联合批准《三峡工程施工区环境保护实施规划》，施工区征地移民安置区环境保护规划也编制完成，并通过了主管部门的审查。同时，在工程施工总体规划中，还充分考虑了环境保护和水土保持的要求，对重点部位还制定了专项规划。

结合工程建设和实施规划，中国三峡总公司实施了污染预防和治理项目，包括所有砂石加工系统的废水处理及防尘、减噪设施，拌和系统的除尘、废水处理和噪声防护，水泥和粉煤灰的封闭运输，施工生活区排水系统的雨污分流及生活污水的处理等。对施工区的土石方挖填平衡及工程建设过程和建成后的植被恢复进行了规划，对渣场、边坡保护及其他水保工作也进行专门规划设计。截止2005年，三峡工程施工区已经完成和正在实施的绿化面积已超过130万平方米，绿化道路超过34.7公里。所有绿化成果都委托专业化队伍进行日常维护管理，委托专门的单位开展施工区环境卫生的维护与管理，并开展施工区环境卫生监察工作。三峡总公司还在施工区投资建设了一定规模的医疗急救中心，开展施工区医疗急救服务、卫生防疫和公共卫生监督监测工作，定期开展灭鼠和食品卫生监督监测。三峡总公司还配合文物考古单位完成了施工区内的文物考古挖掘和保护工作。

三峡工程施工区环境监测工作从1992年开始，1996年开始结合工程建设实际，根据《三峡工程施工区环境保护实施规划》中的要求全面展开工作，并以合同形式委托有资质的单位承担。同时，由专业监测部门对施工区长江江段水环境质量、水生物、长江沉积物、污废水排放、环境空气质量、噪声、空气污染物排放、供水水质、食品卫生等进行监测。为了推动施工区环境保护工作，结合工程建设实际，开展了多项环境科研与专项调查。

2006年10月13日，三峡水库一号排漂孔开放，约1小时下泄1万立方米漂浮物。三峡库区清漂工作的长效机制已初步形成。三峡总公司从2004年开始，每年支出750万元，委托重庆、湖北两省市地方政府对长江干支流漂浮物进行清理，每日掌握清漂实况；并委托长江水文局三峡局实时对漂浮物和清漂有关情况展开监测。

【以案释法】

我国的“三同时”制度不仅是一个创造，也是一个好制度。实践已经证明，凡是“三同时”制度得到有效执行的地方和单位，不仅经济效益好，而且环境效益也好。反之，这一制度如果没有得到切实执行，不仅环境保护不得力，而且经济社会发展也不好，即便暂时有了发展，但这种发展也只是短暂的，不能持续。

这些年来，“三同时”制度在保护和改善环境方面发挥了积极作用。但是，在实际执行过程中，有的生产经营单位并未严格执行这一制度，主要表现在：有的不按要求建造相关设施；有的建起来以后，要么擅自拆除，要么让有关设施不正常运转。

针对这类情况，修订后的环境保护法重申了“三同时”制度，而且还在“法律责任”一章中，增加了相关责任。因此，严格执行法律规定，不仅有利于贯彻落实“三同时”制度，而且有利于真正保护和改善环境。

法条链接

中华人民共和国环境保护法

第四十一条　建设项目中防治污染的设施，应当与主体工程同时设计、同时施工、同时投产使用。防治污染的设施应当符合经批准的环境影响评价文件的要求，不得擅自拆除或者闲置。

中华人民共和国水污染防治法

第十七条第三款　建设项目的水污染防治设施，应当与主体工程同时设计、同时施工、同时投入使用。水污染防治设施应当经过环境保护主管部门验收，验收不合格的，该建设项目不得投入生产或者使用。

4. 如何理解生产经营单位应当建立环境保护责任制度？

【知识要点】

这是指排放污染物的企业事业单位和其他生产经营者要建立环境保护责任制。修订前的环境保护法第二十四条曾规定：“产生环境污染和其他公害的单位，必须把环境保护工作纳入计划，建立环境保护责任制度；采取有效措施，防治在生产建设或者其他活动中产生的废气、废水、废渣、粉尘、恶臭气体、放射性物质以及噪声、振动、电磁波辐射等对环境的污染和危害。”这一规定，明确了单位的环境保护责任制度。这与人民政府对所辖行政区域的环境质量责任制是相适应的。

现行环境保护法在“总则”中明确规定：企业事业单位和其他生产经营者应当防止、减少环境污染和生态破坏，对所造成的损害依法承担责任。在此基础上，第四十二条进一步作了明确规定：（1）排放污染物的企业事业单位和其他生产经营者，应当采取措施，防治在生产建设或者其他活动中产生的废气、废水、废渣、医疗废物、粉尘、恶臭气体、放射性物质以及噪声、振动、光辐射、电磁辐射等对环境的污染和危害；（2）排放污染物的企业事业单位，应当建立环境保护责任制度，明确单位负责人和相关人员的责任；（3）重点排污单位应当按照国家有关规定和监测规范安装使用监测设备，保证监测设备正常运行，保存原始监测记录；（4）严禁通过暗管、渗井、渗坑、灌注或者篡改、伪造监测数据，或者不正常运行防治污染设施等逃避监管的方式违法排放污染物。

典型案例

2010年至2013年10月，上海市人民法院共审结环境污染犯罪案件9件21人，其中污染环境罪6件11人。在上海，环境污染类刑事案件主要呈现5大特点：行为类型较为集中、污染后果严重、区域分布较为集中、监管尚存在一些缺失、自然人犯罪。在9起案件中，7起为向河道或土地中倾倒毒性物质、污泥或渣土，6起案件造成的直接经济损失超过百万元，相当比例的案件为多次、连续犯罪。

2010年至2012年间，上海市人民法院判处的环境污染案件量刑基本在有期徒刑1年半以下，2013年以来，法院量刑幅度显著加大。同时，加大财产刑的判处力度，用足、用好罚金、没收财产等刑罚手段，并通过采取追缴违法所得、收缴犯罪工具等措施，从经济上剥夺犯罪分子再次犯罪的能力和条件。

【以案释法】

责任明确，是责任得到落实的前提。这几乎已成为一个公理。但有了这一前提，还必须认真执行，将其落到实处；否则，也必将是一纸空文。因此，必须严格实行环境保护责任制度。不仅环境保护是这样，其他各项工作也莫不如此。

我国环境污染日趋严重，环境形势日益严峻，不是因为我们没有法律、法规，也不是没有环境保护责任制度，而是我们的法律、法规往往被束之高阁、形如虚设，法律责任没有落实到位。别的不说，对于环境违法行为甚至是犯罪行为，往往是以罚款了事，更何况在实际执行中，罚款还被打了折扣。

我们知道，环境保护的法律责任中，不仅有罚款等经济责任，还有行政责任、刑事责任。企业事业单位必须自觉承担起自己的环保责任，环境保护机关等也必须履行行政执法责任，司法机关必须履行司法职责。这既是环境保护责任制度的题中应有之义，也是防治污染、保护环境、建设生态文明的必然要求。

法条链接

中华人民共和国环境保护法

第六条 一切单位和个人都有保护环境的义务。

地方各级人民政府应当对本行政区域的环境质量负责。

企业事业单位和其他生产经营者应当防止、减少环境污染和生态破坏，对所造成的损害依法承担责任。

公民应当增强环境保护意识，采取低碳、节俭的生活方式，自觉履行环境保护义务。

第四十二条 排放污染物的企业事业单位和其他生产经营者，应当采取措施，防治在生产建设或者其他活动中产生的废气、废水、废渣、医疗废物、粉尘、恶臭气体、放射性物质以及噪声、振动、光辐射、电磁辐射等对环境的污染和危害。

排放污染物的企业事业单位，应当建立环境保护责任制度，明确单位负责人和相关人员的责任。

重点排污单位应当按照国家有关规定和监测规范安装使用监测设备，保证监测设备正常运行，保存原始监测记录。

严禁通过暗管、渗井、渗坑、灌注或者篡改、伪造监测数据，或者不正常运行防治污染设施等逃避监管的方式违法排放污染物。

5. 如何理解排污费制度?

【知识要点】

20 世纪 70 年代初，经济合作与发展组织委员会提出了“污染者负担”原则，要求明确环境责任。之后，这一原则迅速就被各国国内立法所接受并有了发展。环境责任原则的核心，就是“谁污染谁治理，谁开发谁保护”。具体来说，该原则包括以下内容：（1）结合技术改造防治工业污染，对工业污染实行限期治理；（2）实行征收排污费制度和资源有偿使用制度；（3）明确开发利用环境者的义务和责任等。

在我国，《中华人民共和国环境保护法（试行）》第六条第二款曾规定：“已经对环境造成污染和其他公害的单位，应当按照谁污染谁治理的原则，制定规划，积极治理，或者报请主管部门批准转产、搬迁。”环境保护法对此作了进一步完善，规定企业事业单位和其他生产经营者应当防止、减少环境污染和生态破坏，对所造成的损害依法承担责任。1996 年 8 月 3 日发布的《国务院关于环境保护若干问题的决定》中进一步提出：“污染者付费、利用者补偿、开发者保护、破坏者恢复。”

征收排污费制度，即排放污染物的单位必须依照规定申报登记；排放污染物超过规定的污染物排放标准的，依照国家规定缴纳超标准排污费，并负责治理。修订前的水污染防治法第十五条和现行海洋环境保护法第十一条分别规定了陆地水体和海洋环境实行排污收费，之后，2000 年修订的大气污染防治法第十四条也规定在大气环境领域中实行这一制度，即“国家实行按照向大气排放污染物的种类和数量征收排污费的制度”。这就意味着，排污者即使未超过国家或者地方所规定的大气污染物排放标准而向大气环境排放污染物的，也必须依法按照国家规定，根据排放污染物的种类和数量，向环境保护行政部门缴纳排污费。

实际上，大气污染防治法关于排污收费的规定，是对以往排污收费制度的重大改革。2008 年 2 月 28 日修订后的水污染防治法第二十四条也明确规定：“直接向水体排放污染物的企业事业单位和个体工商户，应当按照排放水污染物的种类、数量和排污费征收标准缴纳排污费。排污费应当用于污染的防治，不得挪作他用。”也就是说，凡是直接向水体排放污染物的，不管是超标还是不超标排放，都要缴纳排污费。

总之，水污染防治法、海洋环境保护法、大气污染防治法、固体废物污染环境防治法、环境噪声污染防治法等法律，都分别规定了排污费制度。

为了加强对排污费征收、使用的管理，国务院于2003年1月2日公布了《排污费征收使用管理条例》，自2003年7月1日起施行；1982年2月5日国务院发布的《征收排污费暂行办法》和1988年7月28日国务院发布的《污染源治理专项基金有偿使用暂行办法》同时废止。《排污费征收使用管理条例》规定了污染物排放种类、数量的核定，排污费的征收，排污费的使用，罚则等。2014年3月25日，财政部发布消息，将在全国范围内推动建立排污权有偿使用和交易制度。这项制度实施之后，要及时总结经验，上升为法律规范，从法律上予以规定。总之，目前，我国对排放污染物征收排污费。

随着我国环境恶化的趋势日益明显，对“谁污染谁治理，谁开发谁保护”的批评之声、质疑之声也越来越多。概括起来，主要有两个方面的问题：（1）关于违反成本低的问题。企业在生产经营过程中，对环境和生态造成了污染或者破坏，所缴的排污费标准本身就低，加上还享受“打折”的优惠，实际缴纳的排污费就打了折扣，低于标准。这样的结果，就是环境污染者本该承担的责任却转移给了社会。（2）关于排污收费制度的合理性问题。有的人认为，排污收费制度是一种“自杀式”的收费制度，因为只有企业排污越多，环境保护部门才能收到更多的钱，让环境保护部门陷入了“为收费而存在”的尴尬境地。

党的十八届三中全会决定提出，要推进环境保护费改税。贯彻落实这一精神，2014年修订后的环境保护法进一步明确了环境保护中的义务和责任，其中，第五条规定，环境保护坚持“损害担责”的原则，第六条还规定：“一切单位和个人都有保护环境的义务。地方各级人民政府应当对本行政区域的环境质量负责。企业事业单位和其他生产经营者应当防止、减少环境污染和生态破坏，对所造成的损害依法承担责任……”另外，该法还对排污费、环境保护税等作了衔接性规定：“排放污染物的企业事业单位和其他生产经营者，应当按照国家有关规定缴纳排污费。排污费应当全部专项用于环境污染防治，任何单位和个人不得截留、挤占或者挪作他用。依照法律规定征收环境保护税的，不再征收排污费。”这一规定，就使得环境保护费改税这一重要改革举措，于法有据，有利于推进这项改革，进而有利于环境保护工作的顺利开展，促进生态文明建设。

典型案例

2014年7月7日下午，位于石景山区的北京巴布科克·威尔科克斯有限公司（以下简称“北京巴威公司”），收到市环保局两个月内开具的第二张处罚决定书，处罚金额为60万元。5月份，该公司因露天刷漆排放有机废气收到30万元罚单，6月初再次被查实违法排放。《北京市大气污染防治条例》规定二次违法可以加倍处罚，这张60万元罚单，成为本市大气环境执法有史以来开出的最高处罚。

3月19日，市环境监察总队执法人员进入北京巴威公司检查发现，厂区内仍在进行大面积露天刷漆作业。执法人员当场责令该公司停工，并立案开展调查。鉴于该单位屡次违法、情节恶劣严重，5月6日，市环保局责令该单位在6月1日前改正违法行为，并处以最高上限30万元罚款。这是本市大气条例实施以来，针对违法排放开出的单笔最大罚单。当时环境监察部门表示，将继续关注该单位整改情况，发现再犯将加倍处罚。

5月30日，市环保局执法人员复查发现，该公司仍有露天刷漆迹象，要求该公司加快整改进度。6月3日，执法人员再次对该公司复查，发现其并无改观，即当场责令其停止违法排放行为并立案调查。

北京巴威公司历来受到环境保护部门的“重点照顾”。该公司主要生产电站锅炉，并对各种工件进行刷漆作业，每年防锈漆使用量约100吨，露天刷漆面积约50万平方米。其作业无任何有效防护措施，导致大量有机废气直接排向大气环境，曾受到市区两级环境保护部门多次处罚。2014年3月1日北京市大气条例实施，对违法排放有机废气的处罚金额，由此前最高5万元提至最高30万元，且规定如屡次违法，加倍处罚。

【以案释法】

国内外的经验均已表明，实行“谁污染谁治理，谁开发谁保护”，既有利于拓展资金筹措渠道以解决环境保护的资金问题，又有利于强化公众的环境保护责任感。目前，要落实排污费制度，有两个方面的工作需要抓紧做起来，并且还要做好。

第一，要认真贯彻落实法律关于排污费制度规定。当然，排污者缴纳排污费，既不能免除其防治污染、赔偿污染损害的责任和法律、行政法规规定的其他责任，也不能免除各级政府所承担的对环境全面保护的责任。

第二，要研究完善排污费制度。究竟如何完善排污费制度，特别是如何将排污费改为环境税？这是需要认真研究的，目的就是要切实提高环境污染和破坏环境的成本，至少要让污染者承担本应承担的责任，不能转嫁污染或破坏环境所应承担的成本与责任。新修订的环境保护法，已经就推进环境保护费改税作了衔接性规定，需要大力推进这项工作，继续探索创新。

法条链接

中华人民共和国环境保护法

第六条 一切单位和个人都有保护环境的义务。

地方各级人民政府应当对本行政区域的环境质量负责。

企业事业单位和其他生产经营者应当防止、减少环境污染和生态破坏，对所造成的损害依法承担责任。

公民应当增强环境保护意识，采取低碳、节俭的生活方式，自觉履行环境保护义务。

第四十三条 排放污染物的企业事业单位和其他生产经营者，应当按照国家有关规定缴纳排污费。排污费应当全部专项用于环境污染防治，任何单位和个人不得截留、挤占或者挪作他用。

依照法律规定征收环境保护税的，不再征收排污费。

中华人民共和国水污染防治法

第二十四条 直接向水体排放污染物的企业事业单位和个体工商户，应当按照排放水污染物的种类、数量和排污费征收标准缴纳排污费。

排污费应当用于污染的防治，不得挪作他用。

中华人民共和国海洋环境保护法

第十一条 直接向海洋排放污染物的单位和个人，必须按照国家规定缴纳排污费。

向海洋倾倒废弃物，必须按照国家规定缴纳倾倒费。

根据本法规定征收的排污费、倾倒费，必须用于海洋环境污染的整治，不得挪作他用。具体办法由国务院规定。

6. 如何实行重点污染物排放总量控制制度？

【知识要点】

总量控制制度是环境保护工作从控制污染物排放浓度到保护和改善环境

质量的重要措施。海洋环境保护法第三条规定："国家建立并实施重点海域排污总量控制制度，确定主要污染物排海总量控制指标，并对主要污染源分配排放控制数量。具体办法由国务院制定。"水污染防治法和大气污染防治法修改时都已对总量控制制度作了规定，且略有不同。

水污染防治法第九条规定："排放水污染物，不得超过国家或者地方规定的水污染物排放标准和重点水污染物排放总量控制指标。"第十八条明确规定："国家对重点水污染物排放实施总量控制制度。省、自治区、直辖市人民政府应当按照国务院的规定削减和控制本行政区域的重点水污染物排放总量，并将重点水污染物排放总量控制指标分解落实到市、县人民政府。市、县人民政府根据本行政区域重点水污染物排放总量控制指标的要求，将重点水污染物排放总量控制指标分解落实到排污单位……"第十九条第一款规定："国务院环境保护主管部门对未按照要求完成重点水污染物排放总量控制指标的省、自治区、直辖市予以公布。省、自治区、直辖市人民政府环境保护主管部门对未按照要求完成重点水污染物排放总量控制指标的市、县予以公布。"

大气污染防治法第二十一条规定，国家对重点大气污染物排放实行总量控制。重点大气污染物排放总量控制目标，由国务院环境保护主管部门在征求国务院有关部门和各省、自治区、直辖市人民政府意见后，会同国务院经济综合主管部门报国务院批准并下达实施。省、自治区、直辖市人民政府应当按照国务院下达的总量控制目标，控制或者削减本行政区域的重点大气污染物排放总量。第二十二条规定，对超过国家重点大气污染物排放总量控制指标或者未完成国家下达的大气环境质量改善目标的地区，省级以上人民政府环境保护主管部门应当会同有关部门约谈该地区人民政府的主要负责人，并暂停审批该地区新增重点大气污染物排放总量的建设项目环境影响评价文件。约谈情况应当向社会公开。

可以看出，大气污染防治法规定实行总量控制的地区范围，要比水污染防治法规定得宽一些，同时，从这一制度内容本身来看，也更为完善，可以避免执法不公等渎职行为的发生。

循环经济促进法第十三条也作了类似规定：（1）县级以上地方人民政府应当依据上级人民政府下达的本行政区域主要污染物排放、建设用地和用水总量控制指标，规划和调整本行政区域的产业结构，促进循环经济发展。（2）新建、改建、扩建建设项目，必须符合本行政区域主要污染物排放、建设用地和用水总量控制指标的要求。

根据生态环境保护的要求，修订后的环境保护法第四十四条增加了"国家实行重点污染物排放总量控制制度”的规定，具体包括：(1) 重点污染物排放总量控制指标由国务院下达，省、自治区、直辖市人民政府分解落实；(2) 企业事业单位在执行国家和地方污染物排放标准的同时，应当遵守分解落实到本单位的重点污染物排放总量控制指标；(3) 对超过国家重点污染物排放总量控制指标或者未完成国家确定的环境质量目标的地区，省级以上人民政府环境保护主管部门应当暂停审批其新增重点污染物排放总量的建设项目环境影响评价文件。

典型案例

广西首个地方环保标准《甘蔗制糖工业水污染物排放标准》于2013年10月1日正式实施。这被业界看作是广西自我加压，向高能耗、高污染的制糖业“宣战”的有力举措。通过提高污染物排放标准，实施严于国家标准的地方标准，倒逼制糖企业从源头削减污染物的排放量，强力推进行业节能减排升级，促进广西节能减排任务顺利完成。

《甘蔗制糖工业水污染物排放标准》共提出了pH值、悬浮物、生化需氧量、化学需氧量、氨氮、总氮、总磷、单位产品基准排水量8项控制指标。与国家标准比较，除pH值、总磷及现有企业中生化需氧量与国家标准相同外，其他水污染物排放限值及单位产品基准排水量等多项指标比国家标准严格1倍以上。

广西首部环保地方标准之所以锁定“甜蜜”事业，是由制糖业在全区整个经济发展中举足轻重的地位，以及广西的减排形势决定的。“十二五”期间，广西污染减排的任务依然很重，形势仍十分严峻。制糖工业是广西主要支柱产业之一，产值约占全区工业总产值的7%，同时也是广西水污染物的主要排放行业，是污染减排的重点领域之一。

近年来，随着广西经济社会持续快速增长，工业化和城镇化进程加快，山清水秀的广西面临日益增加的环境保护压力，主要表现在：(1) 传统污染物排放量仍然很大，局部超过环境容量，致使一些地区环境质量达不到国家标准；(2) 一些新的环境问题不断出现，特别是危险化学品、持久性有机污染物、电子垃圾、核与辐射等污染物的产生，对人体健康危害更大；(3) 三是重金属和土壤的污染问题凸显，重金属和土壤污染防治任务十分艰巨。进入了环境污染风险新老并存、种类增多、问题叠加，环境安全形势严峻，公众环境诉求日益强烈的新阶段。

因此，结合广西实际，建立一套经济合理、技术先进、环境容许、实践可行的地方环保标准体系，通过标准的“强制性”，有利于倒逼企业加快产业升级，采用清洁生产技术和先进的污染防治技术，进而减少污染物排放，推动环境质量的持续改善。

【以案释法】

广西实施严于国家标准的地方标准的做法，是值得肯定并加以推广的。这既是经济社会发展的客观需要，也是企业发展进步的客观需要。当然，这也有一个可行性的问题。换句话说，广西的制糖企业能不能接受《甘蔗制糖工业水污染物排放标准》所确立的新的地方环保标准？能不能尽快适应，产生预期的减排效益呢？

时任广西壮族自治区环保厅副厅长蹇兴超说：“随着全区制糖产能的扩大，产品产量的增长，制糖废水及污染物排放总量仍有增长的趋势，而国家对 COD、氨氮等主要污染物的减排目标是逐年减少排放量，因此减排将是制糖行业长期面临的一项环保工作。同时，调查结果表明，按照满足目前执行的制糖工业废水污染物排放国家标准运行，广西 80% 以上的企业污水治理设施运行负荷尚未达到设计能力，表明制糖业进一步降低水污染物排放浓度和排放总量尚有较大的空间。”尽管广西大部分制糖业水污染物排放浓度远低于国家标准，但国家在核实广西 COD 减排量时，仍按国家标准限值计算，未能真正体现制糖企业的实际减排量。因此，蹇兴超说：“更为严格的地方标准，对企业来说具有经济合理、技术先进、环境容许、实践可行性，可严格制糖工业环境准入，加快制糖工业结构调整和产业升级，倒逼现有企业主动采用清洁生产技术工艺和先进的污染治理技术，减少企业污染排放，促进‘十二五’污染减排目标的实现。”

我国从 20 世纪末开始实行总量控制制度，在“十一五”和“十二五”国民经济和社会发展规划中重点污染物减排指标还列为约束性指标。这项制度的实施，不仅有利于保护和改善环境，也有利于企业的转型升级、提高经济发展质量。

法条链接

中华人民共和国环境保护法

第四十四条 国家实行重点污染物排放总量控制制度。重点污染物排放总量控制指标由国务院下达，省、自治区、直辖市人民政府分解落实。企业事业单位在执行国家和地方污染物排放标准的同时，应当遵守分解落实到本单位的重点污染物排放总量控制指标。

对超过国家重点污染物排放总量控制指标或者未完成国家确定的环境质量目标的地区，省级以上人民政府环境保护主管部门应当暂停审批其新增重点污染物排放总量的建设项目环境影响评价文件。

中华人民共和国水污染防治法

第九条 排放水污染物，不得超过国家或者地方规定的水污染物排放标准和重点水污染物排放总量控制指标。

第十八条 国家对重点水污染物排放实施总量控制制度。

省、自治区、直辖市人民政府应当按照国务院的规定削减和控制本行政区域的重点水污染物排放总量，并将重点水污染物排放总量控制指标分解落实到市、县人民政府。市、县人民政府根据本行政区域重点水污染物排放总量控制指标的要求，将重点水污染物排放总量控制指标分解落实到排污单位。具体办法和实施步骤由国务院规定。

省、自治区、直辖市人民政府可以根据本行政区域水环境质量状况和水污染防治工作的需要，确定本行政区域实施总量削减和控制的重点水污染物。

对超过重点水污染物排放总量控制指标的地区，有关人民政府环境保护主管部门应当暂停审批新增重点水污染物排放总量的建设项目的环境影响评价文件。

第十九条 国务院环境保护主管部门对未按照要求完成重点水污染物排放总量控制指标的省、自治区、直辖市予以公布。省、自治区、直辖市人民政府环境保护主管部门对未按照要求完成重点水污染物排放总量控制指标的市、县予以公布。

县级以上人民政府环境保护主管部门对违反本法规定、严重污染水环境的企业予以公布。

中华人民共和国大气污染防治法

第二十一条 国家对重点大气污染物排放实行总量控制。

重点大气污染物排放总量控制目标，由国务院环境保护主管部门在征求国务院有关部门和各省、自治区、直辖市人民政府意见后，会同国务院经济综合主管部门报国务院批准并下达实施。

省、自治区、直辖市人民政府应当按照国务院下达的总量控制目标，控制或者削减本行政区域的重点大气污染物排放总量。

确定总量控制目标和分解总量控制指标的具体办法，由国务院环境保护主管部门会同国务院有关部门规定。省、自治区、直辖市人民政府可以根据本行政区域大气污染防治的需要，对国家重点大气污染物之外的其他大气污染物排放实行总量控制。

国家逐步推行重点大气污染物排污权交易。

第二十二条 对超过国家重点大气污染物排放总量控制指标或者未完成国家下达的大气环境质量改善目标的地区，省级以上人民政府环境保护主管部门应当会同有关部门约谈该地区人民政府的主要负责人，并暂停审批该地区新增重点大气污染物排放总量的建设项目环境影响评价文件。约谈情况应当向社会公开。

中华人民共和国循环经济促进法

第十三条 县级以上地方人民政府应当依据上级人民政府下达的本行政区域主要污染物排放、建设用地和用水总量控制指标，规划和调整本行政区域的产业结构，促进循环经济发展。

新建、改建、扩建建设项目，必须符合本行政区域主要污染物排放、建设用地和用水总量控制指标的要求。

7. 什么是环境保护的许可证管理制度？

【知识要点】

根据行政许可法第二条的规定，行政许可，是指行政机关根据公民、法人或者其他组织的申请，经依法审查，准予其从事特定活动的行为。第十二条进一步规定，直接涉及生态环境保护等特定活动以及有限自然资源开发利用需要赋予特定权利的事项，可以设定行政许可。

环境保护法第四十五条规定：“国家依照法律规定实行排污许可管理制度。实行排污许可管理的企业事业单位和其他生产经营者应当按照排污许可证的要求排放污染物；未取得排污许可证的，不得排放污染物。”

在环境与资源的保护中，广泛实行许可证制度。根据环境保护法等的规定，许可证的种类主要有：（1）排污许可证；（2）海洋倾废许可证；（3）林木采伐许可证；（4）捕捞许可证；（5）采矿许可证；（6）取水许可证；（7）特许猎捕证；（8）驯养繁殖许可证；（9）建设用地许可证；

(10）进出口许可证；（11）核设施建造、运行许可证；（12）化学危险物品生产、经营许可证；（13）危险废物经营、转移许可证；（14）放射性药品生产、经营、使用许可证等。

海洋环境保护法规定，向海洋倾废，须向主管部门提出申请，经批准发给许可证后，方可按许可证规定的期限、条件和指定的区域进行倾倒。

固体废物污染环境防治法规定，从事危险废物的收集、储存、处置等经营活动的单位，须经批准领取经营许可证，方可经营；省级间转移废物、用作原料需要进口的废物也要经审查许可。

水污染防治法及其实施细则也规定了排污许可证制度，包括：(1）排污申报登记；(2）确定本地区污染物总量控制目标和分配污染物总量削减指标；(3）排污许可证的审批与发放；(4）排污许可证的监督检查和管理。

环境保护部于2014年2月17日向社会公开该部目前保留的行政审批事项清单，其保留的行政审批事项共30项（其中29项属于环境保护部独立审批事项）。

根据环境保护部公开的该部行政审批事项公开目录，建设项目环境影响评价审批，由环境保护部负责的建设项目竣工环境保护验收以及地方制定严于国家排放标准的机动车船大气污染物排放标准、规定对在用机动车实行新的污染物排放标准并对其进行改造的审核等都在环境保护部的行政审批之列。

此外，国家级自然保护区的建立、范围调整审核包括建立国家级自然保护区审核以及国家级自然保护区范围调整审核其行政审批权也在环境保护部。环境保护部表示，由该部门管理的国家级自然保护区功能区调整审批也在其行政审批范畴。

典型案例

废纸进口已经占到我国各类固体废物进口总量的一半以上，但废纸露天堆放现象普遍，非法夹带洋垃圾等问题依然存在。

2013年10月10日，由环境保护部起草的进口废纸环境保护管理规定（征求意见稿）明确提出，禁止将进口的废纸交给其他单位或个人分选后再加工利用；不再审批年产1万吨以下以废纸为原料的造纸生产线。

进口废纸是我国主要的进口可用作原料的固体废物类别之一，在允许进口的固体废物中，废纸审批量最大，实际进口数量也最多，以2012年为例，进口废纸2827万吨，占进口各类固体废物总量的一半以上，由此也带来了严重的环保问题。根据征求意见稿规定，年产1万吨以下以废纸为原料的造纸生产线属于淘汰项目。加工利用企业应具有与加工利用能力相适应的污水收集、处理设施，并通过竣工环境保护验收。进口废纸加工利用企业要安装自动监控设备及其配套设施。

2008年，环境保护部与国家质检总局联合发布了《制浆造纸工业水污染物排放标准》，但通过技术审查发现，多数进口废纸加工利用企业没有按照该标准要求项目进行监测，现有标准规范执行不到位。

相当一部分废纸加工利用企业管理不规范、污染防治措施不到位。露天堆放废纸经雨淋后产生废水及浆渣废水中化学耗氧量、挥发酚等超标，其中，化学耗氧量分别超出《制浆造纸工业水污染物排放标准》近10至20倍和50至70倍，处理不当会污染场地。同时，非法夹带洋垃圾、走私进口废纸案件及进口废纸非法倒卖现象依然存在，部分进口废纸流入不具备无害化加工利用能力的企业或者个体作坊，增加了环境污染的风险。

2013年公布的国家重点监控企业名单中废水重点监控企业共4944家，其中涉及进口废纸加工利用企业100余家，占已批准进口废纸企业30%多。征求意见稿要求，纳入国家重点监控企业名单的，应当安装或完善主要污染物自动监测设备，并与环境保护主管部门联网，国家重点监控企业应当制订自行监测方案，开展自行监测，公布自行监测信息。

【以案释法】

国内外的实践证明，在环境保护工作中，实行许可证制度，效果不错。在最早实行环境许可证制度的瑞典，1969年颁布的环境保护法就有许多条款是有关许可证的规定。1970年，澳大利亚也开始实施排污许可证制度。

在我国，自加强环境保护开始，特别是改革开放以来，许可证制度的实施，发挥了重要作用。这主要表现在：(1) 加强了对排污者的监督管理。由于以市场取向的改革，作为市场主体的企业，往往以追求利润最大化为目标，在生产经营过程中通常忽视环境保护，有的甚至以牺牲环境为代价，因而，采用许可证制度，有利于对排污者的监管。(2) 加强了自然资源的合理利用和生态保护。在自然资源的开发利用和生态环境的保护过程中，许可证制度的广泛实行，起到了保护的作用。(3) 加强了环境保护工作。在环境污染防治工作中，实施许可证制度，逐步实现了"三个转变"，即由末端治理向生产全过程的转变、由单一的浓度控制向浓度与总量双轨控制的转变、由分散治理向集中控制的转变。

目前，在实行“简政放权”的大背景下，取消和下放有关行政审批，一方面，要继续充分发挥行政许可制度的作用；另一方面，要切实加强监管，真正使法律、法规得到有效实施。

法条链接

中华人民共和国环境保护法

第四十五条 国家依照法律规定实行排污许可管理制度。

实行排污许可管理的企业事业单位和其他生产经营者应当按照排污许可证的要求排放污染物；未取得排污许可证的，不得排放污染物。

中华人民共和国水污染防治法

第二十条 国家实行排污许可制度。

直接或者间接向水体排放工业废水和医疗污水以及其他按照规定应当取得排污许可证方可排放的废水、污水的企业事业单位，应当取得排污许可证；城镇污水集中处理设施的运营单位，也应当取得排污许可证。排污许可的具体办法和实施步骤由国务院规定。

禁止企业事业单位无排污许可证或者违反排污许可证的规定向水体排放前款规定的废水、污水。

8. 如何理解对严重污染环境的工艺、设备和产品实行淘汰制度？

【知识要点】

淘汰落后生产工艺、设备和产品制度是指国家对严重污染环境的落后生产工艺、生产设备和产品，限期禁止生产、销售和使用，也不得转让给他人使用。这一法律制度最早是由1995年颁布的固体废物污染环境防治法规定的。当时，该法第二十七条明确规定：“国务院经济综合主管部门应当会同国务院有关部门组织研究、开发和推广减少工业固体废物产生量的生产工艺和设备，公布限期淘汰产生严重污染环境的工业固体废物的落后生产工艺、落后设备的名录。生产者、销售者、进口者或者使用者必须在国务院经济综合主管部门会同国务院有关部门规定的期限内分别停止生产、销售、进口或者使用列入前款规定的名录中的设备。生产工艺的采用者必须在国务院经济综合主管部门会同国务院有关部门规定的期限内停止采用列入前款规定的名录中的工艺。”

之后，环境噪声污染防治法和修订后的水污染防治法、大气污染防治法、海洋环境保护法等法律也都作了明确规定。

这是由以往单纯的末端治理转变为工业生产全过程控制的重要制度和举措，也是推行清洁生产、实现可持续发展战略的重要内容。所以，一方面，国家对浪费资源和严重污染环境的落后生产技术、工艺、设备和产品实行限期淘汰制度。清洁生产促进法第十二条规定：“国家对浪费资源和严重污染环境的落后生产技术、工艺、设备和产品实行限期淘汰制度。国务院有关部门按照职责分工，制定并发布限期淘汰的生产技术、工艺、设备以及产品的名录。”另一方面，我国鼓励企业对技术和设备进行改造升级。环境保护法第四十条第三款规定：“企业应当优先使用清洁能源，采用资源利用率高、污染物排放量少的工艺、设备以及废弃物综合利用技术和污染物无害化处理技术，减少污染物的产生。”

近年来，随着我国经济的快速发展，环境污染和破坏问题日益突出，节能减排的形势越来越严峻，任务也越来越繁重。2011 年 12 月 15 日，国务院印发的《国家环境保护“十二五”规划》提出“推进主要污染物减排”，要求加大结构调整力度，包括：（1）加快淘汰落后产能。加大钢铁、有色、建材、化工、电力、煤炭、造纸、印染、制革等行业落后产能淘汰力度。制订年度实施方案，将任务分解落实到地方、企业，并向社会公告淘汰落后产能企业名单。建立新建项目与污染减排、淘汰落后产能相衔接的审批机制，落实产能等量或减量置换制度。重点行业新建、扩建项目环境影响审批要将主要污染物排放总量指标作为前置条件。（2）着力减少新增污染物排放量。合理控制能源消费总量，促进非化石能源发展，到 2015 年，非化石能源占一次能源消费比重达到 11.4%；提高煤炭洗选加工水平；增加天然气、煤气供给，降低煤炭在一次能源消费中的比重；在大气联防联控重点区域开展煤炭消费总量控制试点；进一步提高高耗能、高排放和产能过剩行业准入门槛；探索建立单位产品污染物产生强度评价制度；积极培育节能环保、新能源等战略性新兴产业，鼓励发展节能环保型交通运输方式。

为积极有效地化解钢铁、水泥、电解铝、平板玻璃、船舶等行业的产能严重过剩矛盾，同时指导其他产能过剩行业化解工作，国务院 2013 年 10 月 6 日制定了《关于化解产能严重过剩矛盾的指导意见》。该指导意见明确了总体要求、基本原则和主要目标，并且指出主要任务包括：（1）坚决遏制产能盲目扩张，既严禁建设新增产能项目，又分类妥善处理在建违规项目；(2) 清理整顿建成违规产能，既全面清理整顿，又加强规范管理；(3) 淘汰和退出落后产能，既坚决淘汰落后产能，又引导产能有序退出；(4) 调整优化产业结构，既推进企业兼并重组，又优化产业空间布局；(5) 努力开拓国内市场需求，既扩大国内有效需求，又着力改善需求结构；(6) 积极拓展对外发展空间，既巩固扩大国际市场，又扩大对外投资合作；(7) 增强企业创新驱动发展动力，既突破核心关键技术，加强企业管理创新；(8) 建立长效机制，既创新政府管理，又营造公平环境，完善市场机制。意见还提出分业施策，对产能严重过剩行业，要根据行业特点，开展有选择、有侧重、有针对性的化解工作，等等。

修订后的环境保护法对此作了规定：(1) 国家对严重污染环境的工艺、设备和产品实行淘汰制度；(2) 任何单位和个人不得生产、销售或者转移、使用严重污染环境的工艺、设备和产品。

典型案例

据中国有色金属工业协会统计，2012 年我国电解铝产能达 2600 万吨，实际产量为 2027 万吨，产能利用率约为 78%，而这已是 2008 年以来电解铝产能利用率最高的一年。过去 5 年电解铝产能利用率均未超过 75%。根据《有色金属工业“十二五”发展规划》，到“十二五”末，我国电解铝产量应为 2400 万吨。目前我国已经提前 5 年达到这个目标，有近 30% 的产能处于过剩。近几年，国际铝价一路下滑、占生产成本约 45% 的电价却不断上涨，而产能过剩带来的最直接后果便是恶性竞争加剧，行业全面亏损。自 2011 年 8 月以来，电解铝的销售价就开始低于生产成本出现倒挂。2012 年，全国电解铝平均销售价格为 15636 元/吨，平均生产成本为 16200 元/吨，全行业亏损面达到 93%。去年年底电解铝价格刚刚稍有好转，2013 年一季度，铝价便再度下挫，已跌破 15000 元/吨，行业亏损面继续扩大。作为中国第一大、世界第二大的铝生产企业，中国铝业公司 2012 年巨亏近百亿元。地方企业同样不容乐观，在电解铝大省河南省，2012 年仅存的 12 家电解铝企业中，不但没有一家盈利，更有 3 家企业直接关门停业。电解铝产能过度扩张不仅威胁企业的生存，还拉动了上游氧化铝的产能膨胀，进而又拉动了对铝土矿的巨大需求。我国已探明的铝土矿储量不足全球总量的 3%，消耗量却已占全球总量的一半左右，国内铝土矿资源根本无法支撑如此巨大的氧化铝、电解铝生产，只有依靠进口。2011 年、2012 年，我国进口铝土矿连续两年超过4000 万吨。资源对外依存度不断提高，威胁着整个中国的铝工业。

同时，有新的电解铝项目不断地在上马、在建设，电解铝产能过剩有扩大的趋势。2012 年我国铝冶炼行业固定资产投资增幅近 25%，主要集中在电解铝行业。而整个有色金属冶炼行业完成固定资产投资同比下降 5%。可见，在铜铅锌等行业投资大幅回落的情况下，经营十分困难的铝冶炼行业投资热度仍然较高。有专家统计，随着电解铝产业向电价更便宜的西部转移，目前新疆、内蒙古、甘肃、青海等地区在建的电解铝产能还有 800 多万吨。如果这些产能建成，而中东部高电价成本地区的产能又无法及时退出，产能过剩的情况会更加严重。

【以案释法】

我们要看到，电解铝本身具有材质轻、性能好、可以回收再生反复利用等特性和优点，在工业化、城镇化快速发展的背景下，这一产业是理应大有可为的。2012 年，我国电解铝市场需求量为 1910 万吨，按照行业“十二五”发展规划的预测每年递增 7.8%，到 2015 年国内铝的消费量约为 2400 万吨，与当前的实际产能相当。然而，目前却深陷产能过剩的泥淖。

2011 年 12 月 15 日，国务院印发的《国家环境保护“十二五”规划》提出“推进主要污染物减排”，要求加大结构调整力度，包括加快淘汰落后产能、着力减少新增污染物排放量。2013 年 10 月 6 日，国务院发布《关于化解产能严重过剩矛盾的指导意见》，要求积极有效地化解钢铁、水泥、电解铝、平板玻璃、船舶等行业产能严重过剩矛盾。修订后的环境保护法的规定也是明确的，必须有效实施法律、法规的相关规定，严格执行《产业结构调整指导目录》。

法条链接

中华人民共和国环境保护法

第四十六条　国家对严重污染环境的工艺、设备和产品实行淘汰制度。任何单位和个人不得生产、销售或者转移、使用严重污染环境的工艺、设备和产品。

禁止引进不符合我国环境保护规定的技术、设备、材料和产品。

中华人民共和国固体废物污染环境防治法

第二十七条　国务院环境保护行政主管部门应当会同国务院经济综合宏观调控部门和其他有关部门对工业固体废物对环境的污染作出界定，制定防治工业固体废物污染环境的技术政策，组织推广先进的防治工业固体废物污染环境的生产工艺和设备。

第二十八条　国务院经济综合宏观调控部门应当会同国务院有关部门组织研究、开发和推广减少工业固体废物产生量和危害性的生产工艺和设备，公布限期淘汰产生严重污染环境的工业固体废物的落后生产工艺、落后设备的名录。

生产者、销售者、进口者、使用者必须在国务院经济综合宏观调控部门会同国务院有关部门规定的期限内分别停止生产、销售、进口或者使用列入前款规定的名录中的设备。生产工艺的采用者必须在国务院经济综合宏观调控部门会同国务院有关部门规定的期限内停止采用列入前款规定的名录中的工艺。

列入限期淘汰名录被淘汰的设备，不得转让给他人使用。

中华人民共和国清洁生产促进法

第十二条　国家对浪费资源和严重污染环境的落后生产技术、工艺、设备和产品实行限期淘汰制度。国务院有关部门按照职责分工，制定并发布限期淘汰的生产技术、工艺、设备以及产品的名录。

9. 如何理解禁止引进不合规定的技术、设备、材料和产品的制度?

【知识要点】

固体废物的越境转移，已经成为国际社会普遍关注的问题之一。一些国家特别是发达国家出于自身利益的考虑，通过各种手段和途径，将本国的废弃物大量向他国出口转移。据统计，发达国家每年以 5000 万吨的规模向发展中国家转移固体废物尤其是危险废物，使得许多发展中国家沦落为发达国家的“后院”、“垃圾场”。这自然引起了直接受害的发展中国家的强烈不满!

为了控制固体废物的越境转移，国际社会采取了许多措施，其中包括签订了《控制危险废物越境转移及其处置的巴塞尔公约》。

然而，我国一些地区、单位和个人为了一己私利，采取非法手段和途径从国外（或境外）进口固体废物，闯关进口“洋垃圾”，影响极其恶劣，严重污染和破坏了我国的环境，损害了人民群众的身体健康和合法权益，这必须严格控制、严厉打击！

实际上，我国一直在严格控制“洋垃圾”的进口。1991 年，全国人大常委会批准加入了《巴塞尔公约》。1991 年 1 月，国家环境保护总局（现已撤销）和能源部发布了《防止含多氯联苯电力装置及其废物污染环境的规定》，其中明令禁止我国管辖区域外的含多氯联苯电力装置、废液及受多氯联苯污染的物质入境。1991 年 3 月，国家环境保护总局（现已撤销）发布了《关于严格控制从欧共体进口废物的暂行规定》。1995 年10 月30 日，第八届全国人大常委会第十六次会议审议通过的固体废物污染环境防治法中，明确规定禁止或者严格限制进口废物。就是说，这部法律确立了两种管制制度：禁止废物进口制度和限制作为原料进口的固体废物制度。

根据固体废物污染环境防治法的规定，有关部门制定了相关细则或办法。1995 年 11 月，国务院办公厅发布《关于坚决控制境外废物向我国转移的紧急通知》。

总之，在我国，一方面，严格控制污染物转移，规定任何单位和个人不得生产、销售或者转移、使用严重污染环境的工艺、设备和产品；另一方面，禁止引进不符合我国环境保护规定要求的技术和设备，修订后的环境保护法对此也作了明确规定。

典型案例

2013 年 10 月，北京海关下属北京经济技术开发区海关通过风险数据研判，发现主营废塑进口企业的北京帝松公司可能存在倒卖固体废物许可证风险。经初查发现，该企业与天津一家公司涉嫌相互勾结倒卖固体废物许可证。海关缉私警察遂赶往天津，确认北京帝松公司将固体废物许可证倒卖给了天津普航货运代理有限公司。2013 年 10 月 16 日，北京海关对帝松公司、普航公司正式立案侦查，并在京、津两地将涉案的 3 名犯罪嫌疑人抓获，查获走私的固体废塑料 2974 吨。

随后，根据嫌疑人供述，海关缉私警察又发现北京禹王公司同样涉嫌非法转让固体废物进口许可证。经查，禹王公司与普航公司合谋，以一般贸易的方式申报进口废五金等固体废物约 1500 余吨，转卖给天津、河北等地不具有环评资质的加工企业从中牟利。

负责此案的缉私警察在深入侦查河北周边的一些县镇时发现，非法进入境内的固体废物大部分都在小作坊、小加工厂内直接进行简单处理，对大气、水体造成严重污染。

随后，北京海关查获首起走私固体废物大案，涉及固体废塑料及固体废金属约4474吨，抓获犯罪嫌疑人4名，并给予了刑事处罚。

【以案释法】

2013年10月7日，中国海关在世界海关组织框架下倡议发起的第三期“大地女神行动”开始，于11月25日结束，重点打击从欧洲、北美洲等废物出口地向亚太地区走私有害废物的不法行为。

包括美国、荷兰在内的43个世界海关组织成员、3个世界海关组织地区情报联络办公室以及《巴塞尔公约》秘书处、国际刑警组织、联合国环境规划署、国际环境守法与执法网络、欧盟环境执法网络报名参与行动。

行动期间，废物出口地海关通过世界海关组织海关执法网络通讯系统向转运地海关、进口地海关发出涉嫌走私废物的预警信息；转运地海关、进口地海关在对货物进行查验或侦办后，通过该系统向出口地海关反馈有关信息处理结果；行动实施过程中，行动参与方随时向上述系统输入其查获案件情况，并视情况与其他成员开展案件的进一步协查与联动。

对于“洋垃圾”，既要严厉打击出口走私，也要依法严惩国内的不法进口商。对于不符合我国环境保护规定的技术、设备、材料和产品，更应严格依法予以管制。

法条链接

中华人民共和国环境保护法

第四十六条 国家对严重污染环境的工艺、设备和产品实行淘汰制度。任何单位和个人不得生产、销售或者转移、使用严重污染环境的工艺、设备和产品。

禁止引进不符合我国环境保护规定的技术、设备、材料和产品。

中华人民共和国固体废物污染环境防治法

第二十七条 国务院环境保护行政主管部门应当会同国务院经济综合宏观调控部门和其他有关部门对工业固体废物对环境的污染作出界定，制定防治工业固体废物污染环境的技术政策，组织推广先进的防治工业固体废物污染环境的生产工艺和设备。

第二十八条 国务院经济综合宏观调控部门应当会同国务院有关部门组织研究、开发和推广减少工业固体废物产生量和危害性的生产工艺和设备，公布限期淘汰产生严重污染环境的工业固体废物的落后生产工艺、落后设备的名录。

生产者、销售者、进口者、使用者必须在国务院经济综合宏观调控部门会同国务院有关部门规定的期限内分别停止生产、销售、进口或者使用列入前款规定的名录中的设备。生产工艺的采用者必须在国务院经济综合宏观调控部门会同国务院有关部门规定的期限内停止采用列入前款规定的名录中的工艺。

列入限期淘汰名录被淘汰的设备，不得转让给他人使用。

10. 如何理解突发环境事件的风险控制制度与监测预警机制？

【知识要点】

2006 年 1 月 8 日，国务院发布的《国家突发公共事件总体应急预案》中，明确将“突发公共事件”定义为“突然发生，造成或者可能造成重大人员伤亡、财产损失、生态环境破坏和严重社会危害，危及公共安全的紧急事件”。并根据突发公共事件的发生过程、性质和机理，把它分为“自然灾害”“事故灾难”“公共卫生事件”“社会安全事件”四类。除了第二类“事故灾难”直接包括“环境污染和生态破坏事件”以外，第一类“自然灾害”中所包含的“水旱灾害，气象灾害，地震灾害，地质灾害，海洋灾害，生物灾害和森林草原火灾等”，也和环境保护法上的环境密不可分。

2007 年第十届全国人大常委会第二十九次会议审议通过的突发事件应对法，重申或者说是延续了国务院《国家突发公共事件总体应急预案》中的规定。

环境保护法第四十七条确立了突发环境事件的风险控制制度与监测预警机制，并与突发事件应对法作了衔接性规定，即“各级人民政府及其有关部门和企业事业单位，应当依照《中华人民共和国突发事件应对法》的规定，做好突发环境事件的风险控制、应急准备、应急处置和事后恢复等工作”。

环境保护法第四十七条还明确要求“建立环境污染公共监测预警机制”，

规定内容为：（1）县级以上人民政府应当建立环境污染公共监测预警机制，组织制定预警方案；环境受到污染，可能影响公众健康和环境安全时，依法及时公布预警信息，启动应急措施。（2）企业事业单位应当按照国家有关规定制定突发环境事件应急预案，报环境保护主管部门和有关部门备案。在发生或者可能发生突发环境事件时，企业事业单位应当立即采取措施处理，及时通报可能受到危害的单位和居民，并向环境保护主管部门和有关部门报告。（3）突发环境事件应急处置工作结束后，有关人民政府应当立即组织评估事件造成的环境影响和损失，并及时将评估结果向社会公布。

典型案例

2014年4月10日17时，兰州市威立雅水务集团检测出出厂水苯含量为118微克/升，22时在自来水一分厂与二分厂之间中间段的自流沟检测出苯含量为170微克/升。4月11日2时，苯检测值为200微克/升，苯含量严重超标，远超出国家限值的10微克/升。4月11日白天，相关部门检测出兰州城区个别居民水龙头饮用水苯检测值最高为78微克/升。经甘肃省环境监测站检测分析，截至11日15时18分，城关区东岗及张家园、七里河政府监测点没有检测出苯，安宁区培黎广场点检测出苯含量27微克/升，西固福利区检测出苯含量40微克/升，这两个检测点苯含量均超标。

4月11日11时，新华网发布消息《兰州自来水苯含量严重超标》。事件发生后，甘肃省和兰州市立即采取多项措施应对此次自来水苯超标事件。4月11日15时58分，兰州发布官方通报《自来水苯指标超标 未来24小时居民不宜饮用自来水》。水厂经分析后认为，这可能是化工厂污染自流沟造成，黄河水未受污染。

兰州市已采取切断自流沟及二水厂供水系统，采用一水厂供水系统降压供水，同时采用活性炭吸附等措施最大限度降低苯浓度含量。受其影响，兰州采取全城减压供水，市区24小时内自来水不宜饮用。对因降压缺水的高坪及边远地区将组织消防、环卫等相关部门，采取定点、定时送水方式供水。

为缓解饮用水不足问题，兰州市政府已采取分区域保障供水措施，组织从兰州新区、红古区、永登县、榆中县、皋兰县自来水厂和七里河区、西固区、安宁区深水自备井集中拉运饮用水，同时组织从周边城市调运瓶装纯净水。兰州市政府4月11日夜间决定，由于集中拉运的饮用水量有限，对暂时不能供应饮用水的片区内居民，由区政府组织向每人免费发放4瓶瓶装纯净水，请市民有序到所在社区领取，对孤寡、空巢、高龄老人和残疾人将组织人员优先送水入户。

专家表示，苯是一种石油化工产品，长期大剂量地吸入和皮肤接触会对人体的造血系统产生损害。如果出现苯中毒，则容易引发白血病、急性再生障碍性贫血、低血压。而在1个月前，兰州市自来水就已经出现异味，当时有关部门公开表示，自来水是达标的。受访的10多位兰州市民均发出疑问，这次苯超标是否与上个月的自来水异味有关？

兰州威立雅公司董事长姚昕表示，导致自来水苯超标的自流沟是在11日11时切断的，因此24小时不宜饮用自来水的截止时间是12日11时。而不宜饮用的时间之所以确定为24小时，是因为公司第一、第二水厂处理时间共需10个小时左右，第二水厂出来的自来水输送到兰州市区最东端的东岗地区需要8.5个小时。根据这个时间判断，含苯的自来水在24小时内是不宜饮用的。

【以案释法】

我国人口众多，地域广阔，各种灾害频繁发生，既有自然灾害，比如，水灾旱灾、气象灾害、地震灾害、地质灾害、台风等海洋灾害；也有人为灾害，比如，对自然资源的严重破坏、对环境的污染、对生态的破坏等。实际上，这些年来，突发环境事件爆发的频率更高了，呈现出“常态化”趋势，危害更大了，不仅造成环境、财产的重大损失，而且往往同时造成人员的重大伤亡。

“凡事预则立不预则废”。在当今社会，不管是为了保护和改善环境、防治污染和其他公害，还是为了保障公众健康，都必须妥善应对、处置突发环境事件。为此，必须严格按照环境保护法和突发事件应对法等法律、法规的规定，建立健全突发环境事件的预警机制和处置机制，做好应急预案，做好突发环境事件的风险控制、应急准备、应急处置和事后恢复等工作。只有如此，才能真正推进生态文明建设、促进经济社会可持续发展。

法条链接

中华人民共和国环境保护法

第四十七条　各级人民政府及其有关部门和企业事业单位，应当依照

《中华人民共和国突发事件应对法》的规定，做好突发环境事件的风险控制、应急准备、应急处置和事后恢复等工作。

县级以上人民政府应当建立环境污染公共监测预警机制，组织制定预警方案；环境受到污染，可能影响公众健康和环境安全时，依法及时公布预警信息，启动应急措施。

企业事业单位应当按照国家有关规定制定突发环境事件应急预案，报环境保护主管部门和有关部门备案。在发生或者可能发生突发环境事件时，企业事业单位应当立即采取措施处理，及时通报可能受到危害的单位和居民，并向环境保护主管部门和有关部门报告。

突发环境事件应急处置工作结束后，有关人民政府应当立即组织评估事件造成的环境影响和损失，并及时将评估结果向社会公布。

11. 如何理解防止危险品污染环境制度？

【知识要点】

化学物品（或化学物质）的生产、储存、运输、销售、使用、处置，在一定程度上都会带来不同的风险（或危险），特别是会对人体健康产生危害、对环境造成污染和破坏。所以，国际上通行的做法，就是加强管控。

近年来，我国发生的多起道路交通事故，都与非法运输危险化学品密切相关。比如，2011 年 7 月 22 日，京珠高速公路河南省信阳市境内发生一起特别重大卧铺客车燃烧事故，造成 41 人死亡、6 人受伤。经调查认定，直接原因是由山东威海交运集团客运二分公司负责日常管理的大型卧铺客车，违规运输 15 箱共 300 公斤偶氮二异庚腈，并堆放在客车舱后部，这些危化品在挤压、摩擦、发动机发热等综合因素作用下受热分解并发生爆燃。

防止危险品污染环境的制度，也就是有毒有害物品管理制度。所谓有毒有害物品，根据《最高人民法院、最高人民检察院关于办理环境污染刑事案件适用法律若干问题的解释》第十条的规定，下列物质应当认定为“有毒物质”：（1）危险废物，包括列入国家危险废物名录的废物，以及根据国家规定的危险废物鉴别标准和鉴别方法认定的具有危险特性的废物；（2）剧毒化学品、列入重点环境管理危险化学品名录的化学品，以及含有上述化学品的物质；（3）含有铅、汞、镉、铬等重金属的物质；（4）《关于持久性有机污染物的斯德哥尔摩公约》附件所列物质；（5）其他具有毒性，可能污染环境的物质。

环境保护法第四十八条规定："生产、储存、运输、销售、使用、处置化学物品和含有放射性物质的物品，应当遵守国家有关规定，防止污染环境。"

根据道路交通安全法的规定，机动车载运爆炸物品、易燃易爆化学物品等危险物品，应当经公安机关批准后，按指定的时间、路线、速度行驶，悬挂警示标志并采取必要的安全措施。

典型案例

2014 年 7 月 19 日凌晨 3 时许，沪昆高速湖南境内邵怀段 1309KM 处，一辆装载危险化学品的小货车与一辆福建开往四川宜宾的大客车追尾后爆炸燃烧。事故共造成 5 辆车烧毁，已确认 43 人遇难。

据初步调查，运输危险化学品的小货车为非法改装、伪装小客车非法营运。小货车装载的易燃品已确认为乙醇，共计 6.52 吨。追尾大客车后，乙醇全部漏到地上，瞬间爆燃。

根据道路交通安全法的规定，机动车载运爆炸物品、易燃易爆化学物品等危险物品，应当经公安机关批准后，按指定的时间、路线、速度行驶，悬挂警示标志并采取必要的安全措施。小货车显然属于非法营运。

湖南省高速交警支队有关负责人在现场表示，"为了逃避检查，车厢侧面还装了个门进行伪装。我们交警看不到里面的东西"。根据道路交通安全法第十六条的规定，任何单位或者个人不得有下列行为：拼装机动车或者擅自改变机动车已登记的结构、构造或者特征。

【以案释法】

一些没有取得危险化学品道路运输资质的单位和个人，擅自从事危险化学品运输业务，或者有资质的运输单位将承运的危险化学品转包给其他没有资质的单位和个人运输，造成运输事故多发。原因恐怕不仅仅在于运输企业，更主要的是危险化学品的生产商、销售商，以及监管部门的监管不到位、监管不力。

尽管危险化学品安全管理条例、道路交通安全法以及安全生产法对生产、销售商选择运输企业都有明确规定，但是，由于违法成本太低，使得生产商、销售商只管卖产品，而不管安全问题，随意选择运输介质。

因此，对于非法运输危险化学品这一突出问题，必须从源头上加强打击力度，加强监管，安监部门管好危化品的生产储存，公安部门管好危化品的销售许可，同时，有关部门要共同管理、实行动态监管。

法条链接

中华人民共和国环境保护法

第四十八条 生产、储存、运输、销售、使用、处置化学物品和含有放射性物质的物品，应当遵守国家有关规定，防止污染环境。

12. 如何防止农业面源污染？

【知识要点】

这些年来，尽管农村环境保护工作取得了较大进展，但是，我国农村环境形势仍然十分严峻，点源污染与面源污染共存，生活污染和工业污染叠加，各种新旧污染相互交织；工业及城市污染向农村转移，危及农村饮水安全和农产品安全；农村环境保护的政策、法规、标准体系不健全；一些农村环境问题已经成为危害农民身体健康和财产安全的重要因素，制约了农村经济社会的可持续发展。

为保护和改善农村环境，提高农民生活质量和健康水平，促进社会主义新农村建设，党和政府先后发布了相关文件。比如，2005 年发布的《国务院关于落实科学发展观加强环境保护的决定》，2006 年印发的《中共中央、国务院关于推进社会主义新农村建设的若干意见》。

环境保护法第四十九条对“防止农业面源污染”作了规定：（1）各级人民政府及其农业等有关部门和机构应当指导农业生产经营者科学种植和养殖，科学合理施用农药、化肥等农业投入品，科学处置农用薄膜、农作物秸秆等农业废弃物，防止农业面源污染。（2）禁止将不符合农用标准和环境保护标准的固体废物、废水施入农田。施用农药、化肥等农业投入品及进行灌溉，应当采取措施，防止重金属和其他有毒有害物质污染环境。（3）畜禽养殖场、养殖小区、定点屠宰企业等的选址、建设和管理应当符合有关法律、法规规定。从事畜禽养殖和屠宰的单位和个人应当采取措施，对畜禽粪便、尸体和污水等废弃物进行科学处置，防止污染环境。(4) 县级人民政府负责组织农村生活废弃物的处置工作。

典型案例

近年来，各地屡屡发生民众的饮用水源受到禽畜养殖污染威胁的事件。随着养殖规模的不断扩大，畜禽养殖污染已成为我国农业污染的主要来源——根据之前首次污染普查公报显示，我国的水污染源主要来自于农业而非工业，而在农业污染中，畜禽养殖污染最大，超过化肥和农药。

2013 年 11 月，国务院出台了《畜禽规模养殖污染防治条例》，自 2014 年 1 月 1 日起施行。我国畜牧业养殖规模不一、情况多样，要提高畜禽养殖污染防治的针对性、可行性，该条例明确实行分类管理，不同规模养殖者要承担不同的污染防治责任。合理安排畜禽养殖生产布局、强化污染源头管控，是实现促进畜禽养殖业发展和加强环境保护“双赢”的前提和基础。可以说，该条例的颁布实施，具有十分重要的意义。

【以案释法】

要把贯彻实施新的环境保护法与畜禽规模养殖污染防治条例有机结合起来，切实防止农业面源污染，提高农业环境保护工作水平。

第一，要强化管控合理布局养殖规模。制定畜牧业发展规划，要统筹考虑环境承载能力和污染防治要求，合理布局畜禽养殖生产，科学确定畜禽养殖的品种、规模、总量；制定畜禽养殖污染防治规划，要与畜牧业发展规划相衔接，确定污染防治目标、任务。同时，要求地方政府通过划定禁养区、对污染严重的养殖密集区域进行综合整治等措施，对不合理的生产布局进行调整，并对整治中遭受损失的养殖者依法予以补偿。

第二，分类管理明确养殖主体责任。(1) 考虑到我国的畜牧业发展相对较弱，畜禽养殖污染防治形势又比较严峻的现实，明确《畜禽规模养殖污染防治条例》的适用范围是养殖场、养殖小区，并要求省级政府根据畜牧业发展状况和畜禽养殖污染防治要求确定养殖场、养殖小区的具体规模标准，同时明确牧区放牧养殖不适用条例；(2) 对于畜禽养殖场、养殖小区建设污染防治设施，已委托他人对畜禽养殖废弃物代为综合利用和无害化处理的，条例规定可以不自行建设污染防治设施；(3) 对于畜禽养殖场和养殖小区之外的其他养殖户，要求采取措施减少畜禽养殖废弃物的产生量和排放量，并及时收集、储存和清运畜禽养殖废弃物；（4）对污染严重的畜禽养殖密集区域，还规定要由市、县政府进行综合整治。

第三，有针对性地确保环评科学合理。（1）只要求对环境可能造成重大影响的大型畜禽养殖场、养殖小区编制环境影响报告书，其他养殖场、养殖小区填报环境影响登记表；大型畜禽养殖场、养殖小区的管理目录，由国务院环境保护主管部门商国务院农牧主管部门确定；（2）限定环境影响评价的重点内容应当包括畜禽养殖产生的废弃物种类和数量，废弃物综合利用和无害化处理方案和措施，废弃物的消纳和处理情况以及向环境直接排放的情况，最终可能对水体、土壤等环境和人体健康产生的影响以及控制和减少影响的方案和措施等；（3）地方政府可以对畜禽养殖场、养殖小区建设项目环境影响咨询收费给予补助。

第四，综合利用达到少排放零排放。（1）要求在进行综合利用前制定科学合理的综合利用和无害化处理方案和措施，配套建设综合利用和无害化处理设施；（2）要求在综合利用过程中考虑土地的消纳能力，采取有效措施消除可能引起传染病的微生物，并及时收集、储存和清运畜禽养殖废弃物，并采取措施防止恶臭和废弃物渗出、泄漏；（3）要求经综合利用后仍有未完全消纳的畜禽养殖废弃物需要向环境排放的，必须符合国家和地方规定的污染物排放标准和总量控制指标。

法条链接

中华人民共和国环境保护法

第四十九条　各级人民政府及其农业等有关部门和机构应当指导农业生产经营者科学种植和养殖，科学合理施用农药、化肥等农业投入品，科学处置农用薄膜、农作物秸秆等农业废弃物，防止农业面源污染。

禁止将不符合农用标准和环境保护标准的固体废物、废水施入农田。施用农药、化肥等农业投入品及进行灌溉，应当采取措施，防止重金属和其他有毒有害物质污染环境。

畜禽养殖场、养殖小区、定点屠宰企业等的选址、建设和管理应当符合有关法律法规规定。从事畜禽养殖和屠宰的单位和个人应当采取措施，对畜禽粪便、尸体和污水等废弃物进行科学处置，防止污染环境。

县级人民政府负责组织农村生活废弃物的处置工作。

13. 如何防止重金属等环境污染?

【知识要点】

由于多种原因，我国农村土地遭受重金属污染的趋势日益严重。就拿大米镉超标来说，范围已经很广。资料显示，中国大米污染分布地区如下：(1) 四川德阳。中国地质大学2008年研究显示，绵竹、什邡等地居民大米、小麦镉摄入量超标2倍至10倍。(2) 贵州铜仁万山特区。中科院地球化学所2010年研究显示，成人通过稻米平均每天摄入汞49微克之多。(3) 广西阳朔兴坪镇。多位村民疑似"骨痛病"初期症状。(4) 广东大宝山矿区。中山大学2010年研究显示，21个水稻品种镉和铅超标率分别达100%和71%。(5) 湘西凤凰铅锌矿区。中科院地理所2008年研究表明，稻米铅、砷污染严重。(6) 湖南株洲马家河镇新马村。稻米镉污染主要来自一公里外的湘江。(7) 辽宁李石开发区。辽宁石油化工大学2008年研究显示，水稻中铅含量超标。(8) 浙江遂昌。浙江丽水卫生防疫站1987年研究显示，遂昌金矿附近污染区稻米镉含量严重超标。(9) 江西大余钨矿区。江西有色地质4队1997年研究显示，水稻镉超标。(10) 福建。2013年，福建省质量技术监督局的官网上通报了当年第二季度粮食类加工产品抽查结果。结果显示，几家企业生产的大米存在镉超标。

2016年5月28日，国务院印发了《土壤污染防治行动计划》，该计划指出，要重点监测土壤中镉、汞、砷、铅、铬等重金属和多环芳烃、石油烃等有机污染物，重点监管有色金属矿采选、有色金属冶炼、石油开采、石油加工、化工、焦化、电镀、制革等行业，以及产粮（油）大县、地级以上城市建成区等区域。同时，严格控制在优先保护类耕地集中区域新建有色金属冶炼、石油加工、化工、焦化、电镀、制革等行业企业，现有相关行业企业要采用新技术、新工艺，加快提标升级改造步伐。

环境保护法第四十九条第二款规定："禁止将不符合农用标准和环境保护标准的固体废物、废水施入农田。施用农药、化肥等农业投入品及进行灌溉，应当采取措施，防止重金属和其他有毒有害物质污染环境。"

典型案例

2013年5月，广东查出的30余批次镉超标大米，主要产自湖南、江西、广东等地。镉大米一般指镉含量超标的大米，镉通常通过废水排入环境中，再通过灌溉进入农作物。早在几年前，南京农业大学农业资源与环境研究所的潘根兴教授就发现了种植水稻的土壤中重金属超标的状况，其中稻米对于镉污染的吸附作用明显强于玉米、大豆等其他的作物品种，是典型的“受害作物”。WHO（世界卫生组织）对镉的安全标准，就是基于对肾脏的毒性建立的，上限是每周每公斤体重7微克。

人长期食用含镉的食物会引起痛痛病（即骨癌病）。病症表现为腰、手、脚等关节疼痛。病症持续几年后，患者全身各部位会发生神经痛、骨痛现象，行动困难，甚至呼吸都会带来难以忍受的痛苦。到了患病后期，患者骨骼软化、萎缩，四肢弯曲，脊柱变形，骨质松脆，就连咳嗽都能引起骨折。患者不能进食，疼痛无比。

【以案释法】

面对重金属污染日益严重的现状，要抓紧做好以下工作：

第一，要切实加大对环境治理的力度。首当其冲的，便是严格控制矿产资源开发利用过程中的重金属污染问题。我们知道，在发生镉大米的湖南，湘江流域上游地区，锰、铅、锌等矿产资源开发已有上百年历史，临江而建的采矿企业在洗矿时使用大量江水并随意排放；冶炼企业直排、偷排生产废水，导致湘江处于枯水期时，重金属含量往往超标，江底至今沉积了几百吨重金属残留物。当江水泛滥时，沿岸土壤会被污染；当引水灌溉时，或近或远的地方也会被污染。而在一些并非沿江的矿区，则会导致地下水被污染，当人们抽取井水灌溉农田时，土壤会被污染。因此，必须预防和治理重金属对于土壤的污染。

第二，要实行科学种田。在施用农药、化肥等方面，以及进行灌溉时，都要有环保理念，切实防止重金属和其他有毒有害物质污染环境，绝不能将不符合农用标准和环境保护标准的固体废物、废水施入农田。

第三，要大力发展循环农业。循环农业是针对人口、资源、环境相互协调发展的农业经济增长新方式，核心就是以可持续发展思想、循环经济理论与产业链延伸理念为指导，通过农业技术创新和组织方式变革，调整和优化农业生态系统内部结构及产业结构，延长产业链条，提高农业系统物质能量的多级循环利用，最大程度地利用农业生物质能资源，利用生产中每一个物质环节，倡导清洁生产和节约消费，严格控制外部有害物质的投入和农业废弃物的产生，最大程度地减轻环境污染和生态破坏，同时实现农业生产各个环节的价值增值和生活环境优美，使农业生产和生活真正纳入到农业生态系统循环中，实现生态的良性循环与农村建设的和谐发展。

法条链接

中华人民共和国环境保护法

第四十九条 各级人民政府及其农业等有关部门和机构应当指导农业生产经营者科学种植和养殖，科学合理施用农药、化肥等农业投入品，科学处置农用薄膜、农作物秸秆等农业废弃物，防止农业面源污染。

禁止将不符合农用标准和环境保护标准的固体废物、废水施入农田。施用农药、化肥等农业投入品及进行灌溉，应当采取措施，防止重金属和其他有毒有害物质污染环境。

畜禽养殖场、养殖小区、定点屠宰企业等的选址、建设和管理应当符合有关法律法规规定。从事畜禽养殖和屠宰的单位和个人应当采取措施，对畜禽粪便、尸体和污水等废弃物进行科学处置，防止污染环境。

县级人民政府负责组织农村生活废弃物的处置工作。

14. 如何加强农村环境保护工作?

【知识要点】

当前，我国农村环境污染问题十分严重，突出表现在：农村饮用水水源地环境保护和水质改善、农村生活污染治理、农村地区工业污染控制、畜禽和水产养殖污染防治、农业面源污染控制、农村土壤污染防治、农村自然生态保护等方面，必须下大力气加以解决。

仔细分析一下造成农村环境污染的原因，是多方面的，既有立法上的，也有执法和司法上的。所以，农村环境保护工作是一项系统工程，涉及农村生产和生活的各个方面，要统筹规划，分步实施，还要从立法、执法和司法上进行立体施治，只有这样，才会有效果。

要充分认识加强农村环境保护的重大意义。加强农村环境保护是落实科学发展观、构建和谐社会的必然要求；是促进农村经济社会可持续发展、建设社会主义新农村的重大任务；是建设资源节约型、环境友好型社会的重要内容；是全面实现小康社会宏伟目标的必然选择。因此，要从全局和战略的高度，提高对农村环境保护工作重要性和紧迫性的认识，统筹城乡环境保护，把农村环境保护工作摆上更加重要和突出的位置，下更大的力气，做更大的努力，切实解决农村环境问题。

环境保护法对农村环境保护工作作了规定，特别是把国务院提出的有关措施上升为法律规定：(1) 各级人民政府应当在财政预算中安排资金，支持农村饮用水水源地保护、生活污水和其他废弃物处理、畜禽养殖和屠宰污染防治、土壤污染防治和农村工矿污染治理等环境保护工作。(2) 各级人民政府应当统筹城乡建设污水处理设施及配套管网，固体废物的收集、运输和处置等环境卫生设施，危险废物集中处置设施、场所以及其他环境保护公共设施，并保障其正常运行。

典型案例

江汉平原的潜江经济开发区始建于20世纪90年代，因为位于泽口镇，当地人一直称呼为“泽口化工园”。随着工业园不断扩建，主要以化工业为主。然而，与其他地方精心规划的工业园区不同，这里20多家大大小小各类化工厂散布在汉江边农村居民村落之间，工厂与村庄穿插交织在一起，化工厂建在村子间，村民生活在化工厂间，村民出门便是化工厂，躺在床上透过窗户就能看到冒着浓烟的烟囱。

在这个园区，受化工污染影响的主要有董滩、孙拐、青年、周潭等村，其中以紧邻金华润化工厂的董滩村最为触目惊心。还没有走进董滩村，扑面而来的就是浓浓的氨气味。抬头望去，沿河一线排开的董滩村北边就是金华润化工厂，高大的烟囱里冒着浓烟，整个村庄上空笼罩着浓雾。

董滩村与金华润化工厂仅隔一条河，河水墨黑，河面因富营养化长满了水葫芦。河岸边的一片树林原本是阻挡村民与河北岸工厂烟尘、噪声的屏障，但现在不少树木已枯死。董滩村9组的村民刘才千介绍，从去年开始，村后的白杨和水杉大片死亡，“都是污水和氨气毒死的”。

工厂旁的河水已淹没了排污口，但是仍能看到黑色的污水往水面翻滚。记者在河边查看时，两名手臂上戴着写有“治安管理员”红袖章的男子过来盘问，当地村民告诉记者，这是化工厂的治安员，主要职责就是负责对付村民和到河边检查他们偷排污水的人。潜江市环保局局长张新全告诉记者，董滩村边的金华润原是个小化工企业，后来山西晋煤集团投资组建了晋煤金华润化工公司，并投入资金修建污染处理设备，情况在改善，但由于这个企业是个用水大户，一些污染问题还很严重，而且群众对空气污染和噪声污染反映比较大。

【以案释法】

跟江汉平原的潜江经济开发区相类似的，也许还不止这一个。在农村，乡镇企业排放物污染和其他工业污染日益严重，再加上农业生产造成的环境污染、乡村集约化养殖造成的污染，使得广大农村的环境状况堪忧！

然而，以往我国环境保护和治理污染的重心在城市，特别是中心城市，或多或少忽视了广大的农村环境污染问题及其治理。事实上，我国农村更需要环境保护，更需要环境治理，更需要生态建设。

现在，加强农村环境保护工作，或者说“环保治污重心须向农村转移”，已经越来越成为全社会的共识。要从全局和战略的高度，统筹城乡环境保护，把农村环境保护工作作为重点来抓，下更大的力气，作更大的努力，切实解决农村环境问题。

修订后的环境保护法对农村环境保护工作作了多方面规定，这为解决农村环境污染问题提供了有力的法律依据。要将法律规定落到实处，一方面，需要细化这部法律中的原则性规定，增强可操作性；另一方面，还需要严格执法和公正司法。

法条链接

中华人民共和国环境保护法

第五十条 各级人民政府应当在财政预算中安排资金，支持农村饮用水水源地保护、生活污水和其他废弃物处理、畜禽养殖和屠宰污染防治、土壤污染防治和农村工矿污染治理等环境保护工作。

15. 什么是环境污染责任险？

【知识要点】

环境污染责任保险，是以被保险人因环境污染对第三者造成的损害依法应承担的赔偿责任或治理责任为标的的保险。根据保险关系的建立是否取决于投保人的自由意志，环境污染责任保险可以分为自愿性责任保险和强制性责任保险。

在我国，环境污染责任保险是从船舶油污损害领域开始的。1999 年国家海事局、2003 年交通部都分别对环境责任保险作了规定。2006 年国务院发布《国务院关于保险业改革发展的若干意见》后，有关环境责任保险的规定陆续出台，比如，2010 年的《防治船舶污染海洋环境管理条例》（该条例于 2016 年修订后施行）等。

与此同时，有关实践也在试点、相继开展。这大体上可以分为两个阶段：（1）20 世纪 90 年代初，保险公司和当地环境保护部门合作推出污染责任保险。最初是在大连试点，接着，沈阳、长春等城市也开展了这一业务。但是，效果并不理想，1996 年相关保险产品全部退出市场。（2）国家鼓励采取经济手段解决环境问题，有关部门积极推动。这以国家环保总局（现已撤销）与保监会 2007 年底联合发布《国家环境保护总局、中国保险监督管理委员会关于环境污染责任保险工作的指导意见》为标志。江苏、湖北、湖南等省份在重点行业和区域积极开展环境污染责任保险试点。

特别是，为贯彻落实《国务院关于加强环境保护重点工作的意见》（国发〔2011〕35 号）和《国家环境保护“十二五”规划》（国发〔2011〕42 号）有关精神，进一步健全环境污染责任保险制度，做好环境污染强制责任保险试点工作，2013 年 1 月，环境保护部和保监会再次联合发布《环境保护部、中国保监会关于开展环境污染强制责任保险试点工作的指导意见》。该指导意见明确了强制责任保险的试点企业范围，就是涉及重金属企业和按地方有关规定已被纳入投保范围的企业推行环境污染强制责任险试点，同时鼓励石油化工等部分危险行业投保。辽宁、河北、陕西、山西、安徽、新疆等十多个省（自治区、直辖市）积极试点，投保企业达 2000 多家，承保金额近 200 亿元，环境责任保险业务迅速发展。

修订后的环境保护法第五十二条明确规定：“国家鼓励投保环境污染责任保险。”这是首次在环境保护法这一环保基本法律中对环境污染责任险作出规定，意义重大，不仅有利于防止污染和其他公害，也有利于保护和改善环境。

典型案例

2014 年 7 月，中盐安徽红四方股份有限公司厂区管线内胶乳膏状物突然外泄到地池，并经由雨水排放管道排至湾秦河上游沟渠，造成污染。经过反复沟通核对，由平安财险、人保财险及大地财险 3 家公司的安徽分公司组成共保体，赔付了被保险人红四方公司的清理费用，包括施救材料费用和人工车辆费用 86465 元。

2013 年 6 月，安徽开展为期 3 年的环境污染强制责任保险试点工作，由安徽省环保厅、安徽保监局组织，并由平安财险、人保财险及大地财险组成共保体，将 337 家企业列入第一批试点计划，涉及采矿、危险化学品、化工等六类重点涉污企业。

安徽省环保厅政策法规处的同志认为，随着环境污染事故频繁发生，公众的环境意识、维权意识增强，要求对环境污染造成的损失赔偿和诉求强烈，而企业对自身造成的环境污染赔偿义务，或者无力支付，或者不自觉、不主动、不愿意支付，如此一来，既会给企业正常生产和经营带来风险，也可能会给社会稳定带来不良影响，有可能酿成群体性事件。

中国保监会安徽监督局的领导同志说，试点工作以来，保险公司在保证投保企业生产经营正常的情况下，最大程度照顾了受害者的利益，化解了企业经营风险和财务风险，第一时间维护了公众的环境权益。

铜陵有色集团公司也存在着污染物排放和环境风险，集团共支付保费 200 多万元，最高赔偿限额 3230 万元。铜陵有色集团公司安全环境保护部的领导同志说，推进环责险，重点不在事后理赔，而在于做大量的事前防范工作。投保以来，公司没有出现一起出险案件，真真切切地感受到大家的环保意识提高了，管理水平加强了，污染物排放减少了。集团公司 2013 年污染物综合排放达标率 100%。环境风险控制工作前移，最大限度地降低污染物排放总量和排放强度是环责险试点的目标。截至 2014 年 1 月 31 日，安徽已投保企业 197 家，保险金额 23610 万元，保费 1130 万元。目前环责险已赔付 3 笔，金额 131465 元。

【以案释法】

在安徽开展的试点工作中，也还存在一些问题，比如，一些企业对环境污染事故抱有侥幸心理，参保积极性不高等等，需要进一步研究解决。当然，新环境保护法虽然为今后推行环境责任险提供了法律保障，但并没有相关的强制措施。

的确，修订后的环境保护法还远远不能满足防止污染和其他公害以及保护和改善环境的迫切需要，特别是我国曾经两次开展自愿性环境责任保险试点，效果不理想，收效不明显。所以，当务之急，是要贯彻落实这次修订后的环境保护法，积极开展相关工作，大力推广环境污染责任保险。

同时，政府及其有关部门要对环境保护法的原则性规定加以细化，使其具有可操作性。为此，有必要认真研究保险法以及 2013 年 1 月发布的《环境保护部、中国保监会关于开展环境污染强制责任保险试点工作的指导意见》，总结实践经验，在此基础上，提出更有针对性和操作性的规定。

总之，把环境污染责任保险工作真正地开展起来，运用保险工具这一经济手段，以社会化、市场化途径解决环境污染损害，有利于促使企业加强环境风险管理，减少污染事故发生，有利于迅速应对污染事故，及时补偿、有效保护污染受害者权益。

法条链接

中华人民共和国环境保护法

第五十二条 国家鼓励投保环境污染责任保险。

第五章 信息公开和公众参与

1. 如何理解公众获取环境信息、参与和监督环境保护的权利?

【知识要点】

2011 年 11 月，有公民向北京市环保局提出书面申请，请求公开 PM2.5 的数据，但却接到该局口头答复，数据仅供研究用，不能公开。之后，他又接到了《北京市环境保护局环境信息不予公开告知书》，回复称：因 PM2.5 尚未列入国家《环境空气质量标准》，无法进行空气质量状况评价。

2007 年 4 月 5 日，国务院公布了《中华人民共和国政府信息公开条例》，其立法目的之一就是要“保障公民、法人和其他组织依法获取政府信息”，而关于政府信息公开的范围，第九条规定：“行政机关对符合下列基本要求之一的政府信息应当主动公开”，包括：(1) 涉及公民、法人或者其他组织切身利益的；(2) 需要社会公众广泛知晓或者参与的；(3) 反映本行政机关机构设置、职能、办事程序等情况的；(4) 其他依照法律、法规和国家有关规定应当主动公开的。第十条还把环境保护的监督检查情况列为县级以上各级人民政府及其部门应当重点公开的内容，同时，第十三条还明确规定，除行政机关主动公开的政府信息外，“公民、法人或者其他组织还可以根据自身生产、生活、科研等特殊需要，向国务院部门、地方各级人民政府及县级以上地方人民政府部门申请获取相关政府信息”。

2012 年 10 月 30 日，环境保护部办公厅发出《环境保护部办公厅关于进一步加强环境保护信息公开工作的通知》，要求进一步加强环境保护信息公开，包括：(1) 加强环境核查与审批信息公开，深入推进行政权力公开透明运行。进一步审核现有管理职能和审批事项，梳理行政权力，规范审批程序，推进审批过程和结果公开。(2) 加强环境监测信息公开，全面推进涉及民生、社会关注度高的环境保护信息公开。全面落实《环境空气质量标准》

(GB 3095—2012)，及时准确发布监测信息；及时向社会发布各类环境质量信息，推进重点流域水环境质量、重点城市空气环境质量、重点污染源监督性监测结果等信息的公开；发布违法排污企业名单，定期公布环保不达标生产企业名单，公开重点行业环境整治信息；公开每年度的“全国主要污染物排放情况”，每年度定期发布《中国环境统计年报》和《国家重点监控企业名单》。(3) 加强重特大突发环境事件信息公开，及时公布处置情况。发生重特大突发环境事件，要及时启动应急预案并发布信息；发生跨行政区域突发环境事件，要及时协调、建议相关人民政府联合发布信息；规范发布核与辐射安全日常监管信息，尤其要做好核与辐射安全事件信息的发布工作；把信息发布情况作为突发环境事件应急处置工作的重要考核指标，加强督促指导和通报力度，提高突发环境事件处置的公开透明度；对突发环境事件进行汇总分析，做好突发环境事件应对情况的定期发布工作。

修订后的环境保护法第五十三条进一步从法律层面对此作了规定。(1) 公民、法人和其他组织依法享有获取环境信息、参与和监督环境保护的权利。(2) 各级人民政府环境保护主管部门和其他负有环境保护监督管理职责的部门，应当依法公开环境信息、完善公众参与程序，为公民、法人和其他组织参与和监督环境保护提供便利。这样，既明确了公民依法享有获取环境信息、参与和监督环境保护的权利，也明确了政府环境保护主管部门等职责，以便于公民行使和实现这一权利。

典型案例

自1996年以来，我国环境群体性事件一直保持年均增长29%。自然之友于2014年5月13日在北京发布的《中国环境发展报告（2014)》(以下简称《报告》) 指出，一些公众抗议的环境项目，其真实风险未必有民众感知的那么强烈，甚至有一些是低风险项目。《报告》认为，之所以会出现这种“低风险项目引发大范围公众关注甚至导致群体性事件”的现象，是因为环境风险在信息传播和社会响应的过程中被放大。

《报告》认为，信任缺失是导致社会风险被放大的重要因素之一。缺乏信任的风险沟通和风险评估，只会助长民众的不信任并放大社会风险。因此《报告》建议，要实现有效的风险沟通，首要的是建立信任，其次才是针对风险信息传播所做的沟通。而如何重建信任，则是目前政府进行风险沟通首先需要考虑的问题之一。

【以案释法】

环境保护信息公开工作事关人民群众的知情权、参与权和监督权。随着我国经济社会的不断发展，社会公众参与环境保护工作的意识以及对环境保护工作的期望值、关注度显著提高。国家已经把环境保护信息公开作为政府信息公开工作的八个重点领域之一，修订后的环境保护法第五十三条明确规定公众依法享有获取环境信息、参与和监督环境保护的权利。

政府及其环境保护部门要提高认识、做好准备、抓住重点、规范运行，采取有效措施，扎实推进环境保护信息公开工作。2013 年 12 月底，环境保护部和中国气象局在北京签署合作框架协议，两部门将以重污染天气监测预警为重点，建立联合会商、联合应对和联合发布信息的“三联合”工作机制，协同应急条件下信息发布，及时妥善应对重污染天气。

有了法律的明确规定和有关部门合作实践的经验，我国的大气污染治理这个难题将逐渐走出治标不治本的困境，环境保护和生态文明建设必将取得新的成绩。

法条链接

中华人民共和国环境保护法

第五十三条 公民、法人和其他组织依法享有获取环境信息、参与和监督环境保护的权利。

各级人民政府环境保护主管部门和其他负有环境保护监督管理职责的部门，应当依法公开环境信息、完善公众参与程序，为公民、法人和其他组织参与和监督环境保护提供便利。

2. 如何理解环境状况公开发布制度？

【知识要点】

2007 年，国家环保总局（现已撤销）颁布的《环境信息公开办法（试行）》明确规定，公民、法人和其他组织可以申请获取环境保护部门在履行环境保护职责中制作或者获取的，以一定形式记录、保存的信息。还规定，环境保护部门应当及时、准确地向公众公开环境质量状况、环境统计和环境调查信息等。企业也应当自愿或被强制性公开与环境影响和企业环境行为有关的信息。同时，企业不得以保守商业秘密为借口，拒绝公开相关环境信息。但是，在实施过程中常常遇到一些共性问题，如：依申请公开中“科研需要”的程度如何界定，公开的形式如何掌握，反复申请如何处理等等。

2012 年 10 月 30 日，环境保护部办公厅发出《关于进一步加强环境保护信息公开工作的通知》，要求切实加强环境保护信息公开的组织实施。各级环境保护部门要将信息公开作为重要工作进行部署，注重抓住关键环节，整合信息公开资源和渠道。加大主动公开环境信息力度，扩大主动公开环境信息范围，切实做好依申请公开环境信息办理工作。建立健全信息公开工作领导机制和推进机制，落实信息公开责任主体，明确任务分工，加强责任考核，努力在提升信息公开服务效能、方便企业和群众办事等方面取得新进展。(1) 积极探索建立环境信息公开的有效方式。各级环境保护部门要切实加强政府网站建设，充分发挥政府网站作为环境保护信息发布重要平台的作用。建立完善更加科学合理的信息公开目录，方便群众查询和使用。通过召开新闻发布会和新闻通报会，主动向社会通报环保工作情况。要充分发挥政府公报、报刊、广播、电视等主流媒体作用，多渠道发布环境保护信息，把环境保护工作置于社会各界和人民群众的有效监督之下，进一步提高环境保护工作的透明度和公信力。(2) 加强调查研究和舆情引导。要加强调查研究，及时总结信息公开工作的有效做法和宝贵经验，深化对信息公开工作规律的认识，不断提高信息公开工作科学化水平。环境保护信息涉及面广，社会关注度高，各级环境保护部门要加强环境保护舆情引导和对重大环境信息公开后社会反响的预判工作，做好应对预案，并密切跟踪公开后的舆情，及时发布相关信息，正确引导舆论。(3) 切实提高环境信息公开能力。推进电子政务、物联网等先进技术在环境领域的研发应用，建设环境信息资源中心。各级环境保护部门要进一步加强工作机构和队伍建设，从实际出发，健全工作机构，配齐工作人员，给予信息公开工作必要的经费支持，保证工作条件。要制定信息公开培训计划并认真实施，信息公开培训应作为公务员培训的重要内容。

对环境监测数据和资料进行科学分析，在此基础上形成报告，是对环境监测机构进行管理的一个重要方面。而对环境监测报告进行管理，很重要的一项措施就是定期发布环境状况报告。环境保护法规定了定期发布环境状况公报制度。

修订后的环境保护法作了进一步补充完善，第五章的章名中就使用了

“信息公开”，扩大了公开环境信息的范围。（1）国家层面的环境信息公开。国务院环境保护主管部门统一发布国家环境质量、重点污染源监测信息及其他重大环境信息。（2）公布环境状况公报。省级以上人民政府环境保护主管部门定期发布环境状况公报。（3）地方层面的环境信息公开。县级以上人民政府环境保护主管部门和其他负有环境保护监督管理职责的部门，应当依法公开环境质量、环境监测、突发环境事件以及环境行政许可、行政处罚、排污费的征收和使用情况等信息。（4）将环境违法信息记入社会诚信档案并公开。县级以上地方人民政府环境保护主管部门和其他负有环境保护监督管理职责的部门，应当将企业事业单位和其他生产经营者的环境违法信息记入社会诚信档案，及时向社会公布违法者名单。

典型案例

2014 年 3 月 25 日，环境保护部发布京津冀、长江三角洲、珠江三角洲区域及直辖市、省会城市和计划单列市等 74 个城市 2013 年度空气质量状况。2013 年 74 个城市中，海口、舟山、拉萨 3 个城市各项污染指标年均浓度均达到二级标准，其他 71 个城市存在不同程度超标现象。空气质量相对较好的前 10 位城市是海口、舟山、拉萨、福州、惠州、珠海、深圳、厦门、丽水和贵阳；空气质量相对较差的前 10 位城市是邢台、石家庄、邯郸、唐山、保定、济南、衡水、西安、廊坊和郑州。从城市达标天数分析，74 个城市平均达标天数比例为 60.5%，轻度污染占 22.9%，中度污染占 8.0%，重度及严重污染占 8.6%。

通过分析，可以得出以下结论：（1）京津冀、长江三角洲、珠江三角洲是空气污染相对较重区域。京津冀区域空气污染最重。京津冀 13 个城市中，有 11 个城市排在污染最重的前 20 位，其中有 7 个城市排在前 10 位，部分城市空气重度及以上污染天数占全年天数 40% 左右。（2）复合型污染特征突出。传统的煤烟型污染、汽车尾气污染与二次污染相互叠加，部分城市不仅 PM2.5 和 PM10 超标，NO_2、O_3 也存在不同程度超标现象。（3）空气污染呈现明显的季节性特征。一季度和四季度是空气重污染高发季节，74 个城市 PM2.5 季均浓度分别为 96 微克/立方米、93 微克/立方米，是第二、第三季度 PM2.5 季均浓度的近 2 倍。尤以冬季发生频率最高，2013 年 1 月和 12 月重污染天数占全年重污染总天数的 53.4%。除污染物排放量大等因素，北方地区冬季燃煤取暖和不利气象条件是冬季空气重污染发生的重要因素。

【以案释法】

定期发布环境状况公报，既是政府的一项职责，也是实现公众环境知情权的必要前提。环境信息公开，是加强社会公众对企业环境行为监督的前提条件，然而申请被拒往往让公众的参与热情大打折扣。因此，必须做好环境状况公开工作。

一方面，政府环境保护主管部门要积极作为，依法履行职责，按时发布环境状况报告等环境信息；另一方面，要充分发挥社会组织的作用。在这方面，已有一些例子。比如，2009 年 6 月 3 日，国内环境 NGO 公众环境研究中心与美国自然资源保护委员会在北京联合发布中国城市污染源监管信息公开指数，对国内 113 个城市 2008 年度污染源监管信息公开状况进行初步评价。这是 2009 年中国十大环境事件之一，也是国内第一份来自民间的政府环境信息公开评价报告。又比如，在 2011 年 7 月发布报告称耐克、阿迪达斯、李宁等多家知名服装品牌的供应商向中国江河排放环境激素类物质后，2011 年 8 月 23 日，环保组织绿色和平发布了其最新的调查报告——《时尚之毒——全球服装品牌的中国水污染调查》，称耐克、阿迪达斯、李宁等国际国内知名品牌的产品中含有“环境激素”，对生物的性发育产生影响。

事实表明，既发挥政府主管部门的作用，又发挥社会组织的作用，就能够更好地推动环境信息公开，进而既满足公众的环境信息知情权，又能有力地推动环境保护工作。当前，环境信息的及时公开还在路上，可谓任重道远。正如媒体在评论全球知名服装品牌“染毒”这一事件时所说，政府监管往往滞后，让媒体、公益机构等在一定程度上扮演维系社会健康发展的角色，要形成政府监管带头、社会监督、舆论监督与公益机构共同推进的良好局面。

法条链接

中华人民共和国环境保护法

第五十四条 国务院环境保护主管部门统一发布国家环境质量、重点污染源监测信息及其他重大环境信息。省级以上人民政府环境保护主管部门定期发布环境状况公报。

县级以上人民政府环境保护主管部门和其他负有环境保护监督管理职责的部门，应当依法公开环境质量、环境监测、突发环境事件以及环境行政许可、行政处罚、排污费的征收和使用情况等信息。

县级以上地方人民政府环境保护主管部门和其他负有环境保护监督管理职责的部门，应当将企业事业单位和其他生产经营者的环境违法信息记入社会诚信档案，及时向社会公布违法者名单。

3. 重点排污等单位如何依法公开有关环境信息？

【知识要点】

目前，污染源信息零散滞后不透明，应尽快落实重点污染源信息实时公开。根据已更新的《2016年国家重点监控企业名单》，国家重点监控的排放废水企业2660家，废气企业3281家，污水处理厂3812家，重金属企业2901家，因此在落实污染源信息公开的过程中，落实重点污染源的实时排放数据公开，对推动污染治理具有重要作用。

修订后的环境保护法对此作了明确规定：（1）重点排污单位应当如实向社会公开其主要污染物的名称、排放方式、排放浓度和总量、超标排放情况，以及防治污染设施的建设和运行情况，接受社会监督；（2）对依法应当编制环境影响报告书的建设项目，建设单位应当在编制时向可能受影响的公众说明情况，充分征求意见；（3）负责审批建设项目环境影响评价文件的部门在收到建设项目环境影响报告书后，除涉及国家秘密和商业秘密的事项外，应当全文公开；发现建设项目未充分征求公众意见的，应当责成建设单位征求公众意见。

典型案例

2014年6月4日，针对近年频发的环境群体性事件，环境保护部有关负责人表示，环境保护部门已将此作为重要问题关注，并在环境影响评价文件的审批过程中，将公众参与作为重要内容进行审查，“切实保障好公众的知情权、参与权、监督权”。

我国民众的环境意识正在觉醒。2006年以来，厦门、大连、宁波、昆明、九江等多个城市将建的PX炼油等项目遭民众抗议，环境群体性事件频入视线。

就环境群体性事件频发的原因，环境保护部有关负责人分析，中国仍然处在工业化、城镇化快速发展过程中，总体来讲建设强度较大，资源环境压力较大，一些地方、机构在开发建设过程中规划布局不尽科学、不尽合理。一些项目确实存在比较突出的违法违规开工、建设甚至运行的情况。“有些项目在规划建设过程中信息不够公开，公众参与做得不到位”，该负责人特别提出，对于公众存在的疑虑不能及时解答，加重了公众的不信任。

我们应该认真深入地进行分析、研究，找出原因，针对这些原因和问题有针对性地采取措施，政府、企业、项目建设单位，在决策前、决策过程中以及建设过程中应充分考虑当地的资源环境承载能力，同时一定要做好信息公开、公众参与。环境保护部门现在已经把这个问题作为一个重要问题予以关注，目前在环评文件的审批中，是否开展信息公开以及公众参与的代表性、真实性和合法性是审查的重要内容。

【以案释法】

2013 年全国“两会”，环境保护部对关于重点污染源信息公开的提案作出了积极回应，一批省市区现已依照实行。2014 年 1 月 1 日起，环境保护部要求国家重点监控企业开展自行监测，并在环境主管部门统一组织建立的公布平台上公开自行监测信息。然而，截至 2014 年 2 月 19 日，海南、甘肃等省仍未设立统一公开平台发布重点企业实时排放信息，上海市的发布平台上无任何监测数据。在线监测信息公开的平台缺失及数据匮乏，使重点污染企业免于社会监督，影响区域内主要污染源头的识别。

当前，要按照环境保护法及有关法规规章的要求，做好环境信息公开工作，特别是要尽快落实重点污染源信息实时公开，切实保障公众环境信息知情权、监督权，提高环境保护的水平。

法条链接

中华人民共和国环境保护法

第五十五条　重点排污单位应当如实向社会公开其主要污染物的名称、排放方式、排放浓度和总量、超标排放情况，以及防治污染设施的建设和运行情况，接受社会监督。

第五十六条　对依法应当编制环境影响报告书的建设项目，建设单位应当在编制时向可能受影响的公众说明情况，充分征求意见。

负责审批建设项目环境影响评价文件的部门在收到建设项目环境影响报告书后，除涉及国家秘密和商业秘密的事项外，应当全文公开；发现建设项目未充分征求公众意见的，应当责成建设单位征求公众意见。

4. 如何理解公众有权举报污染环境和破坏生态的行为?

【知识要点】

建立并实行环境保护举报制度，既是保护和改善环境、防治污染和其他公害，保障公众健康，推进生态文明建设的客观需要，也是公众参与和监督环境保护的重要内容。

水污染防治法第十条规定："任何单位和个人都有义务保护水环境，并有权对污染损害水环境的行为进行检举。县级以上人民政府及其有关主管部门对在水污染防治工作中做出显著成绩的单位和个人给予表彰和奖励。"大气污染防治法第三十一条也作了类似规定："环境保护主管部门和其他负有大气环境保护监督管理职责的部门应当公布举报电话、电子邮箱等，方便公众举报。环境保护主管部门和其他负有大气环境保护监督管理职责的部门接到举报的，应当及时处理并对举报人的相关信息予以保密；对实名举报的，应当反馈处理结果等情况，查证属实的，处理结果依法向社会公开，并对举报人给予奖励。举报人举报所在单位的，该单位不得以解除、变更劳动合同或者其他方式对举报人进行打击报复。"

为建立环境保护举报制度，国家环境保护局（现已撤销）1997 年 6 月 17 日专门发布了《关于建立全国环境保护举报制度的指导意见》。根据该指导意见，环境保护举报制度的主要内容包括：（1）制定环境保护举报制度管理办法，内容包括：环境保护举报的受理范围，举报事项的办理程序，鼓励环境保护举报的措施等；（2）通过报纸、广播、电视及其他有效形式，向社会公告受理环境保护举报的单位名称、通讯地址、邮政编码、电话号码及环境保护举报的其他有关规定；（3）环境保护举报的受理范围应包括环境污染和生态破坏事故，违反各项环境管理制度的行为及其他违反环保法律、法规、规章的事件和行为，对环境保护执法情况的监督等；（4）环境保护举报事项的办理程序应包括登记立案，协调分办、限时办理，及时反馈，定期公布受理情况和办理结果等；（5）鼓励环境保护举报的措施应包括为举报者保守秘密，对有重大贡献的环境保护举报者予以表彰、奖励等。

各地依据该指导意见所规定的内容，相继出台了有关措施，进一步细化了环境保护举报规定。同时，还在实践中有创新，比如，群众看到污水直排，用手机随手拍一张照片，发到环保局邮箱，执法人员顺藤摸瓜，查到污染源，制止污染，给予处罚。2013 年 7 月中旬以来，山东省开展的污染举报“随手拍”活动，调动了群众参与环保的积极性，切实解决了一些污染问题。山东省环保厅说到做到，隆重表彰 4 位“拍客”，发证书发奖金，大张旗鼓宣传这一活动的意义。“随手拍”并不是山东的首创，此前北京等地也鼓励群众拿起相机，拍下冒黑烟的汽车、尘土飞扬的工地、臭水直排的污水口。有的环保志愿者更是不辞劳苦，用相机拍遍了北京周边的垃圾场，举办了“垃圾包围北京”的摄影展。

修订后的环境保护法在总结环境保护举报规定实施经验的基础上，对这一制度作了进一步规定：（1）公民、法人和其他组织发现任何单位和个人有污染环境和破坏生态行为的，有权向环境保护主管部门或者其他负有环境保护监督管理职责的部门举报；（2）公民、法人和其他组织发现地方各级人民政府、县级以上人民政府环境保护主管部门和其他负有环境保护监督管理职责的部门不依法履行职责的，有权向其上级机关或者监察机关举报；（3）接受举报的机关应当对举报人的相关信息予以保密，保护举报人的合法权益。

典型案例

2010 年 10 月，环境保护部在调查广三矿业有限公司（是香港私家岛有限公司出资于 2003 年 12 月 11 日在广西南宁市注册登记成立的台、港、澳侨资企业，以下简称广三矿业）环境违法问题时，查出广三矿业所属两江铜矿长年无序开采，使区域河流底泥及土壤环境出现重金属超标。同时查明，广西壮族自治区环保厅存在把关不严问题。

广三矿业环境违法问题源于群众举报。接到举报后，环境保护部的领导同志作出指示要求相关部门进行调查。环境保护部华南中心会同广西壮族自治区、南宁市环境保护部门及武鸣县相关部门赴武鸣县两江镇，对群众举报反映的广三矿业有限公司环境问题进行调查取证。

环境保护部华南督查中心调查证实，2008 年 7 月，原广西壮族自治区环保局（今更名环保厅）对广三矿业两江废铜矿石综合利用项目补办了环评审批手续，2008 年 8 月，批准项目试生产。由于市场因素影响，项目停产约半年。2009年8月，广西壮族自治区环保厅同意项目恢复试生产，2010年1月，通过环保厅竣工环保验收。

环境保护部华南督查中心调查发现，广三矿业存在三方面问题：(1)违反环评审批规定，主要生产设备与审批规模不符，擅自扩建浮选机生产线，环评报告书浮选机为15台，实际建成浮选机30台；未取得大明山国家级自然保护区管理局许可文件，擅自对废铜矿石进行开挖；使用各小窿道运出的原矿进行生产。广西壮族自治区环保厅也存在对建设项目竣工环境保护验收把关不严等问题。(2)污染防治和应急设施不完善，尾矿库渗漏液收集池部分墙体开裂、塌陷，部分渗漏液直接排放；未按照规范在尾矿库下设置监测井；验收批复要求建设应急池未建。(3)广三矿业两江铜矿长年无序开采，使区域河流底泥及土壤环境出现重金属超标。

环境保护部华南督查中心调查认为，综合环评、验收和此次检查3个阶段的监测结果表明，区域河流底泥及土壤环境出现重金属超标主要是两江铜矿长年无序开采，含有铜、砷元素的废石不断被冲刷到达响河中所致。

环境保护部有关部门建议，广西壮族自治区环保厅责成企业限期改正违规超规模建设问题。同时建议，广西壮族自治区环保厅督促武鸣县人民政府和大明山国家级自然保护区管理局禁止任何企业或个人在自然保护区内非法采矿，广三矿业在取得开挖矿石许可文件前，不得擅自对废铜矿石进行开挖；督促武鸣县人民政府对两江铜矿开采造成的生态破坏及重金属污染问题进行深入调查研究，采取科学补救措施，组织开展生态修复。

【以案释法】

鼓励群众举报违法排污行为，原有的12369环保热线电话还在发挥作用。近些年有了数码相机和摄影功能不断提升的手机，群众举报违法排污更加直观、方便、快捷，拍得好的照片就是证据，极大地方便了环境保护部门执法。

的确，现在“随手拍”的条件越来越好了，但要让这项“善举”发挥作用并持续下去，就不能让它“自生自灭”，不仅要倡导还要组织和鼓励。

第一，政府环境保护部门要担负起组织和号召这一责任，环保公益组织也要发挥作用，唤起热心环保的群众，进一步激发他们的热情，发现污染问题“随手拍”。

第二，要保证照片信息真实有效，照片信息不全，执法人员无法进行现场核实，也就无从解决问题。“随手拍”的群众，大多不是专业摄影者，环境保护部门可以有针对性地搞一些讲座等之类的培训，讲一讲利用图片举报违法排污的要点，教大家把举报照片拍得更全、更真实有用。

第三，要让“随手拍”真正发挥作用，解决环保中的实际问题。现实中，公众拍到的违法排污信息往往一发到环保局邮箱之后，却无人过问，在一定程度上变成了“猫弱鼠强”游戏，不仅“拍客”会失去兴趣和信心，而且环境污染问题依旧，甚至还可能变本加厉。这就要求政府及其环境保护主管部门及时处理举报的问题，对于违法排污行为，该查处的查处，该取缔的取缔，并及时公开有关处理的信息，给广大群众一个交代。

第四，政府及其环境保护主管部门还应出台保护和奖励措施，对于举报信息真实的，一定要给举报人以物质奖励，并切实保护举报人的个人隐私和人身安全。

法条链接

中华人民共和国环境保护法

第五十七条　公民、法人和其他组织发现任何单位和个人有污染环境和破坏生态行为的，有权向环境保护主管部门或者其他负有环境保护监督管理职责的部门举报。

公民、法人和其他组织发现地方各级人民政府、县级以上人民政府环境保护主管部门和其他负有环境保护监督管理职责的部门不依法履行职责的，有权向其上级机关或者监察机关举报。

接受举报的机关应当对举报人的相关信息予以保密，保护举报人的合法权益。

中华人民共和国水污染防治法

第十条　任何单位和个人都有义务保护水环境，并有权对污染损害水环境的行为进行检举。

县级以上人民政府及其有关主管部门对在水污染防治工作中做出显著成绩的单位和个人给予表彰和奖励。

5. 如何理解环境公益诉讼制度?

【知识要点】

截至2014年4月，中华环保联合会成立9年，共完成17起公益诉讼。

修改后的民事诉讼法第五十五条规定："对污染环境、侵害众多消费者合法权益等损害社会公共利益的行为，法律规定的机关和有关组织可以向人民法院提起诉讼。"虽然这条规定了公益诉讼制度，对环境公益诉讼的原告资格有了明确规定，但只有"法律规定的机关和有关组织"才能提起公益诉讼。在配套法律尚未作出明确授权的情况下，包括环境公益诉讼在内的公益诉讼出现了停滞不前的状况。在2013年的实践中，我国最早开展环境公益诉讼的社会组织——中华环保联合会提起的8起环境公益诉讼却全部遭拒，没有一起被受理。这一现象被形容为"从无法可依到有法难依"的尴尬。

2013年中华环保联合会曾向海口市中级人民法院提起两起公益诉讼，但海口市中级人民法院在受理1个月之后又将两起公益诉讼驳回，理由是民事诉讼法第五十五条中的"法律规定的机关和有关组织"具有法定性，而法律未对中华环保联合会作为民事公益诉讼的起诉主体资格作出明确规定。

一时间，"环境公益诉讼为何难以叩开法院大门""环保法庭的公益诉讼困境"等类似呼声不绝于耳。

修订后的环境保护法第五十八条首次对环境公益诉讼制度作了规定。(1)明确了环境公益诉讼的内容，即"对污染环境、破坏生态，损害社会公共利益的行为"提起诉讼。(2)明确了环境公益诉讼主体资格。规定依法在设区的市级以上人民政府民政部门登记，专门从事环境保护公益活动连续5年以上且无违法记录的社会组织，有资格提起公益诉讼。这是我国法律首次针对环境公益诉讼的主体资格问题作出明确规定。

在环境保护法修订过程中，公益诉讼的主体资格问题成为社会关注的焦点之一。哪些组织能够提起公益诉讼？个人能否提起公益诉讼？从修正案草案第一稿到修订案建议表决稿，环境公益诉讼"从无到有"，主体资格从中华环保联合会一家扩大到"设区的市级以上政府民政部门登记的相关社会组织"。可以说，这既是回应公众关切的结果，也是顺应时代潮流的必然要求；同时，既注重广泛参与又防范滥诉，在二者之间找到了一种平衡。一方面，现有规定较大程度地扩展了社会组织的参与范围；另一方面，暂未将个人纳入环境公益诉讼的主体范围，主要理由是：相比个人参与，由社会组织提起公益诉讼对于提高制度的实效具有更为明显的优势。

应该说，这是环境保护法修订的亮点之一，为环境公益诉讼的司法实践打开了大门。通过公益诉讼的方式，发动社会组织和公众参与，以法律的强制执行力为保障，要求污染者停止污染、恢复原状、赔偿损失，可以使环境污染的治理过程法治化、透明化、公开化，进而达到“环境公益诉讼，以参与促治理”的目的。

典型案例

2014 年 5 月 19 日，我国第一个专属管辖环境案件的法庭，贵阳清镇市人民法院生态保护法庭正式受理贵州省首例跨区域环境公益诉讼案件。

本案原告中华环保联合会诉称，一段时期以来，被告安顺市宏盛化工有限公司周边的居民发现被告公司经常随意排放工业废水，居民们指控被告排放污水超标影响周边居民生产、生活、身体健康和自然环境，并多次向原告投诉。经原告派员实地走访，并对被告排污口处所排污水取样送检，被告排污量超过国家相关标准。被告公司排放的超出标准范围的工业污水不但对周边农户的生产生活造成影响，其最终排入水体后，可导致鱼类及其他水生动植物的死亡或发生变异。更加严重的是，这些超标污水必将对下游邢江河尤其是贵阳市的水源地红枫湖产生污染，这将严重影响贵阳市广大人民群众的人身安全与身体健康。故依照民事诉讼法第五十五条的规定，向清镇市人民法院生态保护法庭提起环境公益诉讼。

清镇市人民法院生态保护法庭是我国第一个专属管辖环境案件的法庭，2007 年成立以来，审理了近 700 件各类环境案件。2014 年 4 月 23 日，贵州省高级人民法院根据贵州实际情况实行划片区集中专属管辖，将贵阳、安顺、贵安三地的环境民事、行政案件集中交由清镇市人民法院生态保护法庭管辖。

【以案释法】

2014 年 5 月 19 日，全国首个专门管辖环境案件的法庭——贵州省清镇市人民法院生态保护法庭受理了首起跨区域环境公益诉讼案件。在新环保法刚刚明确环境公益诉讼主体资格之后，这起由中华环保联合会提起的公益诉讼引起了社会的广泛关注。实际上，一场公益诉讼打下来，往往绝不亚于一堂环境守法教育的“公开课”。

这些年来，关于公益诉讼尤其是环境公益诉讼的争议不断。修订后的环境保护法首次明确了环境公益诉讼制度。的确，治理环境污染，公益诉讼不可或缺。尽管环保法规定了行政拘留、引咎辞职、按日计罚等强有力的行政制裁机制，但有的执法机关容易受地方保护主义的干预，进而影响执法效果。可以说，环境公益诉讼制度的确立，在环境保护方面必将大有作为。

各地人民法院也在环境资源司法专门化方面进行了积极探索。据初步统计，自2007年贵阳清镇市人民法院成立我国第一家生态保护法庭以来，迄今已有16个省（区、市）设立了134个环境保护法庭、合议庭或者巡回法庭。

2014年3月，最高人民法院院长周强在《最高人民法院工作报告》中提出，要推进环境资源审判机构建设。2014年6月，最高人民法院环境资源审判庭已正式运行；7月3日，最高人民法院召开新闻发布会，通报人民法院全面加强环境资源审判工作有关情况。

同时，环境公益诉讼制度还需细化落实，比如需要对诉讼管辖、证据规则、诉讼费用、调解政策等予以细化。有的专家就建议，基于公益诉讼的性质，诉讼费用应由国家或败诉方来承担，即当原告胜诉时，诉讼费用由败诉方承担；原告败诉时，诉讼费用则应该由国家来承担，即免除原告的诉讼费用，这也是目前通行的国际惯例。

法条链接

中华人民共和国环境保护法

第五十八条 对污染环境、破坏生态，损害社会公共利益的行为，符合下列条件的社会组织可以向人民法院提起诉讼：

（一）依法在设区的市级以上人民政府民政部门登记；

（二）专门从事环境保护公益活动连续五年以上且无违法记录。

符合前款规定的社会组织向人民法院提起诉讼，人民法院应当依法受理。

提起诉讼的社会组织不得通过诉讼牟取经济利益。

第六章 法律责任

1. 违反环境保护法律要承担哪些法律责任?

【知识要点】

环境保护法律中的法律责任，是指违反环境保护法律规定，破坏或者污染环境的单位或者个人所应承担的法律责任。这不仅包括民事责任（经济责任只是其中之一），还包括行政责任和刑事责任。

民事责任，是指违反环境保护法律，实施了破坏或者污染环境行为的单位或者个人所应承担的民事方面的法律责任。这在民法通则、侵权责任法等法律中有明确规定。

行政责任，是指违反环境保护法律，实施了破坏或者污染环境行为的单位或者个人所应承担的行政方面的法律责任。这包括行政处罚和行政处分。行政处罚是指环境保护监督管理部门对违反环境保护法律、破坏或者污染环境，还不够刑事惩罚的单位或者个人所实施的一种行政处罚措施。行政处罚又分为：(1) 对污染环境所给予的行政处罚，包括：警告、罚款、责令重新安装使用、责令停止生产或者使用、责令停业或者关闭、限期治理等；(2) 对破坏环境所给予的行政处罚，包括：责令停止破坏、责令恢复被破坏的生态环境和自然资源、没收等。行政处分是指国家机关、企事业单位依法对在保护和改善环境、防治污染和其他公害中违法失职，但还不够刑事惩罚的人员的一种行政处罚措施。根据公务员法的规定，对国家公务员的行政处分形式包括：警告、记过、记大过、降级、撤职和开除6种。2006年2月20日，监察部和国家环境保护总局（现已撤销）联合发布的《环境保护违法违纪行为处分暂行规定》第二条明确规定："国家行政机关及其工作人员、企业中由国家行政机关任命的人员有环境保护违法违纪行为，应当给予处分的，适用本规定。法律、行政法规对环境保护违法违纪行为的处分作出规定的，依照其规定。”

刑事责任，是违反环境保护法律，实施了破坏或者污染环境行为的单位或者个人所应承担的刑事方面的法律责任。这在刑法及其修正案中有明确规定。

典型案例

2013 年 9 月 29 日，环境保护部公开宣布对贵州茅台酒厂集团啤酒有限责任公司、安徽海螺水泥股份有限公司等 11 家企业挂牌督办。其原因是，这 11 家企业当年上半年主要污染物总量减排核查和日常督查情况中被查出在污水处理、脱硫脱硝设施建设和运行方面存在突出问题。

这 11 家企业中包括上市公司安徽海螺水泥股份有限公司（简称海螺水泥）以及贵州茅台酒厂集团啤酒有限责任公司（简称贵州茅台）。环境保护部同时要求，海螺水泥和贵州茅台在当年年底前完成污水处理设施治理工艺改造，完善在线监控设施，确保稳定达标排放。

其他 9 家企业是：山西晋城沁泽焦化有限公司、江苏省连云港市赣榆通海污水处理厂、浙江省嘉兴市桐乡第二污水处理厂（桐乡申和水务有限公司）、江西省景德镇市乐平凯发新泉污水处理厂、山东信发集团、河南省三门峡市污水处理厂、广东汕头万丰热电有限公司、西安热电有限责任公司、陕西龙门钢铁（集团）有限责任公司。

环境保护部表示，对整改不到位或因工作不力造成重大社会影响的，将提请监察机关按照《环境保护违法违纪行为处分暂行规定》，追究相关人员责任。

【以案释法】

对于严重污染环境的企事业单位，环境保护监督管理部门加强监管查处力度，不仅是十分必要的，也是十分有效的。同时，还必须加强环境保护的司法工作。

据报道，2008 年至 2012 年，江苏省南京市环境保护部门受理群众各类污染投诉分别在 1.6 万至 3 万件（次）左右；而同一时间段，法院受理的环境保护类案件每年仅有四五百件，且调撤率不足 1/3。这组对比鲜明的数据，真实地反映出了南京环境保护的司法现状。南京市中级人民法院环保合议庭庭长崔民说，现有环境纠纷诉讼解决机制存在成本过高、案件积压迟延带来实质非正义、举证主体不明确等缺陷，立案难、受理难、判决难、执行难困扰着环境司法。

实际上，这恐怕不仅是南京环境司法保护的现状，也是全国环境司法保护的现状，更是全国环境保护执法的现状。

修订后的环境保护法，被称为“史上最严环保法”，必须认真执行，再也不能一罚了之！环境保护法律的贯彻执行，不能仅靠自觉，实践证明，仅靠自觉最终是靠不住的！准确地说，环境保护法律的正确有效实施，既需要全社会的自觉遵守，也需要执法部门的严格执法和司法机关的公正司法。只有严厉打击环境违法犯罪行为，才能真正让环境保护法长出“牙齿”来！

法条链接

中华人民共和国环境保护法

第五十九条 企业事业单位和其他生产经营者违法排放污染物，受到罚款处罚，被责令改正，拒不改正的，依法作出处罚决定的行政机关可以自责令改正之日的次日起，按照原处罚数额按日连续处罚。

前款规定的罚款处罚，依照有关法律法规按照防治污染设施的运行成本、违法行为造成的直接损失或者违法所得等因素确定的规定执行。

地方性法规可以根据环境保护的实际需要，增加第一款规定的按日连续处罚的违法行为的种类。

第六十七条 上级人民政府及其环境保护主管部门应当加强对下级人民政府及其有关部门环境保护工作的监督。发现有关工作人员有违法行为，依法应当给予处分的，应当向其任免机关或者监察机关提出处分建议。

依法应当给予行政处罚，而有关环境保护主管部门不给予行政处罚的，上级人民政府环境保护主管部门可以直接作出行政处罚的决定。

第六十九条 违反本法规定，构成犯罪的，依法追究刑事责任。

2. 如何理解对违法排放污染物的罚款处罚制度？

【知识要点】

在我国，环境立法数量不少，但环境质量越来越差，一个很重要的原因是违法成本太低。因此，在修订环境保护法的过程中，加大惩治力度就成为共识，成为了立法重点之一。

修订后的环境保护法第五十九条第一款作了明确规定："企业事业单位和其他生产经营者违法排放污染物，受到罚款处罚，被责令改正，拒不改正的，依法作出处罚决定的行政机关可以自责令改正之日的次日起，按照原处罚数额按日连续处罚。"这就是按日罚款的责任制度。上述规定的罚款处罚，依照有关法律、法规按照防治污染设施的运行成本、违法行为造成的直接损失或者违法所得等因素确定的规定执行；地方性法规可以根据环境保护的实际需要，增加按日连续处罚的违法行为的种类。

实际上，2007 年《重庆市环境保护条例》规定，违法排污拒不改正的，环境保护行政主管部门可以按条例规定的罚款额度按日累加处罚。这是我国地方首次规定环境违法处罚按日累加。据了解，从 2007 年实施该制度以来，共对 69 起案件中的违法企业实行了按日处罚，个案中罚款额最高达 3000 万元，有效遏制了环境违法高发事态，对排污企业起到了很好的威慑效果，违法行为改正率由之前不到 4% 提高到现在的 90% 以上。

典型案例

《重庆市环境保护条例》实施后，执行情况究竟如何？对环境保护有何帮助？2008 年 8 月 28 日，重庆市环保局负责人在条例执行情况调研座谈会上称，实施该条例以来，环境保护部门共查处环境违法案件 653 起。

以前依据相关法律、法规，面对企业的某次环境违法行为，无论持续时间多长，环境保护部门也只能对其进行一次处罚，使部分企业认为相较所获利益，违法成本很低，所以宁愿领罚单也要排污。针对这种情况，依据 2007 年 9 月 1 日起实施的《重庆市环境保护条例》，重庆市环保局对部分违法企业实施了"加倍征收排污费""按日累加处罚"及"对环境违法企业主要负责人进行处罚"等新型处罚方式。

据统计，从 2007 年 9 月条例实施至今，在重庆市环保局查处的 653 起环境违法案件中，执行"加倍征收排污费"的有 21 件，"按日累加处罚"的有 23 件，有 18 位环境违法企业主要负责人被处以个人行政处罚。

重庆市环保局负责人举例说，该市某大型钢铁企业因违反产业政策，使用淘汰工艺设备进行生产并有不正当排放行为，被处以了 10 万元罚款。然而，该企业在长达 23 天的时间里拒不改正，处罚被执行按日累加，最终领到了一张 200 多万元的高额罚单。

【以案释法】

在一些地方和单位，环保设备经常处于“休息”状态。究其原因，主要是违法成本太低。比如，一个10万千瓦的发电机组，每天的环保成本大概是五六十万元，如果不开环保设备也就罚款1万元，因此，有的企业便宁愿被罚。

的确，近年来国家环境立法数量不少，但环境质量越来越差，一个很重要的原因是由于违法成本太低，再加上执法不严、违法不究、选择性执法。因此，修订后的环境保护法，加大惩治力度就成为立法重点之一，其中，“按日计罚”无疑是加大违法成本的创新之举。这有利于打破目前环保执法不力的怪圈，把监管力量纳入整个监管体系中。

当然，这些规定不会自动变成现实。事实上，再严厉的法律，如果不认真执行，那也仍然是白纸一张！

法条链接

中华人民共和国环境保护法

第五十九条 企业事业单位和其他生产经营者违法排放污染物，受到罚款处罚，被责令改正，拒不改正的，依法作出处罚决定的行政机关可以自责令改正之日的次日起，按照原处罚数额按日连续处罚。

前款规定的罚款处罚，依照有关法律法规按照防治污染设施的运行成本、违法行为造成的直接损失或者违法所得等因素确定的规定执行。

地方性法规可以根据环境保护的实际需要，增加第一款规定的按日连续处罚的违法行为的种类。

3．超过标准排放污染物的，应当承担什么样的法律责任？

【知识要点】

修订后的环境保护法第四十四条明确规定，国家实行重点污染物排放总量控制制度。总量减排考核如同一场年度“考试”，针对全国各省份以及重点央企，考核涉及针对废水的化学需氧量、氨氮，和针对废气的氮氧化物、二氧化硫四项主要污染物，要求每年降低一定比例，如果未实现，意味着年度考核没有通过。如果企业事业单位违反规定，超过污染物排放标准或者超过重点污染物排放总量控制指标排放污染物的，就要承担相应的法律责任。

环境保护法第六十条对企业事业单位和其他生产经营者超过污染物排放标准或者超过重点污染物排放总量控制指标排放污染物的法律责任作了规定：（1）县级以上人民政府环境保护主管部门可以责令其采取限制生产、停产整治等措施；（2）情节严重的，报经有批准权的人民政府批准，责令停业、关闭。

典型案例

2013 年 8 月 29 日，环境保护部通报 2012 年全国污染物总量减排考核结果，31 个省（区、市）均完成了 2012 年度各项主要污染物总量减排目标，通过了年度考核。8 家中央企业中，6 家完成任务，中石化和中石油未能完成减排目标，没有通过年度考核，被环境保护部首次予以限批，对两家央企新扩建炼油项目不予批准环评。

2011 年，中石化和中石油两家集团也未完成减排目标，当时，环境保护部对两家集团的负责人进行了约谈。2014 年，环境保护部下发了《“十二五”主要污染物总量减排考核办法》，其中明确规定，如考核结果未通过，环境保护部要暂停地区所有新增主要污染物排放建设项目的环评审批。基于此，环境保护部有关负责人表示，暂停审批中石油、中石化两家集团公司除油品升级和节能减排项目之外的新改扩建炼化项目环评。因减排不到位，对中石化、中石油两个庞大的集团采取限批，这还是第一次。

环境保护部有关负责人表示，两家集团的减排工程措施建设明显滞后，治污工程工艺落后，运行效果差。中石油共有 115 台燃煤锅炉，1/3 未安装脱硫设施，没有 1 台安装脱硝设施，38 套催化裂化装置中，仅 2 套安装脱硫设施；中石化共有 174 台燃煤锅炉，40% 未安装脱硫设施，仅 4 台安装脱硝设施，49 套催化裂化装置中，仅 5 套安装脱硫设施。此外，即使安装了脱硫设施，大部分也都很简易。中石油安装脱硫设施的 77 台锅炉中，66 台脱硫效率不足 70%；中石化安装脱硫设施的 105 台锅炉中，34 台脱硫效率达到 90% 以上。脱硫和脱硝设施是目前最常见的两种环保措施，前者可以削减二氧化硫，后者可以削减氮氧化物。根据新修订的火电厂大气污染物排放标准，两家石油集团的自备燃煤电站锅炉脱硫设施，几乎全部不能实现达标排放。

【以案释法】

中央企业本应在节能减排工作中率先垂范，但两家石油集团炼油产能的48%集中在京津冀鲁、长江三角洲、珠江三角洲大气复合污染严重的地区，下属企业污水排放和炉窑大气污染物排放标准还在执行17年前的标准，水污染物排放浓度（化学需氧量和氨氮）是美国的3倍以上，二氧化硫是美国的8倍以上，导致每炼制1吨原油二氧化硫排放量是美国的11.7倍，氮氧化物排放量是美国的2.6倍。而两家石油集团隶属的在海外7个国家的7个炼油企业，产能共计6650万吨，吨油污染物排放量处于世界领先水平。

中石油对照环境保护部的考核指标和有关要求，督促并帮助相关企业整改，实施污染减排工程挂牌督办，严格污染减排审核，进一步加大污染减排考核力度，对下属企业污染减排指标实行严考核、硬兑现，确保实现“十二五”污染减排目标。

中石化接受环境保护部考核意见，服从处理决定。将督促并帮助问题企业加速整改，确保环保各项指标尽快达标。经核查，中石化所属120多家企业中，洛阳石化、安庆石化、上海石化和四川维尼纶厂等单位还存在减排工作进展缓慢，氮氧化物总量指标上升幅度较大的情况。

法条链接

中华人民共和国环境保护法

第六十条　企业事业单位和其他生产经营者超过污染物排放标准或者超过重点污染物排放总量控制指标排放污染物的，县级以上人民政府环境保护主管部门可以责令其采取限制生产、停产整治等措施；情节严重的，报经有批准权的人民政府批准，责令停业、关闭。

4. 未依法提交建设项目环境影响评价文件或者环境影响评价文件未经批准而擅自开工建设的，应当承担什么样的责任？

【知识要点】

我国环境保护法明确规定：编制有关开发利用规划，建设对环境有影响的项目，应当依法进行环境影响评价。未依法进行环境影响评价的开发利用规划，不得组织实施；未依法进行环境影响评价的建设项目，不得开工建设。

建设项目的防治污染设施没有建成或没有达到国家规定的要求，投入生产或使用的，由批准该建设项目的环境影响报告书的环境保护行政主管部门责令停止生产或使用，可以并处罚款。未经环境保护行政主管部门同意，擅自拆除或闲置防治污染的设施，污染物排放超过规定的排放标准的，由环境保护行政主管部门责令重新安装使用，并处罚款。

修订后的环境保护法第六十一条规定："建设单位未依法提交建设项目环境影响评价文件或者环境影响评价文件未经批准，擅自开工建设的，由负有环境保护监督管理职责的部门责令停止建设，处以罚款，并可以责令恢复原状。"

2013 年 10 月 24 日，监察部通报 10 起破坏环境典型案例中的第 2 例就属于这一类型。这就是：天津市大港巨龙造纸厂等 6 家企业未经环评验收，生产废水未经处理违法排放。大港管委会经济发展局副局长等 3 人受到政纪处分。

典型案例

2008 年 6 月，湖北省武汉市二环线建设项目的一部分——珞狮路高架桥项目悄然停工，停工后的珞狮路高架桥工地冷冷清清，而围绕高架桥的争论却甚是激烈。

停工的原因主要是沿线一重要单位——武汉大学不同意。因为武汉大学樱花大道的一侧，是国家重点保护建筑——樱园老斋舍。高架桥破坏了武汉大学的人文风貌，而这又激起了部分武汉市民对武汉大学的"口伐"：单位利益应当服从社会利益。然而，围绕珞狮路高架桥，并非武汉大学一家提出异议。该项目开工前曾两次修改规划，将高架桥改为路面公路，提出异议的两家单位也都是中央级的单位。

从学校方面说，"高架桥工程从规划到环评，武大完全不知情"。一份环评报告——《武汉市二环线（珞狮南路理工大学至东湖路东湖宾馆）道路改扩建工程环境影响报告书》显示，调研工作只是随机选择了 46 名武汉大学校内人员进行问卷调查，对其身份也没有记载。这份有瑕疵的"随机抽签"，使环评报告受到了各方面的质疑。工程只能停止了。

【以案释法】

湖北省武汉市的珞狮路高架桥项目，之所以中途停止，主要是这份环评报告存在以下瑕疵：(1) 按照环境影响评价法规定，环境评估要求所涉及单位的法人代表发表意见。武汉大学的校舍是国家重点文物保护单位，武大应该是高架桥工程涉及的重要单位，而在环评过程中，对工程沿线哪些单位进行走访，是随机抽签决定的，当时没有抽到武汉大学，所以，在征求意见环节采取的是问卷调查的形式。正如环评报告所显示的，曾随机选择 46 名武汉大学校内人员进行问卷调查，7 人不同意建设高架桥。环评工作仅对个别师生进行调查问卷，显然既不合法也不合理。(2) 按照法律规定，专项规划的环评应当召开座谈会、专家论证会，但是报告中没有。(3) 目前相关法律对征求社会公众意见环节，只有原则性规定，也是国内很多建设项目在环评征求意见环节走过场的原因之一。

可以说，这在一定程度上是由于环评发挥作用的结果，后来，该事件有了新进展，在武汉市城建重点工程管理领导小组会议上决定，将停工的珞狮路高架桥缩短长度，改成“小高架”，不经过武汉大学侧门，在劝业场落地。由此，我们可以说，要搞好环境保护工作，必须认真对待环评工作。

法条链接

中华人民共和国环境保护法

第六十一条　建设单位未依法提交建设项目环境影响评价文件或者环境影响评价文件未经批准，擅自开工建设的，由负有环境保护监督管理职责的部门责令停止建设，处以罚款，并可以责令恢复原状。

5. 重点排污单位不公开或者不如实公开环境信息的，应承担什么法律责任？

【知识要点】

环境保护法第五十三条第一款明确规定：“公民、法人和其他组织依法享有获取环境信息、参与和监督环境保护的权利。”这就从法律上确立了公民、法人和其他组织依法享有获取环境信息的权利。该法还规定：重点排污单位应当如实向社会公开其主要污染物的名称、排放方式、排放浓度和总量、超标排放情况，以及防治污染设施的建设和运行情况，接受社会监督。违反法律规定，就要承担相应的法律责任。这就是说，重点排污单位不公开或者不如实公开环境信息的，由县级以上地方人民政府环境保护主管部门责令公开，处以罚款，并予以公告。

在现实中，我国已有首例环境信息公开公益诉讼案，这就是中华环保联合会诉贵州省贵阳市修文县环境保护局环境信息公开案，该案终审胜诉。按照法院判决，修文县环保局应“对原告中华环保联合会的信息公开申请进行答复并按原告的要求向其公开贵州好一多乳业股份有限公司的相关环境信息”。

典型案例

2011 年 10 月 12 日，中华环保联合会曾就贵州好一多乳业股份有限公司水污染问题提起环境公益诉讼，贵州省清镇市环保法庭受理了这一案件。在诉讼过程中，基于案件需要，中华环保联合会于 2011 年 10 月 28 日向修文县环保局通过特快专递方式提交了政府信息公开申请，请求公开贵州好一多乳业股份有限公司有关信息，包括其排污许可证、排污口数量和位置、排放污染物种类和数量情况、经环境保护部门确定的排污费标准、经环境保护部门监测所反映的情况及处罚情况等信息。

而修文县环保局在收到该信息公开申请表后，认为中华环保联合会所申请公开的信息内容不明确、信息形式要求不具体、不清楚、获取信息的方式不明确，一直未答复中华环保联合会的政府信息公开申请，也未向其公开所申请的信息。

2011 年 11 月 24 日中华环保联合会向贵阳市环保局发函，建议贵阳市环保局督促修文县环保局将信息公开，但超过信息公开法定时间 15 个工作日，中华环保联合会仍未收到贵阳市环保局、修文县环保局任何答复。对此，中华环保联合会认为，修文县环保局明显违反了政府信息公开条例、环境信息公开办法等有关法规规章的规定，并于 2011 年 12 月 12 日向清镇市人民法院环保法庭提起环境信息公开公益诉讼。

2012 年 1 月 10 日，贵州省清镇市环保法庭依法审结了由中华环保联合会提起的环境信息公开案，清镇市环保法庭判决“被告修文县环境保护局于本判决生效之日起十日内对原告中华环保联合会的信息公开申请进行答复并按原告的要求向其公开贵州好一多乳业股份有限公司的相关环境信息”。

一审判决作出后，修文县环保局曾提起上诉。贵州省贵阳市中级人民法院表示，修文县环保局上诉后，该法院进行了二审，就在二审过程中，修文县环保局以“环保局向公民、法人及其他组织主动公开政府信息是其义务和责任，自愿服从清镇市人民法院〔2012〕清环保行初字第一号行动判决书”为由，在2012年3月9日向贵阳市中级人民法院递交申请书申请撤回上诉。

贵阳市中级人民法院经审查认为，修文县环保局撤回上诉的申请符合法律规定，并于2012年3月12日依法裁定准许修文县环保局撤诉。

【以案释法】

依法获取环境信息，是公民、法人和其他组织的一项重要权利，是公众参与环境保护、监督环保法律实施的一项重要手段。为了保障公民、法人和其他组织的这一权利，相关法律、法规对环境信息公开的范围、信息公开的程序和方式、监督和保障都作了详细的规定。环境信息应以公开为原则、不公开为例外。

具有维护公众环境权益和社会监督职责的公益组织，根据其他诉讼案件的特殊需要，可以依法向环保机关申请获取环保信息。在申请内容明确具体且申请公开的信息属于公开范围的情况下，人民法院通过审理应作出予以支持的判决。

原告中华环保联合会所申请的好一多公司的环境信息资料并非相关法律、法规所禁止公开的内容，被告贵州省贵阳市修文县环境保护局未向原告公开其所需信息的行为违反法律、法规的规定。

法条链接

中华人民共和国环境保护法

第六十二条 违反本法规定，重点排污单位不公开或者不如实公开环境信息的，由县级以上地方人民政府环境保护主管部门责令公开，处以罚款，并予以公告。

6. 建设项目未依法进行环境影响评价，被责令停止建设，拒不执行的，应承担什么法律责任？

【知识要点】

在我国，按照环境保护法等法律的规定，编制有关开发利用规划，建设对环境有影响的项目，应当依法进行环境影响评价。未依法进行环境影响评价的开发利用规划，不得组织实施；未依法进行环境影响评价的建设项目，不得开工建设。建设单位未依法提交建设项目环境影响评价文件或者环境影响评价文件未经批准，擅自开工建设的，由负有环境保护监督管理职责的部门责令停止建设，处以罚款，并可以责令恢复原状。

在现实中，有的单位在建设项目时，未依法进行环境影响评价，被有关部门责令停止建设，却拒不执行，依然“我行我素”。对此，修订后的环境保护法作了明确规定：如果尚不构成犯罪的，除依照有关法律、法规规定予以处罚外，还规定：（1）由县级以上人民政府环境保护主管部门或者其他有关部门将案件移送公安机关，对其直接负责的主管人员和其他直接责任人员，处10日以上15日以下拘留；（2）情节较轻的，处5日以上10日以下拘留。

典型案例

山西省天镇县某裕旺商贸有限责任公司未通过环保竣工验收，也未按环评批复要求建设污水处理等环保设施，其间断性生产产生的废水未经处理违法直排张西河村北自然河沟，造成土地严重污染。天镇县环保局分管环境监察执法的纪检组长等3人受到政纪处分。

山西潞安集团蒲县黑龙煤业有限公司在有关项目建设中未按环评、“三同时”要求建设矿井水、生活废水处理设施，将生活污水直接排至农民的蓄水池。蒲县环保局副局长等5人受到政纪处分。

【以案释法】

这些年来，我国有些建设项目没有严格按照环境保护法等法律的规定进行环境影响评价，政府及其环境保护行政主管部门依法对此予以查处，责令有关单位停止建设，然而，被查处的单位却拒不执行的事件时有发生。

2014年6月4日发布的《2013年中国环境质量状况公报》就显示，

2013年，全国共发生突发环境事件712起，较上年增加31.4%。其中，有些垃圾焚烧项目确属违法开工建设。

修订后的环境保护法明确了对于“被责令停止建设却拒不执行的”，加重了处罚责任，是十分必要的，必将有利于遏制和打击非法建设项目，有利于环境保护，也有利于树立和维护法律的权威和尊严。

法条链接

中华人民共和国环境保护法

第六十三条 企业事业单位和其他生产经营者有下列行为之一，尚不构成犯罪的，除依照有关法律法规规定予以处罚外，由县级以上人民政府环境保护主管部门或者其他有关部门将案件移送公安机关，对其直接负责的主管人员和其他直接责任人员，处十日以上十五日以下拘留；情节较轻的，处五日以上十日以下拘留：

（一）建设项目未依法进行环境影响评价，被责令停止建设，拒不执行的；

（二）违反法律规定，未取得排污许可证排放污染物，被责令停止排污，拒不执行的；

（三）通过暗管、渗井、渗坑、灌注或者篡改、伪造监测数据，或者不正常运行防治污染设施等逃避监管的方式违法排放污染物的；

（四）生产、使用国家明令禁止生产、使用的农药，被责令改正，拒不改正的。

7. 未取得排污许可证排放污染物，被责令停止排污，拒不执行的，应承担什么法律责任？

【知识要点】

排放污染物，必须取得许可证。这是法律的明确规定，不得违反。在现实中，有的单位却把这当成儿戏，不把法律明文规定放在眼里。明明未取得排污许可证却排放污染物，甚至被环境保护行政主管部门责令停止排放后，拒不执行，依然如故，继续违法排放污染物。这不仅污染和破坏了环境，也蔑视了法治的权威和尊严。

对此，修订后的环境保护法作了明确规定：如果尚不构成犯罪的，除依照有关法律、法规规定予以处罚外，还规定：（1）由县级以上人民政府环境保护主管部门或者其他有关部门将案件移送公安机关，对其直接负责的主管人员和其他直接责任人员，处10日以上15日以下拘留；（2）情节较轻的，处5日以上10日以下拘留。

典型案例

2013年5月，西平县环保局执法人员在日常巡查中，发现西平县二郎乡小王庄村两家小电镀厂，在无证无照、无污染防治设备的情况下，利用废旧厂房或废弃猪舍新建电镀生产线，从事非法鸡笼、兔笼的电镀生产，并将生产过程中产生的电镀水直接挖坑排放，严重影响当地水资源环境。此后，执法人员责令其当即停止生产，拆除电镀设备。然而，到了7月份，工作人员在督查中发现，这些企业又偷偷恢复了生产。县环保局遂将案件移交县公安局立案侦查，后移送县检察院，县检察院依法向县人民法院提起公诉。

西平人民法院经审理查明，2013年5月以来，被告人孙某在西平县二郎乡小王庄村东所办的电镀厂随意将含有重金属超标的污水排放到坑池内，严重污染环境。同时被告人张某、王某在西平县二郎乡小王庄村东其二人所办的电镀厂也随意将含有重金属超标的污水排放到坑池内，严重污染环境。县环保局对排放的污水进行了连续现场取样。后经环境监测站检测和县环境保护局调查，显示被告人孙某在其电镀厂内随意排放的污水中所含重金属铁、锌、铬3项指标均超出国家污染物排放标准或省、自治区人民政府授权制定的污染物排放标准的3倍以上；被告人张某、王某在其电镀厂内随意排放的污水中所含重金属铁、锌、铬3项指标也均超出国家污染物排放标准或省、自治区人民政府授权制定的污染物排放标准的3倍以上。

人民法院经审理认为，被告人孙某、张某、王某在其开办的电镀厂中违反国家规定，非法向土地、水体排放有害物质，严重危害环境的事实清楚、证据确实充分，3人的行为均已构成污染环境罪，法院遂以被告人孙某犯污染环境罪判处有期徒刑7个月，并处罚金人民币2万元；被告人张某、王某犯污染环境罪分别判处有期徒刑6个月，并处罚金人民币2万元。

【以案释法】

2013 年 11 月 21 日，河南省西平县人民法院依法公开开庭审理一起环境污染案件，法庭经过审理后，当庭作出一审判决，以污染环境罪分别判处电镀厂老板孙某、张某、王某 6 至 7 个月不等的有期徒刑，并处罚金。

这在一定程度上改变了以往“以罚款代替刑罚”的做法，不是“一罚了之”，而是适用刑法污染环境罪的刑罚处罚规定，既依法判处有期徒刑，又判处罚金等，真正增强了处罚力度。

法条链接

中华人民共和国环境保护法

第六十三条　企业事业单位和其他生产经营者有下列行为之一，尚不构成犯罪的，除依照有关法律法规规定予以处罚外，由县级以上人民政府环境保护主管部门或者其他有关部门将案件移送公安机关，对其直接负责的主管人员和其他直接责任人员，处十日以上十五日以下拘留；情节较轻的，处五日以上十日以下拘留：

（一）建设项目未依法进行环境影响评价，被责令停止建设，拒不执行的；

（二）违反法律规定，未取得排污许可证排放污染物，被责令停止排污，拒不执行的；

（三）通过暗管、渗井、渗坑、灌注或者篡改、伪造监测数据，或者不正常运行防治污染设施等逃避监管的方式违法排放污染物的；

（四）生产、使用国家明令禁止生产、使用的农药，被责令改正，拒不改正的。

8. 通过暗管、渗井、渗坑、灌注等方式违法排放污染物的，应承担什么法律责任？

【知识要点】

修订后的环境保护法在总结水污染防治法、大气污染防治法等有关排污许可制度实施以及一些地方经验的基础上，明确规定了排污许可管理制度，同时，还规定了排污单位必须用合法的方式排放污染物。

在现实中，有的企业事业单位在排污的时候，通过暗管、渗井、渗坑、灌注等方式违法排放污染物，这种现象还不是个别的。这不仅给环境带来污染甚至破坏，而且还给环境保护工作本身也带来了巨大破坏，因此，必须加以制止和打击。

修订后的环境保护法对此作了明确规定：通过暗管、渗井、渗坑、灌注或者篡改、伪造监测数据，或者不正常运行防治污染设施等逃避监管的方式违法排放污染物的，如果尚不构成犯罪的，除依照有关法律、法规规定予以处罚外，还规定由县级以上人民政府环境保护主管部门或者其他有关部门将案件移送公安机关，对其直接负责的主管人员和其他直接责任人员，处10日以上15日以下拘留，情节较轻的，处5日以上10日以下拘留。

典型案例

在镉污染事件爆发地——拉浪水电站，邻近大坝出水口的山坡上，有一座破旧的工厂，是一间中成药提炼厂。靠近工厂的董里村村民告诉记者，厂子刚开始生产时，就往河道排放污水，导致下游的鱼死亡。

广西金河矿业股份有限公司是一家集有色金属探、采、冶一体的综合型矿产企业，其中回收镉的能力为每年350至400吨。2012年2月1日，龙江镉污染事件爆发第18天，广西河池市第一次召开新闻发布会，通报了龙江镉污染排污情况，并切断了污染源，已对涉嫌违法排污的金城江区鸿泉立德粉材料厂、广西金河矿业股份有限公司两家企业的8名相关责任人依法刑事拘留，相关责任调查全面展开。

【以案释法】

对广西龙江发生“镉污染事件”的调查发现，金城江鸿泉立德粉材料厂偷偷进行重金属铟的冶炼，并且没有任何治污设备。而平常监管部门来的时候这家企业都是大门紧闭，里面也没有太大动静，所以也没有引起注意。实际上，只要爬上工厂后面的山坡，工厂的情况一览无余，“平时大门紧闭，监管部门不易进入”的说法显然很难解释监管的漏洞。但监管部门究竟有多大漏洞？

这次修订的环境保护法既明确了通过暗管、渗井、渗坑、灌注等方式违法排放污染物的应当承担什么法律责任，也明确了监管部门的职责。这从法律上来说是一个明显的进步。关键就是要严格执法，认真落实法律规定。

法条链接

中华人民共和国环境保护法

第六十三条 企业事业单位和其他生产经营者有下列行为之一，尚不构成犯罪的，除依照有关法律法规规定予以处罚外，由县级以上人民政府环境保护主管部门或者其他有关部门将案件移送公安机关，对其直接负责的主管人员和其他直接责任人员，处十日以上十五日以下拘留；情节较轻的，处五日以上十日以下拘留：

（一）建设项目未依法进行环境影响评价，被责令停止建设，拒不执行的；

（二）违反法律规定，未取得排污许可证排放污染物，被责令停止排污，拒不执行的；

（三）通过暗管、渗井、渗坑、灌注或者篡改、伪造监测数据，或者不正常运行防治污染设施等逃避监管的方式违法排放污染物的；

（四）生产、使用国家明令禁止生产、使用的农药，被责令改正，拒不改正的。

9. 通过篡改、伪造监测数据等方式违法排放污染物的，应承担什么法律责任?

【知识要点】

近年来，为避免企业对在线监测动手脚，全国多地都引入第三方运营机构来负责排污企业在线监督系统的维护。然而，却出现了第三方也存在造假的问题。宇星科技有限公司不久前在江西被发现负责第三方运营时擅自停运监测设备，并对数据进行改动。

另外，还存在“打开旁路”污染烟气直接排放的现象。在首钢集团迁安炼铁厂，检查人员看到生产记录上时常出现“打开旁路”的字样。开旁路，就意味着未经处理的污染烟气直接排到了大气中。也就是说，“开旁路”就等于并没有处理，直接绕过了脱硫设施而进行“直排”。这些二氧化硫排放出去以后会合成大量的颗粒物 PM2.5，形象地说，就相当于直接向空中“抛撒灰尘”。

再有，对排放数据造假的现象也屡见不鲜。环境保护部调查人员在秦皇岛百工钢铁公司检查时发现，标定为“1000”的数据，在传输给环境保护部门时被设置了上限“500”，明显属于造假行为。

针对上述种种“恶行”，修订后的环境保护法作了明确规定：如果尚不构成犯罪的，除依照有关法律、法规规定予以处罚外，由县级以上人民政府环境保护主管部门或者其他有关部门将案件移送公安机关，对其直接负责的主管人员和其他直接责任人员，处10日以上15日以下拘留，情节较轻的，处5日以上10日以下拘留。

这里要说明的是，2013年11月，环境保护部办公厅发出《环境保护部办公厅关于切实加强环境影响评价监督管理工作的通知》，目的就是要“加强环境影响评价监督管理、规范环评行为”。2014年8月，环境保护部提出，将严厉打击污染源自动监控数据造假。严禁在现场端对监控数据进行删除、修改、增加；国控重点污染源自动监控数据修约补遗、凭证上传等工作，必须按职责、按规范在各级污染源监控中心部署的国发软件上进行，严禁使用其他软件对监控数据进行删除、修改、增加并发送至国发软件。对违反这些规定的行为，应当按刑法第二百八十五条、第二百八十六条和治安管理处罚法第二十九条的规定，以及《环境保护部、公安部关于加强环境保护与公安部门执法衔接配合工作的意见》要求移交公安机关处理。

典型案例

青岛龙发热电厂2008年已完成脱硫设施改造。2014年6月13日，企业的3号炉进行了拆除，但自动在线监测仪器上直到几天后，仍显示监测二氧化硫的数值。对此，青岛龙发热电厂负责人说：“炉子已经停了，那是设备的事，不是我的事。”

按照正常情况，脱硫设备停止运行，在监测数据上是不应该有数据显示的。对于停机后还会出现的数据，负责设备运行维护的宇星科技有限公司把责任归咎于设备温度过高。该公司技术人员表示，事发后查找了原因，“是设备里面太热了，散热不太好”。

截至2014年6月初，山东省级环境保护部门破获企业检测数据弄虚作假22起，共有7人处以5到15天的行政拘留处罚。

【以案释法】

对于像青岛龙发热电厂排污数据造假的行为，法律是不允许的！我国的环境保护法律明确规定必须合法排污，但在现实中这一制度的执行效果并不理想。一些企业事业单位和其他生产经营者漠视这一制度，通过篡改、伪造监测数据等方式违法排放污染物，对此，理应受到法律的严惩，修订后的环境保护法也作了相应规定。当前，要严格执行环境保护法律的规定，依法惩处造假行为，切实保护和改善环境，提高环境质量！

环境保护部表示将对已安装运行的监控设备要结合数据有效性审核进行评估。“确已不能正常运行的要及时改造、更换，着重解决流量（流速）测量不准确问题；新选型、安装的污染源自动监控设备要实行责任终身追究制度，严禁面子工程、利益工程。”环境保护部要求，要进一步加强对现场端运维单位的监管，强化专业运维单位的连带责任，对出现严重问题的运维单位要坚决清除。环境保护部同时表示，当年下半年，该部将组织以打击污染源自动监控系统造假为重点的专项执法检查。

当然，防止，进而杜绝环保造假的治本之策，是加大环境质量指标在政绩考核中的比重；遏制环保造假势头的现实举措，是依法追究造假者的刑事责任。

法条链接

中华人民共和国环境保护法

第六十三条 企业事业单位和其他生产经营者有下列行为之一，尚不构成犯罪的，除依照有关法律法规规定予以处罚外，由县级以上人民政府环境保护主管部门或者其他有关部门将案件移送公安机关，对其直接负责的主管人员和其他直接责任人员，处十日以上十五日以下拘留；情节较轻的，处五日以上十日以下拘留：

（一）建设项目未依法进行环境影响评价，被责令停止建设，拒不执行的；

（二）违反法律规定，未取得排污许可证排放污染物，被责令停止排污，拒不执行的；

（三）通过暗管、渗井、渗坑、灌注或者篡改、伪造监测数据，或者不正常运行防治污染设施等逃避监管的方式违法排放污染物的；

（四）生产、使用国家明令禁止生产、使用的农药，被责令改正，拒不改正的。

10. 通过不正常运行防治污染设施等方式违法排放污染物的，应承担什么法律责任？

【知识要点】

2014年7月初，环境保护部对去年脱硫数据造假的19家大企业予以处罚。一时间，环保造假现象成为舆论热点。这些年来，企业事业单位为了攫取非法利益，往往采取各种非法手段排放污染物。其实，环保造假和社会上存在的其他各种造假现象一样，目的都是为了攫取更大的利益，而区别只在于老百姓对此知之甚少。

以脱硫为例，国家对安装并正常运行脱硫装置的燃煤电厂有电价补贴，以弥补脱硫成本。一个60万千瓦的机组，补贴大概为每年4000万元至5000万元。有些发电厂却让脱硫装置白天正常运行、晚上关闭，企业既拿脱硫补贴，又少花脱硫的钱。

修订后的环境保护法作了明确规定：通过不正常运行防治污染设施等逃避监管的方式违法排放污染物，如果尚不构成犯罪的，除依照有关法律、法规规定予以处罚外，还规定由县级以上人民政府环境保护主管部门或者其他有关部门将案件移送公安机关，对其直接负责的主管人员和其他直接责任人员，处10日以上15日以下拘留，情节较轻的，处5日以上10日以下拘留。

典型案例

2013年9月1日中午11时，海盐县环境监察大队2名执法人员来到位于海盐县沈荡镇的海盐县新敏金属表面处理厂进行突击检查。这个厂成立于2007年，年磷化发黑8.8级以上紧固件3000吨，实际生产能力约为4000吨/年，日磷化发黑加工量15吨/天，污水排放量30吨/天。其污水呈强酸性并含有高浓度的重金属锌，经处理后达标排入管网。

环境执法人员在企业污水处理站的现场检查发现，企业生产正常，污水处理设施却闲置。企业原水集水池私设了一根PVC管道与入网排水泵相连，排水泵正在运行，生产污水正在排入污水管网中。调查中，该厂的污水操作工陆某某承认为贪图方便，私自将集水池中的污水偷排入污水管网中，当天污水偷排量为8吨。

执法人员采集了入网污水样品，经海盐县环境监测站监测，污水中值为 1.22、CODcr 浓度 618mg/L、锌浓度为 132 mg/L，分别超过《污水综合排放标准》（GB8978—1996）表 4 三级标准的 4.78 个单位、0.236 倍、25.4 倍。随后，案件进入了诉讼程序。

在庭审中，辩方认为，被告人将污水排入管网的行为并未达到刑事处罚的高度。环境是开放性的，本案并未对（污水处理厂）出水质量有影响，无非是增加了处理成本。被告人的行为是违法行为或者说是不道德行为，目的是为减轻企业生产成本，获取较大利益。这种行为应当受到谴责，但还未触犯刑法。公诉机关指控被告人 2013 年的两次排污行为，并没有影响到环境保护法第二条所指的“环境”。再者，锌不属于“两高”司法解释中的重金属类别。

控方（公诉人）认为，不同于环境保护法中的“环境”，刑法意义上的环境是大环境概念。非法排放是指不符合国家标准的私自排放行为，包括了非法排放的全部形式。不认同辩护人既说污水处理厂是封闭的企业，又认为污水处理厂处理过的污水是排放至杭州湾水域的。另外，《重金属污染综合防治“十二五”规划》已明确重金属污染物包括锌，因此锌应当属于“两高”司法解释中的重金属类别。

调查证实，新敏金属表面处理厂私设暗管偷排污水，且污水中锌浓度超标 25.4 倍，已违反水污染防治法的有关规定。但是，对案件是否涉嫌刑事犯罪，特别是污水排入市政管网未造成环境影响，且锌是否属于“两高”司法解释中重金属范围？这些问题，在海盐县环保局内部争议也非常大。

人民法院经审理认定，被告人箦某某、陆某某违反国家规定，结伙排放含重金属的生产污水，严重污染环境，其行为均构成污染环境罪。被告人箦某某犯污染环境罪，判处有期徒刑 9 个月，并处罚金人民币 3 万元。被告人陆某某犯污染环境罪，判处有期徒刑 7 个月，并处罚金人币 2 万元。

【以案释法】

像海盐县新敏金属表面处理厂这样，私设暗管偷排污水、污染环境的事例并不在少数。

利字当头，涉事企业往往不是想方设法履行社会责任、环境责任，而是绞尽脑汁、费尽心思如何造假，以一个更大的错误掩盖之前的错误。

有的在监测软件参数上做手脚，有的摸准监测设备采样空当大量偷排污染物，有的故意破坏采样硬件……各种非法手段，不一而足。

实际上，环境保护部门并非束手无策，企业的这些伎俩正是在执法中被发现的。针对一些企业的种种欺瞒行为，执法人员不定时间、不打招呼、不听汇报、直奔现场、直接督查、直接曝光，政府统一购买监测设备、交由第三方运营。可以说，许多地方的环境保护部门在与造假企业斗智斗勇。

2014 年 6 月中旬，国务院八部门联合启动环保专项行动，明确要求各级政府和相关执法部门要以新修订的环境保护法实施为契机，对非法偷排、超标排放、逃避监测等违法行为出重拳、用重典，对相关企业、单位和责任人严惩不贷，这一声音传达了国家的决心。

环保造假的治本之策，是加大环境质量指标在政绩考核中的比重，倒逼地方政府严格要求企业达标排放，中组部已就此颁发了指导意见，一些地方也在积极探索绿色考核。不过，实施这一办法需要多方面改革配套，实施起来才会立竿见影。

遏制环保造假势头，必须依法追究造假者的刑事责任。2013 年 6 月“两高”颁布打击环境污染犯罪的司法解释，并相继公布了有关典型案件。要贯彻实施好新的环境保护法，环境保护部门和公、检、法部门要严格依法办事，从重处罚违法排污行为，真正提高违法成本，保持高压态势，依法严打环境造假行为。

法条链接

中华人民共和国环境保护法

第六十三条　企业事业单位和其他生产经营者有下列行为之一，尚不构成犯罪的，除依照有关法律法规规定予以处罚外，由县级以上人民政府环境保护主管部门或者其他有关部门将案件移送公安机关，对其直接负责的主管人员和其他直接责任人员，处十日以上十五日以下拘留；情节较轻的，处五日以上十日以下拘留：

（一）建设项目未依法进行环境影响评价，被责令停止建设，拒不执行的；

（二）违反法律规定，未取得排污许可证排放污染物，被责令停止排污，拒不执行的；

（三）通过暗管、渗井、渗坑、灌注或者篡改、伪造监测数据，或者不正常运行防治污染设施等逃避监管的方式违法排放污染物的；

（四）生产、使用国家明令禁止生产、使用的农药，被责令改正，拒不改正的。

11. 因污染环境造成损害的，应承担什么样的侵权责任?

【知识要点】

在民事法律范围内，如果有侵权行为发生，承担侵权责任的依据就是侵权责任法。环境保护法第六十四条规定：“因污染环境和破坏生态造成损害的，应当依照《中华人民共和国侵权责任法》的有关规定承担侵权责任。”而侵权责任法第八章专门对“环境污染责任”作了规定。其中，第六十五条规定：“因污染环境造成损害的，污染者应当承担侵权责任。”

根据侵权责任法的规定，侵害民事权益，应当依法承担侵权责任。所谓民事权益，包括生命权、健康权、姓名权、名誉权、荣誉权、肖像权、隐私权、婚姻自主权、监护权、所有权、用益物权、担保物权、著作权、专利权、商标专用权、发现权、股权、继承权等人身、财产权益。该法还规定，侵权人因同一行为应当承担行政责任或者刑事责任的，不影响依法承担侵权责任。因同一行为应当承担侵权责任和行政责任、刑事责任，侵权人的财产不足以支付的，先承担侵权责任。

侵权责任的责任构成具体包括：(1) 行为人因过错侵害他人民事权益，应当承担侵权责任；根据法律规定推定行为人有过错，行为人不能证明自己没有过错的，应当承担侵权责任。(2) 二人以上共同实施侵权行为，造成他人损害的，应当承担连带责任。二人以上实施危及他人人身、财产安全的行为，其中一人或者数人的行为造成他人损害，能够确定具体侵权人的，由侵权人承担责任；不能确定具体侵权人的，行为人承担连带责任。二人以上分别实施侵权行为造成同一损害，每个人的侵权行为都足以造成全部损害的，行为人承担连带责任。(3) 二人以上分别实施侵权行为造成同一损害，能够确定责任大小的，各自承担相应的责任；难以确定责任大小的，平均承担赔偿责任。法律规定承担连带责任的，被侵权人有权请求部分或者全部连带责任人承担责任。连带责任人根据各自责任大小确定相应的赔偿数额；难以确定责任大小的，平均承担赔偿责任。支付超出自己赔偿数额的连带责任人，有权向其他连带责任人追偿。

完全由于不可抗拒的自然灾害，并经及时采取合理措施，仍然不能避免造成环境污染损害的，免予承担责任。造成环境污染危害的，有责任排除危害，并对直接受到损害的单位或者个人赔偿损失。

关于承担侵权责任的方式，主要有：(1) 停止侵害；(2) 排除妨碍；(3) 消除危险；(4) 返还财产；(5) 恢复原状；(6) 赔偿损失；(7) 赔礼道歉；（8）消除影响、恢复名誉。这些方式，可以单独适用，也可以合并适用。侵害他人造成人身损害的，应当赔偿医疗费、护理费、交通费等为治疗和康复支出的合理费用，以及因误工减少的收入。造成残疾的，还应当赔偿残疾生活辅助具费和残疾赔偿金。造成死亡的，还应当赔偿丧葬费和死亡赔偿金。

典型案例

贵阳市乌当区定扒纸厂自2003年起经常将生产废水偷偷排入南明河或超标排放锅炉废气，多次受到当地环境保护行政主管部门处罚。但该纸厂仍采取夜间偷排的方式逃避监管，向南明河排放污水。中华环保联合会、贵阳公众环境教育中心提起诉讼，请求人民法院判令定扒纸厂立即停排污水，消除危险并支付原告支出的合理费用。人民法院受理案件的同时，即依原告申请采取了拍照、取样等证据保全措施，固定了证据，并裁定责令定扒纸厂立即停止排污。经法院委托贵阳市环境中心监测站对定扒纸厂排放的废水取样检测，废水中氨氮含量等指标均严重超过国家允许的排放标准，其排污口下游的南明河水属劣五类水质。经原告申请，法院协调由贵阳市两湖一库基金会从环境公益诉讼援助基金中先行垫付上述检测费用。

人民法院确定由一名审判员和两名环保专家担任人民陪审员共同组成合议庭。审理过程中，合议庭充分发挥专家作用，召开专家咨询委员会会议对被告的排污行为进行论证，依法采信了专家意见。该院还针对其他几家纸厂排污行为提出由环境保护行政主管部门对这些纸厂进行查处的司法建议，将南明河的污染问题一并解决。

人民法院经审理认为，定扒纸厂取得的排污许可证载明，其能够排放的污染物仅为二氧化硫、烟尘等，不包含废水。但定扒纸厂却采取白天储存、夜间偷排的方式，利用溶洞向南明河排放严重超标工业废水，从直观上、实质上都对南明河产生了污染，严重危害了环境公共利益，故其应当承担侵权民事责任。判令定扒纸厂立即停止向南明河排放污水，消除对南明河产生的危害，并承担原告合理支出的律师费用及贵阳市两湖一库基金会垫付的检测费用。

【以案释法】

贵阳市积极探索环境保护案件集中管辖和三审合一的模式，即由清镇法院生态保护法庭负责审理贵阳市辖区内所有涉及环境保护的刑事、行政、民事一审案件。本案被告地处贵阳市乌当区，清镇法院系按照上述环境污染案件跨行政区域管辖的规定受理并审理本案。

在本案审理中，还进行了一些有益的探索，比如，合议庭在受理案件的同时保全证据，及时采取先予执行措施，协助原告申请环保基金垫付评估、鉴定、分析检测费用，依法采信专家意见，邀请环保专家担任人民陪审员，还注意与环境保护行政主管部门协调联动，及时采取措施制止被告及其他纸厂的排污行为，等等。这种创新环境保护司法审判的做法，使南明河的生态环境得到改善，实际上加大了环境的司法保护力度。这是值得肯定的！

法条链接

中华人民共和国环境保护法

第六十四条 因污染环境和破坏生态造成损害的，应当依照《中华人民共和国侵权责任法》的有关规定承担侵权责任。

中华人民共和国侵权责任法

第二条 侵害民事权益，应当依照本法承担侵权责任。

本法所称民事权益，包括生命权、健康权、姓名权、名誉权、荣誉权、肖像权、隐私权、婚姻自主权、监护权、所有权、用益物权、担保物权、著作权、专利权、商标专用权、发现权、股权、继承权等人身、财产权益。

第四条 侵权人因同一行为应当承担行政责任或者刑事责任的，不影响依法承担侵权责任。

因同一行为应当承担侵权责任和行政责任、刑事责任，侵权人的财产不足以支付的，先承担侵权责任。

第六条 行为人因过错侵害他人民事权益，应当承担侵权责任。

根据法律规定推定行为人有过错，行为人不能证明自己没有过错的，应当承担侵权责任。

第七条 行为人损害他人民事权益，不论行为人有无过错，法律规定应当承担侵权责任的，依照其规定。

第八条 二人以上共同实施侵权行为，造成他人损害的，应当承担连带责任。

第十条 二人以上实施危及他人人身、财产安全的行为，其中一人或者数人的行为造成他人损害，能够确定具体侵权人的，由侵权人承担责任；不能确定具体侵权人的，行为人承担连带责任。

第十一条 二人以上分别实施侵权行为造成同一损害，每个人的侵权行为都足以造成全部损害的，行为人承担连带责任。

第十二条 二人以上分别实施侵权行为造成同一损害，能够确定责任大小的，各自承担相应的责任；难以确定责任大小的，平均承担赔偿责任。

第十四条 连带责任人根据各自责任大小确定相应的赔偿数额；难以确定责任大小的，平均承担赔偿责任。

支付超出自己赔偿数额的连带责任人，有权向其他连带责任人追偿。

第十五条 承担侵权责任的方式主要有：

（一）停止侵害；

（二）排除妨碍；

（三）消除危险；

（四）返还财产；

（五）恢复原状；

（六）赔偿损失；

（七）赔礼道歉；

（八）消除影响、恢复名誉。

以上承担侵权责任的方式，可以单独适用，也可以合并适用。

第十六条 侵害他人造成人身损害的，应当赔偿医疗费、护理费、交通费等为治疗和康复支出的合理费用，以及因误工减少的收入。造成残疾的，还应当赔偿残疾生活辅助具费和残疾赔偿金。造成死亡的，还应当赔偿丧葬费和死亡赔偿金。

第六十五条 因污染环境造成损害的，污染者应当承担侵权责任。

12. 因环境污染发生纠纷的，如何承担责任？

【知识要点】

承担侵权责任的原则是追究侵权责任的基本依据，一般称为归责原则。侵权责任法规定，侵权责任制度实行过错责任和无过错责任相结合的原则。

过错责任原则是指行为人对损害的发生必须有过错才承担侵权责任。侵权责任法第六条规定："行为人因过错侵害他人民事权益，应当承担侵权责任。根据法律规定推定行为人有过错，行为人不能证明自己没有过错的，应当承担侵权责任。"近些年来，在一些领域里，安全事故不断发生，侵权纠纷日益增多，只根据过错责任原则已难以有效保护受害人，因此，在环境污染、产品责任等纠纷处理中逐步实行无过错责任，即企业经营者没有过错也要依法承担赔偿责任。

无过错责任原则是指企业经营者没有过错也要依法承担赔偿责任。我国民法通则、环境保护法、产品质量法、民用航空法等法律中都规定了无过错责任。侵权责任法第七条规定："行为人损害他人民事权益，不论行为人有无过错，法律规定应当承担侵权责任的，依照其规定。"同时，还对产品责任、机动车交通事故责任、医疗损害责任、环境污染责任、高度危险责任、网络侵权责任、学校和幼儿园的责任、动物致人损害责任以及精神损害赔偿等作出具体规定。

因环境污染侵权引发的纠纷，如何举证？侵权责任法第六十六条对此有明确规定："因污染环境发生纠纷，污染者应当就法律规定的不承担责任或减轻责任的情形及其行为与损害之间不存在因果关系承担举证责任。"

另外，关于环境损害赔偿诉讼时效，修订后的环境保护法第六十六条规定："提起环境损害赔偿诉讼的时效期间为三年，从当事人知道或者应当知道其受到损害时起计算。"

典型案例

自2003年6月起，聂某等149户辛庄村村民因本村井水达不到饮用水的标准，而到附近村庄取水。聂某等人以平顶山天安煤业股份有限公司五矿（以下简称五矿）、平顶山天安煤业股份有限公司六矿（简称六矿）、中平能化医疗集团总医院（简称总医院）排放的污水将地下水污染，造成井水不能饮用为由提起诉讼，请求人民法院判令3被告赔偿异地取水的误工损失等共计212.4万元。

人民法院经审理认为，3被告排放生产、生活污水污染了辛庄村井水，导致聂某等149户村民无法饮用而到别处取水，对此产生的误工损失，3被告应承担民事责任，判决3被告共同承担赔偿责任。

【以案释法】

本案系多方排污导致地下水污染，危害饮用水水源，严重威胁聂某等人的身心健康。被告的生产、生活污水排入地下，且不能举证证明其排污行为与聂某等人的损害之间不存在因果关系，一审、二审法院认定3被告污染环境，应当承担民事责任，这是合理合法的。

根据侵权责任法第六十五条和第六十六条的规定，污染者应对其污染行为造成的损害承担无过错责任，即使3被告排放的污染物达标，造成损害的，仍不能免除其民事责任。涉案地下水污染系多个责任主体、多个排污行为叠加所致，二审法院根据鉴定报告和专家意见，正确划分了不同排污行为产生的主次责任、确定了被告承担责任的比例划分，在此基础上，作出相应判决。

法条链接

中华人民共和国环境保护法

第六十六条 提起环境损害赔偿诉讼的时效期间为三年，从当事人知道或者应当知道其受到损害时起计算。

中华人民共和国侵权责任法

第六十六条 因污染环境发生纠纷，污染者应当就法律规定的不承担责任或者减轻责任的情形及其行为与损害之间不存在因果关系承担举证责任。

13. 因环境污染发生纠纷的，如何举证?

【知识要点】

环境污染侵权责任纠纷最重要的就是确定侵权事实和损害结果之间的因果关系。在民事领域，一般实行“谁主张谁举证”的原则。

但是，环境污染侵权责任纠纷侵权人承担的是特殊的责任原则：无过错责任原则。即污染者需要证明其行为和损害的结果不存在因果关系，如果不能证明将承担败诉的后果。可见，环境污染侵权责任对于污染者苛以较为严厉的责任。

典型案例

王某某于2003年在河南省桐柏县安棚镇雷沟村建立桐柏万安养猪场。中国石油化工股份有限公司河南油田分公司井下作业处（简称河南油田井下作业处）下属作业八队、十一队于2010年2月份在距王某某猪场北侧17米处的“安资1井”施工时往该井口注药，注药后该井释放出刺鼻熏眼的气味。随即王某某猪舍内的猪开始发病并出现死亡现象。情况出现后，桐柏县畜牧局组成专家组对其养猪场病死猪群进行了调查诊断，诊断结论为：王某某养猪场生猪发病死亡是吸入有害气体中毒所致。王某某将河南油田井下作业处起诉到人民法院，要求河南油田井下作业处赔偿其猪死亡的损失。

庭审中，河南油田井下作业处依法申请对原告所养生猪死亡原因进行司法鉴定，河北农业司法鉴定中心于2011年2月20日对原告所养生猪死因作出分析说明：（1）不排除涉案养猪场病死猪发生疫情死亡因素；（2）从病死猪病理剖检症状分析判断，认为是因呼吸系统病变造成王某某养猪场发生集中批量猪的群体死亡；（3）“安资1井”建于1989年，原告猪场建于2003年。原告在安资1井附近建厂养猪，应有预防措施，而原告涉案群发病死圈舍存在不同年龄猪只在一个圈舍混养情况，不符合种猪饲养规范要求，不利于疾病防控。鉴定意见认为：涉案猪只发病的原因是猪只个体体质差异与外界刺激（如吸入有毒有害气体等）综合因素所致。

2010年9月5日，桐柏宏大资产评估有限公司对原告养猪场死亡、流产的种母猪和育肥猪评估价值为219232元（其中死亡猪163头，损失147160元；流产猪仔及母猪仔的损失72072元），原告为此支付评估费2500元。另原告在兽药经营部支付药费47328元。

原告王某某诉称：2003年在安鹏镇雷沟村投资260万元建立桐柏县万安养猪场，现规模已达1500余头猪。2010年2月上中旬期间，被告所属的作业八队、十一队在距原告猪场附近约17米处，对已废弃20年的油井开挖作业时，由于该油井释放出刺鼻熏眼的毒气后，引发原告饲养的母猪流产、成猪死亡，600余头猪不吃食。原告邀请桐柏县畜牧局专家诊断，经诊断原告猪场生猪大量死亡的原因系被告挖井散发的有毒气体所致。原告请求依法判令被告赔偿原告的各项经济损失35万元。

被告辩称，(1) 被告单位作业时没有有毒气体产生，且原告无证据证明被告施工作业时排放了有毒有害气体，因此原告诉称与事实不符，其猪死亡与被告无关；(2) 原告诉请的猪死亡数前后陈述不一，评估依据是原告方提供的数据，缺乏真实性。请求依法驳回原告的诉请。

人民法院经审理认为，本案是因环境污染引起的损害赔偿纠纷。现原告有证据证实被告下属单位在施工时，其井口释放出刺鼻熏眼的气味；而原告所养的猪死亡的事实又客观存在，且经相关部门鉴定，涉案猪只发病的原因是猪只个体差异与外界刺激（如吸入有毒有害气体等）综合因素所致。被告没有证据证明其施工行为与原告的猪死亡不存在因果关系。因此，应当推定被告的施工行为对原告的猪死亡存在一定的因果关系，故认定被告对原告的损失应承担主要的赔偿责任。由于原告的猪死亡因存在养猪场离被告的安资 1 井较近，而原告的不同年龄猪只在一个圈舍混养的情况，不符合种猪饲养规范要求，不利于疾病防控，因此原告对猪死亡损失也应承担相应的责任。具体责任应以被告承担90%为宜，其余损失由原告自负。

【以案释法】

本案中，河南井下作业处在井下作业时释放出刺鼻熏眼的气味，距井下作业处 17 米处的王某某养猪场的生猪随即出现死亡生病等现象，经过河北农业司法鉴定中心的鉴定认为：涉案猪只发病的原因是猪只个体体质差异与外界刺激（如吸入有毒有害气体等）综合因素所致。而本案中侵权人河南井下作业处没有有力的证据举证自己的井下作业行为和生猪的死亡无因果关系，因此法庭认定，河南井下作业处的行为和养猪场生猪死亡具有一定的因果关系。河南井下作业处应当承担侵权责任。

尽管河南井下作业处承担侵权责任，但是在具体责任承担方面也应当具体分析。本案中河北农业司法鉴定中心分析认为：安资 1 井建于 1989 年，原告猪场建于 2003 年。原告在安资 1 井附近建厂养猪，应有预防措施，而原告涉案群发病死圈舍存在不同年龄猪只在一个圈舍混养情况，不符合种猪饲养规范要求，不利于疾病防控。因此，法官在审判过程中考虑到这方面的因素，判决原告承担一小部分的责任。

法条链接

中华人民共和国侵权责任法

第七条 行为人损害他人民事权益，不论行为人有无过错，法律规定应当承担侵权责任的，依照其规定。

第六十六条 因污染环境发生纠纷，污染者应当就法律规定的不承担责任或者减轻责任的情形及其行为与损害之间不存在因果关系承担举证责任。

14. 两个以上污染者污染环境的，如何承担法律责任?

【知识要点】

对于二人以上共同实施侵权行为、造成他人损害的，如何承担侵权责任呢？侵权责任法对此明确规定：“应当承担连带责任。”

具体来说，(1) 教唆、帮助他人实施侵权行为的，应当与行为人承担连带责任。教唆、帮助无民事行为能力人、限制民事行为能力人实施侵权行为的，应当承担侵权责任；该无民事行为能力人、限制民事行为能力人的监护人未尽到监护责任的，应当承担相应的责任。(2) 二人以上实施危及他人人身、财产安全的行为，其中一人或者数人的行为造成他人损害，能够确定具体侵权人的，由侵权人承担责任；不能确定具体侵权人的，行为人承担连带责任。(3) 二人以上分别实施侵权行为造成同一损害，每个人的侵权行为都足以造成全部损害的，行为人承担连带责任。(4) 二人以上分别实施侵权行为造成同一损害，能够确定责任大小的，各自承担相应的责任；难以确定责任大小的，平均承担赔偿责任。(5) 法律规定承担连带责任的，被侵权人有权请求部分或者全部连带责任人承担责任。连带责任人根据各自责任大小确定相应的赔偿数额；难以确定责任大小的，平均承担赔偿责任。支付超出自己赔偿数额的连带责任人，有权向其他连带责任人追偿。

侵权责任法第六十七条进一步规定：“两个以上污染者污染环境，污染者承担责任的大小，根据污染物的种类、排放量等因素确定。”

典型案例

浩盟车料（上海）有限公司（简称浩盟公司）、上海日新热镀锌有限公司（简称日新公司）与上海佳余化工有限公司（简称佳余公司）存在盐酸买卖关系，并委托佳余公司处理废酸。佳余公司委托未取得危险废物经营许可证的蒋某某从上述两公司运输和处理废酸。2011 年2—3 月间，蒋某某多次指派其雇佣的驾驶员董某某将从 3 公司收集的共计 6 车废酸倾倒至叶榭镇叶兴路红先河桥南侧的雨水井中，导致废酸经雨水井流入红先河，造成严重污染。污染事故发生后，上海市松江区叶榭镇人民政府（简称叶榭镇政府）为治理污染，拨款并委托松江区叶榭水务管理站对污染河道进行治理。经审计确认红先河河道污染治理工程款、清理管道污染淤泥工程款、土地征用及迁移补偿费、勘察设计费、合同公证及工程质量监理费、审计费等合计 887266 元。因本次污染事故，蒋某某、董某某分别被判处有期徒刑 2 年和 1 年 3 个月，佳余公司、浩盟公司、日新公司分别被上海市环境保护局罚款 46 万元、16 万元、16 万元。叶榭镇政府提起诉讼，请求判令蒋某某、董某某、佳余公司、浩盟公司、日新公司连带赔偿经济损失 887266 元。

人民法院经审理认为，本案中，蒋某某以营利为目的，在未取得危险废物经营许可证的情况下，指派其雇员将废酸倾倒至叶榭镇政府境内通向红先河的雨水井中，造成严重污染，应当承担民事赔偿责任。董某某盲目听从蒋某某的指派，故意将废酸倒入雨水井中导致红先河严重污染，应当与其雇主蒋某某承担连带赔偿责任。佳余公司、浩盟公司、日新公司在生产过程中所产生的废酸属于危险废物，应向当地环境保护行政主管部门申报，并移交到有相应资质的单位进行处理。但上述 3 公司均未办理法定手续，擅自处理废酸，与此后红先河严重污染有直接的因果关系，对本次污染事故具有重大过错，理应与蒋某某承担连带赔偿责任，综合 3 公司运出并倾倒的废酸数量及佳余公司在本次事故中所起作用等因素，酌情确定各自对损害后果承担的赔偿责任比例。判令蒋某某赔偿叶榭镇政府各项经济损失 887266 元，董某某承担连带赔偿责任；佳余公司、浩盟公司、日新公司分别对蒋某某应当赔偿的款项承担 20%、65%、15% 的连带赔偿责任。

【以案释法】

本案中，蒋某某在未取得危险废物经营许可证的情况下擅自倾倒废酸，致使红先河严重污染，应承担全部赔偿责任。董某某作为蒋某某雇佣的驾驶员，对未经处理的废酸倾倒至雨水井中可能造成的危害后果应当具有预见能力，但其盲目听从蒋某某的指派，故意将废酸倒入雨水井中，应与蒋某某承担连带赔偿责任。佳余公司、浩盟公司与日新公司未办理法定手续，擅自将废酸交由不具备资质的个人运输和排放，理应共同承担责任，即根据各自违法处理危险废物的数量以及对事故发生所起作用等因素按份额与蒋某某共同承担责任。

虽然环境保护部门已对上述3公司进行了行政罚款，蒋某某、董某某也被处以刑罚，但均不能免除或减轻其民事赔偿责任。通过刑事责任、行政责任、民事责任3种责任方式的综合运用，提高污染者的违法成本，并对潜在的污染者形成有效震慑，能够达到防治危险废物污染的目的。

叶榭镇政府作为被污染河道的主管单位，有权对污染河道进行治理，也有权作为原告提起诉讼。而政府用打官司的方式来解决有关纠纷，就是在实行依法治国基本方略，是用法治方式解决有关纠纷，是值得推广的。

法条链接

中华人民共和国侵权责任法

第八条 二人以上共同实施侵权行为，造成他人损害的，应当承担连带责任。

第九条 教唆、帮助他人实施侵权行为的，应当与行为人承担连带责任。

教唆、帮助无民事行为能力人、限制民事行为能力人实施侵权行为的，应当承担侵权责任；该无民事行为能力人、限制民事行为能力人的监护人未尽到监护责任的，应当承担相应的责任。

第十条 二人以上实施危及他人人身、财产安全的行为，其中一人或者数人的行为造成他人损害，能够确定具体侵权人的，由侵权人承担责任；不能确定具体侵权人的，行为人承担连带责任。

第十一条 二人以上分别实施侵权行为造成同一损害，每个人的侵权行为都足以造成全部损害的，行为人承担连带责任。

第十二条 二人以上分别实施侵权行为造成同一损害，能够确定责任大小的，各自承担相应的责任；难以确定责任大小的，平均承担赔偿责任。

第十三条 法律规定承担连带责任的，被侵权人有权请求部分或者全部连带责任人承担责任。

第十四条 连带责任人根据各自责任大小确定相应的赔偿数额；难以确定责任大小的，平均承担赔偿责任。

支付超出自己赔偿数额的连带责任人，有权向其他连带责任人追偿。

第六十七条 两个以上污染者污染环境，污染者承担责任的大小，根据污染物的种类、排放量等因素确定。

15. 因第三人的过错污染环境造成损害的，如何分担法律责任?

【知识要点】

侵权责任法第三章“不承担责任和减轻责任的情形”中对因第三人造成损害的责任如何承担作了明确规定。即“损害是因第三人造成的，第三人应当承担侵权责任”。这一承担原则，具体到环境污染造成损害的情形，就是“因第三人的过错污染环境造成损害的，被侵权人可以向污染者请求赔偿，也可以向第三人请求赔偿。污染者赔偿后，有权向第三人追偿”。也就是说，环境污染者即使因第三人的过错造成他人损失，也不能免责，而是要承担相应的法律责任。

典型案例

2010 年 7 月 6 日，李某驾驶杨某某所有的牵引车与濮阳市汽车运输公司（简称濮阳公司）所有的重型罐式货车尾随相撞发生交通事故，造成杨某某死亡、财产毁损，罐式货车所载的一甲胺溶液发生泄漏，产生环境污染。李某承担此次事故的全部责任，濮阳公司的驾驶员不承担责任。上述牵引车系挂靠蒙城县利超运输有限公司（简称利超公司）、新余市广诚汽车运输有限责任公司（简称广诚公司）经营。此次交通事故泄漏一甲胺溶液 5. 34 吨，对当地鱼塘、农田造成污染。后政府职能部门对被污染的鱼塘和农田损失情况进行了实地测查，确认了相关损失。重庆市长寿区龙河镇盐井村 1 组（简称盐井村 1 组）提起诉讼，请求判令利超公司、广诚公司、濮阳公司、杨某某的遗属王某某等人连带赔偿因环境污染造成的财产损失7500元。

人民法院经审理认为，根据侵权责任法第六十八条的规定，环境污染者即使因第三人的过错造成他人损失，也不能免责，故濮阳公司应当承担环境污染的损害赔偿责任，其在赔偿后有权向有过错的其他责任人进行追偿。杨某某一方在交通事故中负有全部责任，对于盐井村1组遭受的环境污染损害具有过错，也应承担赔偿责任。杨某某已经死亡，该债务发生在杨某某与王某某婚姻关系存续期间，故王某某应当对该债务承担连带责任，杨某某的女儿等杨某某的继承人应在继承杨某某遗产的范围内承担赔偿责任。杨某某所有的车辆，挂靠在利超公司、广诚公司名下，因此，该两公司应当承担补充赔偿责任。李某系杨某某雇佣的驾驶员，其在从事雇佣活动中造成他人损害的，依法应由雇主对外承担侵权责任。事故发生后，政府职能部门作出的损失情况统计表应予采纳。被告对污染行为与损害之间不存在因果关系未予举证证明，故对其辩解不予采信。判令由濮阳公司、王某某赔偿盐井村1组损失7500元；利超公司、广诚公司承担补充赔偿责任；杨某某的女儿等继承人在继承杨某某遗产的范围内对前款债务承担清偿责任；驳回盐井村1组对李某的诉讼请求。

【以案释法】

本案系因交通事故导致有毒化学物质泄漏引起的环境污染责任纠纷，涉及不同法律关系的多方当事人。濮阳公司因第三人杨某某方的过错造成了环境污染，被侵权人依法可以向污染者请求赔偿，也可以向第三人请求赔偿。

本案中，盐井村1组同时以濮阳公司、杨某某为被告提起诉讼，一审法院予以受理并依法认定两被告应各自承担相应的责任，合法有据。污染者依法应对其污染行为造成的损害承担无过错责任，故濮阳公司不得以第三人过错造成损害为由拒绝赔偿，且该公司未能举证证明其行为与损害结果之间不存在因果关系，濮阳公司应当承担赔偿责任。

濮阳公司赔偿后，有权向第三人追偿。因杨某某的过错发生交通事故，其过错行为与盐井村1组遭受的环境污染损害具有直接的因果关系，杨某某也应承担赔偿责任。

法条链接

中华人民共和国侵权责任法

第二十八条 损害是因第三人造成的，第三人应当承担侵权责任。

第六十八条 因第三人的过错污染环境造成损害的，被侵权人可以向污染者请求赔偿，也可以向第三人请求赔偿。污染者赔偿后，有权向第三人追偿。

16. 有关机构在环境服务活动中弄虚作假的，应承担什么样的法律责任?

【知识要点】

在现实中，一方面，企业事业单位在排放污染物的过程中存在较为严重的造假现象；另一方面，比这更为可怕的，是作为源头的环评机构造假。其实，这也是近些年来媒体和公众十分关注的热点之一，他们纷纷要求在环境保护法律中作出规定，严惩环评机构造假的行为。

当前，我国工业化、城镇化快速发展，资源环境约束条件日益趋紧，一些地区环评监管不力、监管不到位、责任不明确、把关不严，一些不符合国家环保规定的建设项目盲目上马，环保“三同时”制度不落实，环评机构弄虚造假，不当的经济开发活动带来了严重的环境污染和生态破坏，甚至引发群体性事件。一些地区环评管理中重事前审批、轻事中事后监管，一些建设项目未批先建、擅自变更、未验先投、久试不验等环境违法行为突出，严重损害了环评制度的严肃性、权威性和有效性。

为加强环境影响评价监督管理、规范环评行为、强化建设项目全过程监管，2013 年 11 月 15 日，环境保护部办公厅发出《环境保护部办公厅关于切实加强环境影响评价监督管理工作的通知》。该通知提出：（1）强化环评全过程监督管理，包括：突出环评监管重点；加大环评监管力度；健全建设项目全过程监管长效机制；强化建设项目“三同时”监督检查。（2）查处违法违规行为，包括：严厉查处环评从业违规行为；有效遏制突出环评违法行为。（3）落实环评监管责任，包括：加大环评审批改革和职能转变的监督管理；加强管理人员责任监管。

修订后的环境保护法进一步规定：环境影响评价机构、环境监测机构以及从事环境监测设备和防治污染设施维护、运营的机构，在有关环境服务活动中弄虚作假，对造成的环境污染和生态破坏负有责任的，除依照有关法律、法规规定予以处罚外，还应当与造成环境污染和生态破坏的其他责任者承担连带责任。

典型案例

2013 年 1 月，环境保护部通报环境影响评价机构专项执法检查的情况，对存在问题的 88 家环评机构分别提出取消资质、限期整改、缩减评价范围、通报批评和内部整改的处理意见，并对 49 名向环评机构出借个人证书、主持编制的环评文件质量较差、超越专业类别从业的人员给予通报批评。

2012 年 6 月至 10 月期间，环境保护部对全国 501 家环评机构“资质、人员、质量”情况进行了现场抽查。经抽查发现，部分机构存在环评质量审核体系不健全、内部管理制度执行不到位、环评专职技术人员管理不符合要求、环评文件编制质量较差等问题。

因项目承接、质量审核、资料归档等内部管理不规范，被责令进行内部整改的 54 家环评机构中，不乏中国环境科学研究院、北京大学、南开大学等“大牌”环评单位。因隐瞒有关情况、提供虚假材料，借用外单位人员作为环评专职技术人员，环评专职技术人员数量不满足最低资质条件，泉州市天龙环境工程有限公司、重庆市渝北区空港环境影响评价有限公司被取消建设项目环评资质。因隐瞒有关情况、提供虚假材料，借用多名外单位人员作为环评专职技术人员，中国恩菲工程技术有限公司、安徽省科学技术咨询中心两家环评机构被责令限期整改 6 个月。因违规开展业务或借用外单位人员、主持编制的环评文件质量较差等问题，26 家环评机构被通报批评。

【以案释法】

有的企业搞“歪门邪道”，不愿在环境保护上花钱，宁愿花钱购买虚假的环评报告，而有的环评单位丧失了客观、公正立场，与违法的企业沆瀣一气！

对于弄虚作假、不负责任的环评机构，仅靠教育、警告是远远不够的。

环境保护部门应该根据环境保护法等法律，加强对环评机构的监管，加大处罚力度，撤销有弄虚作假行为的环评机构的资质。

要预防和杜绝环评造假，需要加强环评过程的公众监督，使环评报告更加开放透明。“阳光是最好的防腐剂”，环评机构要让各方接受、信服，第一步就是要公开环评报告。根据客观、真实的环评报告，进行环评程序。

法条链接

中华人民共和国环境保护法

第六十五条 环境影响评价机构、环境监测机构以及从事环境监测设备和防治污染设施维护、运营的机构，在有关环境服务活动中弄虚作假，对造成的环境污染和生态破坏负有责任的，除依照有关法律法规规定予以处罚外，还应当与造成环境污染和生态破坏的其他责任者承担连带责任。

17. 上级人民政府及其环境保护主管部门怎样加强对下级人民政府及其有关部门环境保护工作的监督？

【知识要点】

根据我国宪法的规定，国务院统一领导全国地方各级国家行政机关的工作；地方各级人民政府对上一级国家行政机关负责并报告工作；全国地方各级人民政府都是国务院统一领导下的国家行政机关，都服从国务院。

修订后的环境保护法进一步细化了宪法所规定的原则，明确了环境保护监督管理体制：（1）国务院环境保护主管部门，对全国环境保护工作实施统一监督管理；县级以上地方人民政府环境保护主管部门，对本行政区域环境保护工作实施统一监督管理。（2）上级人民政府及其环境保护主管部门应当加强对下级人民政府及其有关部门环境保护工作的监督。（3）发现有关工作人员有违法行为，依法应当给予处分的，应当向其任免机关或者监察机关提出处分建议。关于这一点，监察部和国家环境保护总局（现已撤销）2006年2月20日联合发布的《环境保护违法违纪行为处分暂行规定》有更为详细的规定。该暂行规定第三条规定：有环境保护违法违纪行为的国家行政机关，对其直接负责的主管人员和其他直接责任人员，以及对有环境保护违法违纪行为的国家行政机关工作人员，由任免机关或者监察机关按照管理权限，依法给予行政处分。(4) 依法应当给予行政处罚，而有关环境保护主管部门不给予行政处罚的，上级人民政府环境保护主管部门可以直接作出行政处罚的决定。

上述规定，将监管力量纳入到了整个监管体系之中，目的就是要督促政府尤其是环境保护执法部门尽职尽责，有利于打破环境保护执法不力的“怪圈”，有利于防止环境保护法律执法过程中的“地方保护”，有利于将环保法律规定从“纸上的东西”变成现实。

典型案例

2013 年 10 月 24 日，北方特别是京津冀地区将进入采暖季，大气污染压力增大。环境保护部将在重点地区持续 4 个月开展大气污染防治专项检查。环境保护部将组织对京津冀及周边等重点地区进行督查，并向社会通报发现的问题，将公开曝光一批恶意违法排污行为和典型违法案件。专项检查的地域范围是京津冀及周边地区、长江三角洲、珠江三角洲区域以及辽宁中部、武汉及其周边、长株潭、成渝、海峡西岸、陕西关中、甘宁、乌鲁木齐等重点地区。专项检查的重点是相关市、县人民政府落实《大气污染防治行动计划》的情况；工业企业燃煤设施脱硫脱硝除尘装置运行情况，污染物（烟粉尘、二氧化硫、氮氧化物等）达标排放情况，燃煤锅炉煤改气、改电进展情况，煤场、料堆、渣场防尘措施的落实情况；各类不符合国家产业政策排放大气污染物的小企业取缔情况，对违法建设的燃煤锅炉、茶浴炉的查处情况；政府有关职能部门按照各自职责，开展集中供热管网不能覆盖地区改电、改新能源或洁净煤、施工场地扬尘控制、渣土运输车辆密闭、餐饮服务业油烟净化、黄标车和老旧车辆淘汰等工作情况。

环境保护部要求，各级环境保护部门要保持连续执法检查的高压态势，采取集中检查与日常检查、明查与暗查、夜查、节假日检查相结合的方式，加大巡查、突击检查的力度，严肃查处污染大气环境的违法行为。对重点污染源和问题突出的单位要实行驻厂监督，对发现的环境问题要依法予以查处。各省级环境保护部门要组织开展联合执法、区域执法、交叉执法，督促市、县人民政府落实大气污染防治监管的各项措施。各级环境保护部门要提请当地人民政府成立专项检查工作领导小组统一指挥。各省级环境保护部门要督促市、县人民政府成立由纪检监察、组织人事等部门参加的督导组，加大督查力度。对发现违法问题不及时查处、检查工作存在遗漏、经整改仍不到位、突出问题没有得到有效解决的，要依法依纪严肃追究相关部门、相关人员的责任。

环境保护部将邀请新闻媒体参加检查工作，并将及时公布专项检查情况和违法案件查处信息。同时，要求各地设立有奖举报，鼓励广大人民群众举报环境违法行为。

【以案释法】

大气污染严重影响着我们每一个人的工作、生活和身体健康。燃煤排放、机动车排放、工业排放等导致空气质量每况愈下，蓝天成了梦想。国务院适时出台《大气污染防治行动计划》，北京等地随之开展重点治污。环境保护部持续开展大气污染防治专项检查，并重点检查京津冀曝光恶意排污案件，是履行最高环境保护主管部门职责的必要举措，目的就是要加强对各地环境保护工作的督促和检查。

修订后的环境保护法明确了上级人民政府及其环境保护主管部门对下级人民政府及其有关部门环境保护工作的监督，这不仅符合我国宪法所规定的政府管理体制的原则和精神，而且体现了“监督者也要被监督”的理念。这一规定，有利于把权力关进制度的笼子，加强对环境保护法贯彻实施的监督，打破环境保护法律执法过程中的地方保护。

法条链接

中华人民共和国环境保护法

第六十七条 上级人民政府及其环境保护主管部门应当加强对下级人民政府及其有关部门环境保护工作的监督。发现有关工作人员有违法行为，依法应当给予处分的，应当向其任免机关或者监察机关提出处分建议。

依法应当给予行政处罚，而有关环境保护主管部门不给予行政处罚的，上级人民政府环境保护主管部门可以直接作出行政处罚的决定。

18. 什么情况下对直接负责的主管人员和其他直接责任人员给予记过、记大过或者降级处分？

【知识要点】

在我国，现行法律、法规对环境保护违法违纪行为追究行政责任的规定，大多停留在原则规定上，缺乏具体的量化标准，可操作性差。如公务员法、行政监察法不可能对环境保护违法行为的处分作出具体规定；环境保护法以及其他环境保护法律、法规仅仅规定了部分环境保护违法行为的行政处分。

在这种背景下，2006年2月20日，监察部和国家环境保护总局（现已撤销）联合发布了《环境保护违法违纪行为处分暂行规定》。这是根据环境保护法、行政监察法及其他有关法律、法规制定的，是我国第一部关于环境保护处分方面的专门规章，目的就是加强环境保护工作，惩处环境保护违法违纪行为，促进环境保护法律、法规的贯彻实施。

根据该暂行规定，国家行政机关有环境保护违法违纪行为时，责任承担的主体是直接负责的主管人员和其他责任人员；对上述责任人员以及有环境保护违法违纪行为的国家行政机关工作人员，应予处分的，由其任免机关或者监察机关依法作出。具体来说，行政机关及其工作人员应受处分的行为包括七大类：（1）拒不执行国家有关环境保护法律、法规及政策的行为，以及制定或者采取与国家环境保护法律、法规及政策相抵触的规定或者措施，经指出仍不改正的；（2）违法实施行政许可或者审批的行为；（3）违反自然保护区管理规定的行为；（4）违反法定条件或者程序实施行政处罚和违法采取行政强制措施的行为；（5）不履行环境保护监督管理职责的行为；（6）贪污、索贿、受贿和截留、挤占环境保护专项资金的行为；（7）为被检查单位通风报信或者包庇、纵容环境保护违法违纪行为。这些规定明显地加大了对国家行政机关及其工作人员、企业中由国家行政机关任命的人员有环境保护违法违纪行为的惩处力度，加重了他们在环境保护中的责任。

修订后的环境保护法第六十八条规定，地方各级人民政府、县级以上人民政府环境保护主管部门和其他负有环境保护监督管理职责的部门有下列行为之一的，对直接负责的主管人员和其他直接责任人员给予记过、记大过或者降级处分：（1）不符合行政许可条件准予行政许可的；（2）对环境违法行为进行包庇的；（3）依法应当作出责令停业、关闭的决定而未作出的；

（4）对超标排放污染物、采用逃避监管的方式排放污染物、造成环境事故以及不落实生态保护措施造成生态破坏等行为，发现或者接到举报未及时查处的；（5）违反本法规定，查封、扣押企业事业单位和其他生产经营者的设施、设备的；（6）篡改、伪造或者指使篡改、伪造监测数据的；（7）应当依法公开环境信息而未公开的；（8）将征收的排污费截留、挤占或者挪作他用的；（9）法律、法规规定的其他违法行为。

典型案例

2005年5月19日，国家环保总局（现已撤销）向新闻界通报了内蒙古通辽梅花科技有限公司的环境违法问题。据介绍，内蒙古通辽梅花科技有限公司是通辽市重点招商引资项目，被列为内蒙古自治区农业产业化重点企业。检查发现，该企业一期工程超标排污。二期、三期工程在未办理环保手续情况下也正在加紧施工。对这样一个严重违反国家环保法律、法规的企业，当地政府却甘当违法企业保护伞，免收企业包括排污费等所有行政费用，甚至明文要求对企业进行检查需事先提出申请经同意后方可进入。

环保总局责成内蒙古自治区环保局对该企业环境违法问题依法进行处理，根据《中华人民共和国环境影响评价法》和《建设项目环境保护管理条例》的规定，该企业的二、三期工程立即停止建设，限期补办环评报批手续。责令企业完善治污设施，确保稳定达标排放。提请内蒙古自治区人民政府纠正通辽市、科尔沁区两级政府违反环保法律、法规的地方保护行为，依法追究相关责任人的责任。

环保总局有关负责人说，当前，一些企业将高污染的项目从东部地区向生态环境脆弱的中西部转移。而西部地区的一些地方政府单纯追求经济增长，急于招商引资，大干快上，无视国家环保法律、法规，无视当地生态环境承载能力，仍然在走粗放型的经济发展道路，使西部地区本来就脆弱的生态环境遭受新的破坏。

【以案释法】

环境保护部门贯彻执行环境影响评价法，切实加大环境执法力度，严肃查处各类危害环境安全的地方保护主义行为，及时向社会公开有关案件查处情况，有利于加强对环保监管不力的政府官员的问责力度，还有利于加强对高能耗、高污染的钢铁、水泥、电解铝、电石、铁合金、焦炭等行业的环境监管，依法淘汰一批落后生产能力，推进经济实现良性发展、可持续发展的轨道。

法条链接

中华人民共和国环境保护法

第六十八条 地方各级人民政府、县级以上人民政府环境保护主管部门和其他负有环境保护监督管理职责的部门有下列行为之一的，对直接负责的主管人员和其他直接责任人员给予记过、记大过或者降级处分；造成严重后果的，给予撤职或者开除处分，其主要负责人应当引咎辞职：

（一）不符合行政许可条件准予行政许可的；

（二）对环境违法行为进行包庇的；

（三）依法应当作出责令停业、关闭的决定而未作出的；

（四）对超标排放污染物、采用逃避监管的方式排放污染物、造成环境事故以及不落实生态保护措施造成生态破坏等行为，发现或者接到举报未及时查处的；

（五）违反本法规定，查封、扣押企业事业单位和其他生产经营者的设施、设备的；

（六）篡改、伪造或者指使篡改、伪造监测数据的；

（七）应当依法公开环境信息而未公开的；

（八）将征收的排污费截留、挤占或者挪作他用的；

（九）法律法规规定的其他违法行为。

环境保护违法违纪行为处分暂行规定

第二条 国家行政机关及其工作人员、企业中由国家行政机关任命的人员有环境保护违法违纪行为，应当给予处分的，适用本规定。

法律、行政法规对环境保护违法违纪行为的处分作出规定的，依照其规定。

第三条 有环境保护违法违纪行为的国家行政机关，对其直接负责的主管人员和其他直接责任人员，以及对有环境保护违法违纪行为的国家行政机关工作人员（以下统称直接责任人员），由任免机关或者监察机关按照管理权限，依法给予行政处分。

企业有环境保护违法违纪行为的，对其直接负责的主管人员和其他直接责任人员中由国家行政机关任命的人员，由任免机关或者监察机关按照管理

权限，依法给予纪律处分。

第四条 国家行政机关及其工作人员有下列行为之一的，对直接责任人员，给予警告、记过或者记大过处分；情节较重的，给予降级处分；情节严重的，给予撤职处分：

（一）拒不执行环境保护法律、法规以及人民政府关于环境保护的决定、命令的；

（二）制定或者采取与环境保护法律、法规、规章以及国家环境保护政策相抵触的规定或者措施，经指出仍不改正的；

（三）违反国家有关产业政策，造成环境污染或者生态破坏的；

（四）不按照国家规定淘汰严重污染环境的落后生产技术、工艺、设备或者产品的；

（五）对严重污染环境的企业事业单位不依法责令限期治理或者不按规定责令取缔、关闭、停产的；

（六）不按照国家规定制定环境污染与生态破坏突发事件应急预案的。

第五条 国家行政机关及其工作人员有下列行为之一的，对直接责任人员，给予警告、记过或者记大过处分；情节较重的，给予降级处分；情节严重的，给予撤职处分：

（一）在组织环境影响评价时弄虚作假或者有失职行为，造成环境影响评价严重失实，或者对未依法编写环境影响篇章、说明或者未依法附送环境影响报告书的规划草案予以批准的；

（二）不按照法定条件或者违反法定程序审核、审批建设项目环境影响评价文件，或者在审批、审核建设项目环境影响评价文件时收取费用，情节严重的；

（三）对依法应当进行环境影响评价而未评价，或者环境影响评价文件未经批准，擅自批准该项目建设或者擅自为其办理征地、施工、注册登记、营业执照、生产（使用）许可证的；

（四）不按照规定核发排污许可证、危险废物经营许可证、医疗废物集中处置单位经营许可证、核与辐射安全许可证以及其他环境保护许可证，或者不按照规定办理环境保护审批文件的；

（五）违法批准减缴、免缴、缓缴排污费的；

（六）有其他违反环境保护的规定进行许可或者审批行为的。

19. 什么情况下对直接负责的主管人员和其他直接责任人员给予撤职或者开除处分，其主要负责人应当引咎辞职？

【知识要点】

2006年2月20日，监察部和国家环境保护总局（现已撤销）联合发布了《环境保护违法违纪行为处分暂行规定》。

公务员法第八十二条规定，领导成员因工作严重失误、失职造成重大损失或者恶劣社会影响的，或者对重大事故负有领导责任的，应当引咎辞去领导职务。领导成员应当引咎辞职或者因其他原因不再适合担任现任领导职务，本人不提出辞职的，应当责令其辞去领导职务。这是我国法律中第一次规定引咎辞职制度。

修订后的环境保护法第六十八条规定，地方各级人民政府、县级以上人民政府环境保护主管部门和其他负有环境保护监督管理职责的部门有下列行为之一，并造成严重后果的，给予撤职或者开除处分，其主要负责人应当引咎辞职：（1）不符合行政许可条件准予行政许可的；（2）对环境违法行为进行包庇的；（3）依法应当作出责令停业、关闭的决定而未作出的；（4）对超标排放污染物、采用逃避监管的方式排放污染物、造成环境事故以及不落实生态保护措施造成生态破坏等行为，发现或者接到举报未及时查处的；（5）违反本法规定，查封、扣押企业事业单位和其他生产经营者的设施、设备的；（6）篡改、伪造或者指使篡改、伪造监测数据的；（7）应当依法公开环境信息而未公开的；（8）将征收的排污费截留、挤占或者挪作他用的；（9）法律、法规规定的其他违法行为。

典型案例

2005年12月2日，国家环境保护总局（现已撤销）局长解振华因松花江环境污染事件提出辞职，国务院免去了他的局长职务，并任命周生贤为局长。

据中共中央办公厅、国务院办公厅发布的一份通报称，松花江重大水污染事件发生后，国家环保总局作为国家环境保护主管部门，对事件重视不够，对可能产生的严重后果估计不足，对这起事件造成的损失负有责任。为此，解振华向党中央、国务院申请辞去国家环境保护总局局长职务，这一请求获得党中央、国务院批准。

【以案释法】

对于最高环境保护主管部门的负责人实行追责，这在我国环境保护历史上还是头一回。

2006 年国务院发布的《关于落实科学发展观加强环境保护的决定》，就赋予环境保护部门三道“杀手锏”，即环境影响评价、污染物排放总量控制、目标考核和责任追究制度。同时，2006 年 2 月发布的《环境保护违法违纪行为处分暂行规定》进一步对惩处环境保护违法违纪行为作了明确规定。

修订后的环境保护法将上述规定予以整合，在总结实践经验的基础上，将其上升为法律规定，提高了法律效力等级，增强了法律威慑力。认真落实这些规定，严格实行追责，必将有利于环境保护工作的开展，建设美丽中国。

法条链接

中华人民共和国环境保护法

第六十八条 地方各级人民政府、县级以上人民政府环境保护主管部门和其他负有环境保护监督管理职责的部门有下列行为之一的，对直接负责的主管人员和其他直接责任人员给予记过、记大过或者降级处分；造成严重后果的，给予撤职或者开除处分，其主要负责人应当引咎辞职：

（一）不符合行政许可条件准予行政许可的；

（二）对环境违法行为进行包庇的；

（三）依法应当作出责令停业、关闭的决定而未作出的；

（四）对超标排放污染物、采用逃避监管的方式排放污染物、造成环境事故以及不落实生态保护措施造成生态破坏等行为，发现或者接到举报未及时查处的；

（五）违反本法规定，查封、扣押企业事业单位和其他生产经营者的设施、设备的；

（六）篡改、伪造或者指使篡改、伪造监测数据的；

（七）应当依法公开环境信息而未公开的；

（八）将征收的排污费截留、挤占或者挪作他用的；

（九）法律法规规定的其他违法行为。

环境保护违法违纪行为处分暂行规定

第四条 国家行政机关及其工作人员有下列行为之一的，对直接责任人员，给予警告、记过或者记大过处分；情节较重的，给予降级处分；情节严重的，给予撤职处分：

（一）拒不执行环境保护法律、法规以及人民政府关于环境保护的决定、命令的；

（二）制定或者采取与环境保护法律、法规、规章以及国家环境保护政策相抵触的规定或者措施，经指出仍不改正的；

（三）违反国家有关产业政策，造成环境污染或者生态破坏的；

（四）不按照国家规定淘汰严重污染环境的落后生产技术、工艺、设备或者产品的；

（五）对严重污染环境的企业事业单位不依法责令限期治理或者不按规定责令取缔、关闭、停产的；

（六）不按照国家规定制定环境污染与生态破坏突发事件应急预案的。

第五条 国家行政机关及其工作人员有下列行为之一的，对直接责任人员，给予警告、记过或者记大过处分；情节较重的，给予降级处分；情节严重的，给予撤职处分：

（一）在组织环境影响评价时弄虚作假或者有失职行为，造成环境影响评价严重失实，或者对未依法编写环境影响篇章、说明或者未依法附送环境影响报告书的规划草案予以批准的；

（二）不按照法定条件或者违反法定程序审核、审批建设项目环境影响评价文件，或者在审批、审核建设项目环境影响评价文件时收取费用，情节严重的；

（三）对依法应当进行环境影响评价而未评价，或者环境影响评价文件未经批准，擅自批准该项目建设或者擅自为其办理征地、施工、注册登记、营业执照、生产（使用）许可证的；

（四）不按照规定核发排污许可证、危险废物经营许可证、医疗废物集中处置单位经营许可证、核与辐射安全许可证以及其他环境保护许可证，或者不按照规定办理环境保护审批文件的；

（五）违法批准减缴、免缴、缓缴排污费的；

（六）有其他违反环境保护的规定进行许可或者审批行为的。

第六条 国家行政机关及其工作人员有下列行为之一的，对直接责任人员，给予警告、记过或者记大过处分；情节较重的，给予降级处分；情节严重的，给予撤职处分：

（一）未经批准，擅自撤销自然保护区或者擅自调整、改变自然保护区的性质、范围、界线、功能区划的；

（二）未经批准，在自然保护区开展参观、旅游活动的；

（三）开设与自然保护区保护方向不一致的参观、旅游项目的；

（四）不按照批准的方案开展参观、旅游活动的。

第七条　依法具有环境保护监督管理职责的国家行政机关及其工作人员有下列行为之一的，对直接责任人员，给予警告、记过或者记大过处分；情节较重的，给予降级处分；情节严重的，给予撤职处分：

（一）不按照法定条件或者违反法定程序，对环境保护违法行为实施行政处罚的；

（二）擅自委托环境保护违法行为行政处罚权的；

（三）违法实施查封、扣押等环境保护强制措施，给公民人身或者财产造成损害或者给法人、其他组织造成损失的；

（四）有其他违反环境保护的规定进行行政处罚或者实施行政强制措施行为的。

第八条　依法具有环境保护监督管理职责的国家行政机关及其工作人员有下列行为之一的，对直接责任人员，给予警告、记过或者记大过处分；情节较重的，给予降级或者撤职处分；情节严重的，给予开除处分：

（一）发现环境保护违法行为或者接到对环境保护违法行为的举报后不及时予以查处的；

（二）对依法取得排污许可证、危险废物经营许可证、核与辐射安全许可证等环境保护许可证件或者批准文件的单位不履行监督管理职责，造成严重后果的；

（三）发生重大环境污染事故或者生态破坏事故，不按照规定报告或者在报告中弄虚作假，或者不依法采取必要措施或者拖延、推诿采取措施，致使事故扩大或者延误事故处理的；

（四）对依法应当移送有关机关处理的环境保护违法违纪案件不移送，致使违法违纪人员逃脱处分、行政处罚或者刑事处罚的；

（五）有其他不履行环境保护监督管理职责行为的。

第九条　国家行政机关及其工作人员有下列行为之一的，对直接责任人员，给予警告、记过或者记大过处分；情节较重的，给予降级或者撤职处分；情节严重的，给予开除处分：

（一）利用职务上的便利，侵吞、窃取、骗取或者以其他手段将收缴的罚款、排污费或者其他财物据为己有的；

（二）利用职务上的便利，索取他人财物，或者非法收受他人财物，为他人谋取利益的；

（三）截留、挤占环境保护专项资金或者将环境保护专项资金挪作他用的；

（四）擅自使用、调换、变卖或者毁损被依法查封、扣押的财物的；

（五）将罚款、没收的违法所得或者财物截留、私分或者变相私分的。

第十条 国家行政机关及其工作人员为被检查单位通风报信或者包庇、纵容环境保护违法违纪行为的，对直接责任人员，给予降级或者撤职处分；致使公民、法人或者其他组织的合法权益、公共利益遭受重大损害，或者导致发生群体性事件或者冲突，严重影响社会安定的，给予开除处分。

20. 违反环境保护法律且构成犯罪的，应承担刑事责任

【知识要点】

一般来说，刑事责任是指行为人因实施刑法所规定的犯罪行为而应当承担的法律责任，行为人的行为必须具备刑法所规定的犯罪构成要件，才应承担刑事责任，承担刑事责任的主体，可以是自然人，也可以是法人。在所有法律责任中，刑事责任涉及剥夺行为人的人身自由甚至生命权，所以是一种最严厉的法律责任。也正因为这样，在当代，对于什么是犯罪、刑罚（即刑事制裁），都必须由法律加以规定，即通常所说的“罪刑法定”。这也就是我国刑法第三条明确规定的：“法律明文规定为犯罪行为的，依照法律定罪处刑；法律没有明文规定为犯罪行为的，不得定罪处刑。”

刑法规定，刑罚分为主刑和附加刑。主刑的种类有：（1）管制；（2）拘役；（3）有期徒刑；（4）无期徒刑；（5）死刑。附加刑的种类有：（1）罚金；（2）剥夺政治权利；（3）没收财产。附加刑也可以独立适用。

环境保护法律中的刑事责任，是指违反环境保护法律，实施了破坏或者污染环境行为的单位或者个人所应承担的刑事方面的法律责任。这在刑法分则第六章“妨害社会管理秩序罪”的第六节“破坏环境资源保护罪”中有明确规定。

党的十八届三中全会提出加快生态文明制度建设，对造成生态环境损害的责任者严格实行赔偿制度，依法追究刑事责任。修订后的环境保护法对此作了回应。2013 年 6 月 17 日，最高人民法院和最高人民检察院联合发布《最高人民法院、最高人民检察院关于办理环境污染刑事案件适用法律若干

问题的解释》。这是为依法惩治有关环境污染犯罪，“两高”根据刑法、刑事诉讼法的有关规定，专门就办理此类刑事案件适用法律的若干问题作出的司法解释。

典型案例

“过去光知道会罚票子，现在才知道还要蹲号子。”这样的顺口溜，已经成为淄博人对破坏环境后果的新认识。近两年来，淄博办理的环境污染案件数量占山东省同类案件总数的2/3以上；与此同时，淄博人居环境指数从全省最后一位前进至第四位。这些都得益于公安与环保联动带来的执法效率提升。自2011年以来，淄博通过创新体制机制、建立信息共享平台等方式，将环境保护部门与公安部门执法有效衔接，打击环境犯罪，保护生态环境。

第一，实现信息互联，环保执法不再“断片儿”，不移案、不接案等现象迎刃而解。过去调查取证难，现场处置难，一直是环保执法工作的“瓶颈”。同时，由于一些环保执法人员对刑事法律不了解，公安部门对移交的案件回应不积极等因素，加之部门间对刑事立案标准、证据标准存在分歧，环保案件往往出现环境保护部门不移交、公安部门不愿接、“以罚代刑”等问题。2010年12月，淄博批准设立市公安局直属分局及区县直属大队，专项打击、防范涉及生态和民生安全领域的违法犯罪。公安与环境保护部门成立了联动执法办公室，建立了联席会议制度，并逐步完善了应急联动、案件移交与协作、疑难会商等运行机制。一旦出现污染问题，公安机关能在第一时间掌握相关信息。

第二，坚持风险评估，发挥各自专业优势，形成“一加一大于二”的执法效应。2013年6月《最高人民法院、最高人民检察院关于办理环境污染刑事案件适用法律若干问题的解释》有着明确的规定。公安和环境保护部门开展联动执法时，有明确的依据。经过摸索，淄博提出了事前风险评估机制。公安与联动部门通过事前风险评估，超前谋划，保障行政执法活动合法、顺利举行，达到优势互补、提速增效的效果。

【以案释法】

污染和破坏环境，并不是“一罚就能了之”的。从环境保护法等法律的规定来看，一旦污染和破坏环境，就可能面临多项制裁，既有经济的，也有行政的和刑事的责任。山东淄博探索环保与公安部门联动执法，打击环境污染犯罪，取得明显成效，其做法值得总结，这当中，也还有需要进一步研究和完善的地方，比如，联动执法也面临如何把握好尺度、行政执法与刑事司法如何有效衔接等。只有解决好这些现实问题，才会使环境保护法律的执行更有实效。

法条链接

中华人民共和国环境保护法

第六十九条 违反本法规定，构成犯罪的，依法追究刑事责任。

中华人民共和国刑法

第三条 法律明文规定为犯罪行为的，依照法律定罪处刑；法律没有明文规定为犯罪行为的，不得定罪处刑。

第三十二条 刑罚分为主刑和附加刑。

第三十三条 主刑的种类如下：

（一）管制；

（二）拘役；

（三）有期徒刑；

（四）无期徒刑；

（五）死刑。

第三十四条 附加刑的种类如下：

（一）罚金；

（二）剥夺政治权利；

（三）没收财产。

附加刑也可以独立适用。

最高人民法院、最高人民检察院关于办理环境污染刑事案件适用法律若干问题的解释

第一条 实施刑法第三百三十八条规定的行为，具有下列情形之一的，应当认定为“严重污染环境”：

（一）在饮用水水源一级保护区、自然保护区核心区排放、倾倒、处置有放射性的废物、含传染病病原体的废物、有毒物质的；

（二）非法排放、倾倒、处置危险废物三吨以上的；

（三）非法排放含重金属、持久性有机污染物等严重危害环境、损害人体健康的污染物超过国家污染物排放标准或者省、自治区、直辖市人民政府根据法律授权制定的污染物排放标准三倍以上的；

（四）私设暗管或者利用渗井、渗坑、裂隙、溶洞等排放、倾倒、处置有放射性的废物、含传染病病原体的废物、有毒物质的；

（五）两年内曾因违反国家规定，排放、倾倒、处置有放射性的废物、含传染病病原体的废物、有毒物质受过两次以上行政处罚，又实施前列行为的；

（六）致使乡镇以上集中式饮用水水源取水中断十二小时以上的；

（七）致使基本农田、防护林地、特种用途林地五亩以上，其他农用地十亩以上，其他土地二十亩以上基本功能丧失或者遭受永久性破坏的；

（八）致使森林或者其他林木死亡五十立方米以上，或者幼树死亡二千五百株以上的；

（九）致使公私财产损失三十万元以上的；

（十）致使疏散、转移群众五千人以上的；

（十一）致使三十人以上中毒的；

（十二）致使三人以上轻伤、轻度残疾或者器官组织损伤导致一般功能障碍的；

（十三）致使一人以上重伤、中度残疾或者器官组织损伤导致严重功能障碍的；

（十四）其他严重污染环境的情形。

第二条 实施刑法第三百三十九条、第四百零八条规定的行为，具有本解释第一条第六项至第十三项规定情形之一的，应当认定为“致使公私财产遭受重大损失或者严重危害人体健康”或者“致使公私财产遭受重大损失或者造成人身伤亡的严重后果”。

21. 如何理解污染环境罪？

【知识要点】

根据刑法第三百三十八条的规定，污染环境罪是指违反国家规定，排放、倾倒或者处置有放射性的废物、含传染病病原体的废物、有毒物质或者其他有害物质，严重污染环境的行为。

新中国成立以来，一系列涉及环境犯罪的附属刑法规范相继出台。特别是，1997年刑法分则第六章第六节“破坏环境资源保护罪”作了专门规定，其中第三百三十八条确立了“重大环境污染事故罪”。

2011年2月25日，第十一届全国人大常委会第十九次会议通过的刑法修正案（八）第四十六条，对刑法第三百三十八条作了修改，即“违反国家规定，排放、倾倒或者处置有放射性的废物、含传染病病原体的废物、有毒物质或者其他有害物质，严重污染环境的，处三年以下有期徒刑或者拘役，并处或者单处罚金；后果特别严重的，处三年以上七年以下有期徒刑，并处罚金。”这次修改呈现以下特点：（1）扩大了污染物的范围，将原来规定的“其他危险废物”修改为“其他有害物质”；（2）降低了入罪门槛，将“造成重大环境污染事故，致使公私财产遭受重大损失或者人身伤亡的严重后果”修改为“严重污染环境”。修改后，罪名由原来的“重大环境污染事故罪”相应调整为“污染环境罪”。

为确保法律准确、统一适用，依法严厉惩治、有效防范环境污染犯罪，2013年6月17日，最高人民法院、最高人民检察院发布了《最高人民法院、最高人民检察院关于办理环境污染刑事案件适用法律若干问题的解释》。解释结合办理环境污染刑事案件取证难、鉴定难、认定难等实际问题，对有关环境污染犯罪的定罪量刑标准作出了新的规定，进一步加大了打击力度，严密了刑事法网。其中，第一条对如何实施刑法第三百三十八条进行了解释，明确了应当认定为“严重污染环境”的13种情形，加上了兜底条款。

典型案例

自2006年10月份以来，被告单位紫金矿业集团股份有限公司紫金山金铜矿（简称“紫金山金铜矿”）所属的铜矿湿法厂清污分流涵洞存在严重的渗漏问题，虽采取了有关措施，但随着生产规模的扩大，该涵洞渗漏问题日益严重。紫金山金铜矿于2008年3月在未进行调研认证的情况下，违反规定擅自将6号观测井与排洪涵洞打通。在2009年9月福建省环保厅明确指出问题并要求彻底整改后，仍然没有引起足够重视，整改措施不到位、不彻底，隐患仍然存在。2010年6月中下旬，上杭县降水量达349.7毫米。2010年7月3日，紫金山金铜矿所属铜矿湿法厂污水池HDPE防渗膜破裂造成含铜酸性废水渗漏并流入6号观测井，再经6号观测井通过人为擅自打通的与排洪涵洞相连的通道进入排洪涵洞，并溢出涵洞内挡水墙后流入汀江，泄漏含铜酸性废水9176立方米，造成下游水体污染和养殖鱼类大量死亡的重大环境污染事故，上杭县城区部分自来水厂停止供水1天。

2010年7月16日，用于抢险的3号应急中转污水池又发生泄漏，泄漏含铜酸性废水500立方米，再次对汀江水质造成污染。致使汀江河局部水域受到铜、锌、铁、镉、铅、砷等的污染，造成养殖鱼类死亡达370.1万斤，经鉴定鱼类损失价值人民币2220.6万元；同时，为了网箱养殖鱼类的安全，当地政府部门采取破网措施，放生鱼类3084.44万斤。

福建省龙岩市新罗区人民法院一审判决、龙岩市中级人民法院二审裁定认为：被告单位紫金山金铜矿违反国家规定，未采取有效措施解决存在的环保隐患，继而发生了危险废物泄漏至汀江，致使汀江河水域水质受到污染，后果特别严重。被告人陈某某（2006年9月至2009年12月任紫金山金铜矿矿长）、黄某某（紫金山金铜矿环保安全处处长）是应对该事故直接负责的主管人员，被告人林某某（紫金山铜矿湿法厂厂长）、王某（紫金山铜矿湿法厂分管环保的副厂长）、刘某某（紫金山铜矿湿法厂环保车间主任）是该事故的直接责任人员，对该事故均负有直接责任，各被告人行为均已构成重大环境污染事故罪。据此，综合考虑被告单位自首、积极赔偿受害渔民损失等情节，以重大环境污染事故罪判处被告单位紫金山金铜矿罚金人民币3000万元；被告人林某某有期徒刑3年，并处罚金人民币30万元；被告人王某有期徒刑3年，并处罚金人民币30万元；被告人刘某某有期徒刑3年6个月，并处罚金人民币30万元。对被告人陈某某、黄某某宣告缓刑。

【以案释法】

在紫金矿业集团股份有限公司紫金山金铜矿重大环境污染事故案中，作为被告的紫金山金铜矿，违反国家有关规定，没有采取有效措施解决存在的环保隐患，发生了危险废物泄漏至汀江，致使汀江河水域水质受到污染，后果特别严重。这符合修改前的刑法第三百三十八条的规定，理应以“重大环境污染事故罪”追究其法律责任。当然，这也符合现行刑法有关污染环境罪的规定。

法条链接

中华人民共和国环境保护法

第六十九条 违反本法规定，构成犯罪的，依法追究刑事责任。

中华人民共和国刑法

第三百三十八条 违反国家规定，排放、倾倒或者处置有放射性的废物、含传染病病原体的废物、有毒物质或者其他有害物质，严重污染环境的，处三年以下有期徒刑或者拘役，并处或者单处罚金；后果特别严重的，处三年以上七年以下有期徒刑，并处罚金。

最高人民法院、最高人民检察院关于办理环境污染刑事案件适用法律若干问题的解释

第一条 实施刑法第三百三十八条规定的行为，具有下列情形之一的，应当认定为“严重污染环境”：

（一）在饮用水水源一级保护区、自然保护区核心区排放、倾倒、处置有放射性的废物、含传染病病原体的废物、有毒物质的；

（二）非法排放、倾倒、处置危险废物三吨以上的；

（三）非法排放含重金属、持久性有机污染物等严重危害环境、损害人体健康的污染物超过国家污染物排放标准或者省、自治区、直辖市人民政府根据法律授权制定的污染物排放标准三倍以上的；

（四）私设暗管或者利用渗井、渗坑、裂隙、溶洞等排放、倾倒、处置有放射性的废物、含传染病病原体的废物、有毒物质的；

（五）两年内曾因违反国家规定，排放、倾倒、处置有放射性的废物、含传染病病原体的废物、有毒物质受过两次以上行政处罚，又实施前列行为的；

（六）致使乡镇以上集中式饮用水水源取水中断十二小时以上的；

（七）致使基本农田、防护林地、特种用途林地五亩以上，其他农用地十亩以上，其他土地二十亩以上基本功能丧失或者遭受永久性破坏的；

（八）致使森林或者其他林木死亡五十立方米以上，或者幼树死亡二千五百株以上的；

（九）致使公私财产损失三十万元以上的；

（十）致使疏散、转移群众五千人以上的；

（十一）致使三十人以上中毒的；

（十二）致使三人以上轻伤、轻度残疾或者器官组织损伤导致一般功能障碍的；

（十三）致使一人以上重伤、中度残疾或者器官组织损伤导致严重功能障碍的；

（十四）其他严重污染环境的情形。

22. 如何认定非法排放、倾倒、处置危险废物所犯污染环境罪？

【知识要点】

《最高人民法院、最高人民检察院关于办理环境污染刑事案件适用法律若干问题的解释》第一条规定，实施刑法第三百三十八条规定的行为，非法排放、倾倒、处置危险废物 3 吨以上的，应当认定为“严重污染环境”。就是说，从污染环境罪的犯罪构成来说，在客观方面，“非法排放、倾倒、处置危险废物三吨以上的”，就应当认定为“严重污染环境”，进而认定为污染环境罪。

典型案例

2013 年 7 月，浙江省嘉善县环境保护部门陆续接到村民反映，称鱼塘有大量鱼类死亡，桃树浇灌河水后出现腐烂甚至枯死现象，环境保护部门立即对附近河道进行了采样检测，发现污染情况严重。经过调查，元凶浮出水面，嘉善县姚庄镇一私自开设的除油加工作坊，非法倾倒金属酸洗废液约 30 吨，使周边环境受到严重破坏，土地、河流中重金属含量严重超标。

嘉善检察院以污染环境罪将方某和周某诉至嘉善法院，这也是《最高人民法院、最高人民检察院关于办理环境污染刑事案件适用法律若干问题的解释》施行后，嘉善县首例污染环境案件。

2013 年 6 月到 7 月 26 日，被告人方某在家中私自无证开设除油加工作坊，使用酸液清洗铜制动静片等金属材料，期间在未经许可和备案的情况下，私自购买易制毒化学品硫酸约 2000 千克，盐酸约 700 千克。被告人周某在明知方某没有污水处理设备的情况下，为其提供技术和劳务支持。

据方某交代，2013 年 5 月开始他和周某筹备这个酸洗铜作坊。其实他明知酸洗铜剩下的水中有酸、铜等物质，不适合直接排放，但听周某说没有毒性，便只是在排水口处挖了 3 个坑，放入石灰简单中和，至于效果如何，连他自己都不清楚。短短 1 个月左右时间，该作坊非法排放金属表面酸洗产生的废液约 30 吨，含有强酸和重金属的混浊液体通过暗管和渗坑直接排入了土体和河道。

环境保护部门的取样检测报告让人触目惊心，在采样的水中，重金属量超过国家污染物排放标准 3 倍以上，而总磷含量 6.45 毫克/升，国家标准是0.5毫克/升，超标了12倍；铁的含量是66.9毫克/升，国家标准是2.0毫克/升，超出了30多倍；铜的含量是1250毫克/升，国家标准只有0.5，这一项严重超标，超标5000倍。

庭审中，被告人方某的辩护律师认为，方某其实是采取了一定措施的，只是采取的措施并不符合国家规定。而被告人周某的辩护人则认为，1个月的时间酸洗的铜制品的重量只有9000斤左右，说明本案的规模比较小，相对的危害程度比较小，而且时间也比较短，另外，本案的环境污染行为并未造成人畜伤亡的危害后果，也没有造成其他健康方面的影响，所以危害程度相对比较小。

公诉人认为，被告人方某、周某违反国家规定，非法排放有毒物质，触犯了刑法相关规定，应当以污染环境罪追究刑事责任。同时，被告人方某还违法买卖制毒物品硫酸、盐酸，应当以非法买卖制毒物品罪追究刑事责任。经人民法院审理，方某、周某依法受到刑事处罚。

【以案释法】

本案中，被告非法倾倒金属酸洗废液30吨，含有强酸和重金属的混浊液体通过暗管和渗坑直接排入了土体和河道，致使环境受到严重污染。对于这种行为，不论是修改前的刑法，还是修改后的刑法，都是予以严厉打击和惩处的。就是说，这可以直接适用现行刑法以及“两高”的司法解释，以“污染环境罪”追究被告的刑事责任。

法条链接

中华人民共和国环境保护法

第六十九条 违反本法规定，构成犯罪的，依法追究刑事责任。

中华人民共和国刑法修正案（八）

四十六、将刑法第三百三十八条修改为：“违反国家规定，排放、倾倒或者处置有放射性的废物、含传染病病原体的废物、有毒物质或者其他有害物质，严重污染环境的，处三年以下有期徒刑或者拘役，并处或者单处罚金；后果特别严重的，处三年以上七年以下有期徒刑，并处罚金。”

最高人民法院、最高人民检察院关于办理环境污染刑事案件适用法律若干问题的解释

第一条 实施刑法第三百三十八条规定的行为，具有下列情形之一的，应当认定为“严重污染环境”：

……

（二）非法排放、倾倒、处置危险废物三吨以上的；

……

23. 如何认定非法排放含重金属、持久性有机污染物等所犯污染环境罪？

【知识要点】

《最高人民法院、最高人民检察院关于办理环境污染刑事案件适用法律若干问题的解释》第一条规定，实施刑法第三百三十八条规定的行为，非法排放含重金属、持久性有机污染物等严重危害环境、损害人体健康的污染物超过国家污染物排放标准或者省、自治区、直辖市人民政府根据法律授权制定的污染物排放标准 3 倍以上的，应当认定为“严重污染环境”。就是说，从污染环境罪的犯罪构成来说，在客观方面，“非法排放含重金属、持久性有机污染物等严重危害环境、损害人体健康的污染物超过国家污染物排放标准或者省、自治区、直辖市人民政府根据法律授权制定的污染物排放标准三倍以上的”应认定为污染环境罪。

典型案例

2013 年 8 月，山东省郓城县人民法院审结了《最高人民法院、最高人民检察院关于办理环境污染刑事案件适用法律若干问题的解释》发布后第一起污染环境犯罪案件。被告人将装有苯、丙酮、三氯甲烷等有害物质的化工废料桶倒入河沟内，造成环境严重污染，犯污染环境罪被判刑，并赔偿经济损失 357494 元。这也是郓城县人民法院审理的首例环保公益诉讼案。

人民法院经审理查明，2012 年 10 月 5 日晚，被告人杨某通过朋友介绍，帮助一名雇主处理化工废料，双方约定处理费用 3500 元，杨某通过其连襟被告人王某联系了樊某、张某等人，在雇主支付了 3400 元处理费用后，被告人杨某、王某等人用车辆将 50 余桶化工废料从梁山县境内拉至郓城县杨庄集镇前孙庄村北河沟处，将装有苯、丙酮、三氯甲烷等有害物质的化工废料桶直接推到河沟内，部分化工原料流出，造成环境严重污染。经郓城县价格认证中心鉴定，该污染造成直接经济损失为人民币 357494 元。

人民法院认为，被告人王某、杨某违反国家规定，倾倒有害有毒物质，严重污染环境，其行为均构成污染环境罪。被告人王某在缓刑考验期限内犯新罪，应当撤销缓刑，数罪并罚。由于被告人王某、杨某的犯罪行为给国家造成了经济损失，二被告人应承担相应的赔偿责任。依照刑法有关规定，判处王某有期徒刑 10 个月，并处罚金人民币 1 万元，与原判有期徒刑 3 年数罪并罚，决定执行有期徒刑 3 年 6 个月，并处罚金人民币 1 万元。判处杨某有期徒刑 7 个月，并处罚金人民币 1 万元。王某、杨某对因污染环境造成的经济损失 357494 元予以赔偿。

【以案释法】

本案中，被告人王某、杨某违反国家规定，倾倒有害有毒物质，严重污染环境，其行为均构成污染环境罪。人民法院依据刑法及其修正案（八）、“两高”的有关司法解释，作出判决，予以严惩。这有利于威慑环境违法者，有利于形成严格遵守环境保护法律的社会氛围。

法条链接

中华人民共和国环境保护法

第六十九条 违反本法规定，构成犯罪的，依法追究刑事责任。

中华人民共和国刑法修正案（八）

第四十六条 将刑法第三百三十八条修改为：“违反国家规定，排放、倾倒或者处置有放射性的废物、含传染病病原体的废物、有毒物质或者其他有害物质，严重污染环境的，处三年以下有期徒刑或者拘役，并处或者单处罚金；后果特别严重的，处三年以上七年以下有期徒刑，并处罚金。”

最高人民法院、最高人民检察院关于办理环境污染刑事案件适用法律若干问题的解释

第一条 实施刑法第三百三十八条规定的行为，具有下列情形之一的，应当认定为“严重污染环境”：

……

（三）非法排放含重金属、持久性有机污染物等严重危害环境、损害人体健康的污染物超过国家污染物排放标准或者省、自治区、直辖市人民政府根据法律授权制定的污染物排放标准三倍以上的；

……

24. 如何认定私设暗管或者利用渗井、渗坑、裂隙、溶洞等所犯污染环境罪？

【知识要点】

《最高人民法院、最高人民检察院关于办理环境污染刑事案件适用法律若干问题的解释》第一条规定，实施刑法第三百三十八条规定的行为，私设暗管或者利用渗井、渗坑、裂隙、溶洞等排放、倾倒、处置有放射性的废物、含传染病病原体的废物、有毒物质的，应当认定为“严重污染环境”。就是说，从污染环境罪的犯罪构成来说，在客观方面，“私设暗管或者利用渗井、渗坑、裂隙、溶洞等排放、倾倒、处置有放射性的废物、含传染病病原体的废物、有毒物质的”认定为严重污染环境，进而认定为污染环境罪。

在这一罪名下，行为方式还表现出多样性，包括：排放、倾倒或处置。

所谓排放，是指以任何方式向土地、水体、大气排出危险废物的行为。海洋环境保护法第九十五条第八项规定：“排放，是指把污染物排入海洋的行为，包括泵出、溢出、泄出、喷出和倒出。”

所谓倾倒，是指以任何运载工具向土地、水体、大气倾卸污染物质的情形。海洋环境保护法第九十五条第十一项规定：“倾倒，是指通过船舶、航空器、平台或者其他载运工具，向海洋处置废弃物和其他有害物质的行为，包括弃置船舶、航空器、平台及其辅助设施和其他浮动工具的行为。”

所谓处置，是指任何超过环境保护标准方式要求的处理污染物质的行为。固体废物污染环境防治法第八十八条第六项规定：“处置，是指将固体废物焚烧和用其他改变固体废物的物理、化学、生物特性的方法，达到减少已产生的固体废物数量、缩小固体废物体积、减少或者消除其危险成份的活动，或者将固体废物最终置于符合环境保护规定要求的填埋场的活动。”该法第八十九条还规定：“液态废物的污染防治，适用本法；但是，排入水体的废水的污染防治适用有关法律，不适用本法。”

典型案例

重庆长风化学工业有限公司（简称“长风公司”）委托被告重庆云光化工有限公司（简称“云光公司”）处置其生产过程中产生的危险废物（次级苯系物有机产品）。之后，被告人蒋某某（云光公司法定代表人）将危险废物处置工作交由公司员工被告人夏某负责。夏某在未审查被告人张某某是否具备危险废物处置能力的情况下，将长风公司委托处置的危险废物直接转交给张某某处置。张某某随后与被告人胡某某和周某取得联系并经实地察看，决定将危险废物运往四川省兴文县共乐镇境内的黄水沱倾倒。2011年6月12日，张某某联系一辆罐车在长风公司装载28吨多工业废水，准备运往兴文县共乐镇境内的黄水沱倾倒。后因车辆太大而道路窄小，不能驶入黄水沱，周某、胡某某、张某某等人临时决定将工业废水倾倒在大坳口公路边的荒坡处，致使当地环境受到严重污染。2011年6月14日，张某某在长风公司装载3车铁桶装半固体状危险废物约75余吨，倾倒在黄水沱振兴硫铁矿的荒坡处，致使当地环境受到严重污染，并对当地居民的身体健康和企业的生产作业产生影响。经鉴定，黄水沱和大坳口两处危险废物的处置费、现场清理费、运输费等为918315元。

人民法院认为，被告重庆云光化工有限公司作为专业的化工危险废物处置企业，违反国家关于化工危险废物的处置规定，将工业污泥和工业废水交给不具有化工危险废物处置资质的被告人张某某处置，导致环境严重污染，构成污染环境罪。被告人张某某违反国家规定，向土地倾倒危险废物，造成环境严重污染，且后果严重，构成污染环境罪。被告人周某、胡某某帮助被告人张某某实施上述行为，构成污染环境罪。被告人张某某投案自首，依法可以从轻或者减轻处罚。据此，以污染环境罪分别判处被告重庆云光化工有限公司罚金50万元；被告人夏某有期徒刑2年，并处罚金2万元；张某某有期徒刑1年零6个月，并处罚金2万元。对蒋某某、周某、胡某某宣告缓刑。判决宣告后，被告单位、各被告人均未上诉，检察机关亦未抗诉。

【以案释法】

本案中，被告重庆云光化工有限公司违反国家关于化工危险废物的处置规定，将工业污泥和工业废水交给不具有化工危险废物处置资质的被告人张某某处置，导致环境严重污染，构成污染环境罪。被告人张某某违反国家规定，向土地倾倒危险废物，造成环境严重污染，且后果严重，构成污染环境罪。被告人周某、胡某某帮助被告人张某某实施上述行为，构成污染环境罪。这符合刑法修正案（八）的规定精神，法院依法判处其相应的刑事责任，是完全合理合法的。

法条链接

中华人民共和国环境保护法

第六十九条 违反本法规定，构成犯罪的，依法追究刑事责任。

中华人民共和国刑法修正案（八）

第四十六条 将刑法第三百三十八条修改为："违反国家规定，排放、倾倒或者处置有放射性的废物、含传染病病原体的废物、有毒物质或者其他有害物质，严重污染环境的，处三年以下有期徒刑或者拘役，并处或者单处罚金；后果特别严重的，处三年以上七年以下有期徒刑，并处罚金。"

中华人民共和国海洋环境保护法

第九十五条 本法中下列用语的含义是：

（一）海洋环境污染损害，是指直接或者间接地把物质或者能量引入海洋环境，产生损害海洋生物资源、危害人体健康、妨害渔业和海上其他合法活动、损害海水使用素质和减损环境质量等有害影响。

（二）内水，是指我国领海基线向内陆一侧的所有海域。

（三）滨海湿地，是指低潮时水深浅于六米的水域及其沿岸浸湿地带，包括水深不超过六米的永久性水域、潮间带（或洪泛地带）和沿海低地等。

（四）海洋功能区划，是指依据海洋自然属性和社会属性，以及自然资源和环境特定条件，界定海洋利用的主导功能和使用范畴。

（五）渔业水域，是指鱼虾类的产卵场、索饵场、越冬场、洄游通道和鱼虾贝藻类的养殖场。

（六）油类，是指任何类型的油及其炼制品。

（七）油性混合物，是指任何含有油份的混合物。

（八）排放，是指把污染物排入海洋的行为，包括泵出、溢出、泄出、喷出和倒出。

（九）陆地污染源（简称陆源），是指从陆地向海域排放污染物，造成或者可能造成海洋环境污染的场所、设施等。

（十）陆源污染物，是指由陆地污染源排放的污染物。

（十一）倾倒，是指通过船舶、航空器、平台或者其他载运工具，向海洋处置废弃物和其他有害物质的行为，包括弃置船舶、航空器、平台及其辅助设施和其他浮动工具的行为。

（十二）沿海陆域，是指与海岸相连，或者通过管道、沟渠、设施，直接或者间接向海洋排放污染物及其相关活动的一带区域。

（十三）海上焚烧，是指以热摧毁为目的，在海上焚烧设施上，故意焚烧废弃物或者其他物质的行为，但船舶、平台或者其他人工构造物正常操作中，所附带发生的行为除外。

中华人民共和国固体废物污染环境防治法

第八十八条　本法下列用语的含义：

（一）固体废物，是指在生产、生活和其他活动中产生的丧失原有利用价值或者虽未丧失利用价值但被抛弃或者放弃的固态、半固态和置于容器中的气态的物品、物质以及法律、行政法规规定纳入固体废物管理的物品、物质。

（二）工业固体废物，是指在工业生产活动中产生的固体废物。

（三）生活垃圾，是指在日常生活中或者为日常生活提供服务的活动中产生的固体废物以及法律、行政法规规定视为生活垃圾的固体废物。

（四）危险废物，是指列入国家危险废物名录或者根据国家规定的危险废物鉴别标准和鉴别方法认定的具有危险特性的固体废物。

（五）贮存，是指将固体废物临时置于特定设施或者场所中的活动。

（六）处置，是指将固体废物焚烧和用其他改变固体废物的物理、化学、生物特性的方法，达到减少已产生的固体废物数量、缩小固体废物体积、减少或者消除其危险成份的活动，或者将固体废物最终置于符合环境保护规定要求的填埋场的活动。

（七）利用，是指从固体废物中提取物质作为原材料或者燃料的活动。

第八十九条　液态废物的污染防治，适用本法；但是，排入水体的废水的污染防治适用有关法律，不适用本法。

最高人民法院、最高人民检察院关于办理环境污染刑事案件适用法律若干问题的解释

第一条　实施刑法第三百三十八条规定的行为，具有下列情形之一的，应当认定为“严重污染环境”：

……

（四）私设暗管或者利用渗井、渗坑、裂隙、溶洞等排放、倾倒、处置有放射性的废物、含传染病病原体的废物、有毒物质的；

……

第十条 下列物质应当认定为“有毒物质”：

（一）危险废物，包括列入国家危险废物名录的废物，以及根据国家规定的危险废物鉴别标准和鉴别方法认定的具有危险特性的废物；

（二）剧毒化学品、列入重点环境管理危险化学品名录的化学品，以及含有上述化学品的物质；

（三）含有铅、汞、镉、铬等重金属的物质；

（四）《关于持久性有机污染物的斯德哥尔摩公约》附件所列物质；

（五）其他具有毒性，可能污染环境的物质。

25. 如何认定受过两次以上行政处罚又实施非法行为所犯污染环境罪？

【知识要点】

《最高人民法院、最高人民检察院关于办理环境污染刑事案件适用法律若干问题的解释》第一条规定，实施刑法第三百三十八条规定的行为，两年内曾因违反国家规定，排放、倾倒、处置有放射性的废物、含传染病病原体的废物、有毒物质受过两次以上行政处罚，又实施前列行为的，应当认定为“严重污染环境”。就是说，从污染环境罪的犯罪构成来说，在客观方面，“两年内曾因违反国家规定，排放、倾倒、处置有放射性的废物、含传染病病原体的废物、有毒物质受过两次以上行政处罚，又实施前列行为的”应当认定为严重污染环境，进而认定为污染环境罪。

典型案例

2005年至2008年间，云南澄江锦业工贸有限责任公司（简称“锦业公司”）在生产经营过程中，长期将含砷生产废水通过明沟、暗管直接排放到厂区最低凹处没有经过防渗处理的天然水池内，并抽取该池内的含砷废水进行洗矿作业；将含砷固体废物磷石膏倾倒于厂区外未采取防渗漏、防流失措施的堆场露天堆放；雨季降水量大时直接将天然水池内的含砷废水抽排至厂外东北侧邻近阳宗海的磷石膏渣场放任自流。致使含砷废水通过地表径流和渗透随地下水进入阳宗海，造成阳宗海严重污染，水质从Ⅱ类下降到劣Ⅴ类，饮用、水产品养殖等功能丧失，县级以上城镇水源地取水中断，公私财产遭受百万元以上的损失。

人民法院经审理认为，被告单位锦业公司未建设完善配套环保设施，经多次行政处罚仍未整改，致使生产区内外环境中大量富含砷的生产废水通过地下渗透随地下水以及地表径流进入阳宗海，导致该重要湖泊被砷污染，构成重大环境污染事故罪，应当认定为“后果特别严重”。被告人李某某作为锦业公司的董事长，被告人程某作为锦业公司的总经理（负责公司的全面工作），2人未按规范要求采取防渗措施，最终导致阳宗海被砷污染的危害后果，应当作为单位犯罪的主管人员承担相应刑事责任。

被告人金某某作为锦业公司生产部部长，具体负责安全生产、环境保护和生产调度等工作，安排他人抽排含砷废水到厂区外，应作为单位犯罪的直接责任人承担相应刑事责任。案发后，锦业公司及被告人积极配合相关部门截污治污，可对其酌情从轻处罚。据此，以重大环境污染事故罪判处被告单位云南澄江锦业工贸有限责任公司罚金人民币1600万元；被告人李某某有期徒刑4年，并处罚金人民币30万元；被告人程某有期徒刑3年，并处罚金人民币15万元；被告人金某某有期徒刑3年，并处罚金人民币15万元。

【以案释法】

云南澄江锦业工贸有限责任公司重大环境污染事故案中，被告单位锦业公司未建设完善配套环保设施，经多次行政处罚仍未整改，致使生产区内外环境中大量富含砷的生产废水通过地下渗透随地下水以及地表径流进入阳宗海，导致该重要湖泊被砷污染，理应受到法律的严惩。

实际上，新修订的环境保护法以及《最高人民法院、最高人民检察院关于办理环境污染刑事案件适用法律若干问题的解释》对于这种“屡教不改”的行为和做法，都提出了更为严格的法律制裁。这也是应对环保形势异常严峻的必要措施。

法条链接

中华人民共和国环境保护法

第六十九条　违反本法规定，构成犯罪的，依法追究刑事责任。

中华人民共和国刑法修正案（八）

第四十六条 将刑法第三百三十八条修改为：“违反国家规定，排放、倾倒或者处置有放射性的废物、含传染病病原体的废物、有毒物质或者其他有害物质，严重污染环境的，处三年以下有期徒刑或者拘役，并处或者单处罚金；后果特别严重的，处三年以上七年以下有期徒刑，并处罚金。”

最高人民法院、最高人民检察院关于办理环境污染刑事案件适用法律若干问题的解释

第一条 实施刑法第三百三十八条规定的行为，具有下列情形之一的，应当认定为“严重污染环境”：

……

（五）两年内曾因违反国家规定，排放、倾倒、处置有放射性的废物、含传染病病原体的废物、有毒物质受过两次以上行政处罚，又实施前列行为的；

……

26. 如何认定致使乡镇以上集中式饮用水水源取水中断所犯污染环境罪？

【知识要点】

《最高人民法院、最高人民检察院关于办理环境污染刑事案件适用法律若干问题的解释》第一条规定，实施刑法第三百三十八条规定的行为，致使乡镇以上集中式饮用水水源取水中断 12 小时以上的，应当认定为“严重污染环境”。就是说，从污染环境罪的犯罪构成来说，在客观方面，“致使乡镇以上集中式饮用水水源取水中断十二小时以上的”应当认定为污染环境罪。

“两高”的司法解释还规定，“致使县级以上城区集中式饮用水水源取水中断十二小时以上的”应当认定为“后果特别严重”。在司法实践中，这是应当予以重罚的情形之一。

关于有害物质，一般是指以较少的量进入机体以后，能与机体组织发生化学反应或者物理作用，从而影响机体的正常生理机能，导致机体发生病理变化的物质，比较常见的有：汞、铅、砷、镉、铬、氰等，其中有许多能在生物体内聚集，比如，酚、氰、有机氯、有机磷、有机汞、乙烯等有机毒物。

关于危险废物，固体废物污染环境防治法第八十八条第四项中规定："危险废物，是指列入国家危险废物名录或者根据国家规定的危险废物鉴别标准和鉴别方法认定的具有危险特性的固体废物。"

典型案例

盐城市标新化工有限公司（简称"标新化工公司"）系环境保护部门规定的"废水不外排"企业。被告人胡某某系标新化工公司法定代表人，被告人丁某某系标新化工公司生产负责人。2007 年 11 月底至 2009 年 2 月 16 日期间，2 被告在明知该公司生产过程中所产生的废水含有苯、酚类有毒物质的情况下，仍将大量废水排放至该公司北侧的五支河内，任其流经蟒蛇河污染盐城市区城西、越河自来水厂取水口，致盐城市区 20 多万居民饮用水停水长达 66 小时 40 分钟，造成直接经济损失人民币 543.21 万元。

人民法院经审理认为，胡某某、丁某某明知其公司在生产过程中所产生的废水含有毒害性物质，仍然直接或间接地向其公司周边的河道大量排放，放任危害不特定多数人的生命、健康和公私财产安全结果的发生，使公私财产遭受重大损失，构成投放危险物质罪，且属共同犯罪。胡某某在共同犯罪中起主要作用，是主犯；丁某某在共同犯罪中起次要作用，是从犯。胡某某系在缓刑考验期限内犯新罪，依法应当撤销缓刑，予以数罪并罚。据此，撤销对被告人胡某某的缓刑宣告；被告人胡某某犯投放危险物质罪，判处有期徒刑 10 年，与其前罪所判处的刑罚并罚，决定执行有期徒刑 11 年；被告人丁某某犯投放危险物质罪，判处有期徒刑 6 年。

【以案释法】

本案中，被告人在明知该公司生产过程中所产生的废水含有苯、酚类有毒物质的情况下，仍将大量废水排放至该公司北侧的五支河内，任其流经蟒蛇河污染盐城市区城西、越河自来水厂取水口，致盐城市区 20 多万居民饮用水停水长达 66 小时 40 分钟，造成直接经济损失人民币 543.21 万元。应该说，这属于"后果特别严重"的情形。

不过，本案中，在犯罪结果上，是严重污染环境，但在主观方面，犯罪者属于故意。所以，以投放危险物质罪定罪处罚是合适的。

法条链接

中华人民共和国环境保护法

第六十九条 违反本法规定，构成犯罪的，依法追究刑事责任。

中华人民共和国刑法

第一百一十四条 放火、决水、爆炸以及投放毒害性、放射性、传染病病原体等物质或者以其他危险方法危害公共安全，尚未造成严重后果的，处三年以上十年以下有期徒刑。

第一百一十五条 放火、决水、爆炸以及投放毒害性、放射性、传染病病原体等物质或者以其他危险方法致人重伤、死亡或者使公私财产遭受重大损失的，处十年以上有期徒刑、无期徒刑或者死刑。

过失犯前款罪的，处三年以上七年以下有期徒刑；情节较轻的，处三年以下有期徒刑或者拘役。

中华人民共和国刑法修正案（八）

第四十六条 将刑法第三百三十八条修改为：“违反国家规定，排放、倾倒或者处置有放射性的废物、含传染病病原体的废物、有毒物质或者其他有害物质，严重污染环境的，处三年以下有期徒刑或者拘役，并处或者单处罚金；后果特别严重的，处三年以上七年以下有期徒刑，并处罚金。”

最高人民法院、最高人民检察院关于办理环境污染刑事案件适用法律若干问题的解释

第一条 实施刑法第三百三十八条规定的行为，具有下列情形之一的，应当认定为“严重污染环境”：

……

（六）致使乡镇以上集中式饮用水水源取水中断十二小时以上的；

……

第三条 实施刑法第三百三十八条、第三百三十九条规定的行为，具有下列情形之一的，应当认定为“后果特别严重”：

（一）致使县级以上城区集中式饮用水水源取水中断十二个小时以上的；

……

27. 如何认定致使基本农田、防护林地、特种用途林地等基本功能丧失或者遭受永久性破坏所犯污染环境罪?

【知识要点】

《最高人民法院、最高人民检察院关于办理环境污染刑事案件适用法律若干问题的解释》第一条规定，实施刑法第三百三十八条规定的行为，致使基本农田、防护林地、特种用途林地 5 亩以上，其他农用地 10 亩以上，其他土地 20 亩以上基本功能丧失或者遭受永久性破坏的，应当认定为“严重污染环境”。就是说，从污染环境罪的犯罪构成来说，在客观方面，“致使基本农田、防护林地、特种用途林地五亩以上，其他农用地十亩以上，其他土地二十亩以上基本功能丧失或者遭受永久性破坏的”，应当认定为污染环境罪。

“两高”的司法解释中还规定，“致使基本农田、防护林地、特种用途林地十五亩以上，其他农用地三十亩以上，其他土地六十亩以上基本功能丧失或者遭受永久性破坏的”，应当认定为“后果特别严重”。

典型案例

2013 年 6 月 4 日，蕲春县环保局接到举报，该县横车镇策山村二组发现大量不明化工废料。经勘察，执法人员发现，在横车镇策山村二组一个新开辟的 1300 平方米的山坳里，无序堆放着不明废弃物 418 桶，其中 106 桶（20 多吨）已发生泄漏，直接暴露在空气中。这些不明化工废料遇水和空气后产生强酸雾，现场周围树木枯死，土壤因污染变得焦黄，方圆 1 公里弥漫着刺鼻的气味；人接触到这些不明强酸物质，会出现皮肤瘙痒、刺痛等症状。经现场监测，蕲春县环保局工作人员初步判断，不明化工废料为含强酸危险废物；距存放不明化工废料的山坳不远处有大面积农田，还有两处当地村民用以饮水和灌溉的水库，污染物一旦泄漏扩散，将对下游农田和当地蕲河水造成污染。

2013 年 6 月 5 日上午，蕲春县政府组织召开了危废处置工作现场办公会，环保、公安、安监、林业、农业等多部门成立应急工作组，拿出应对方案。同日，根据新的司法解释，蕲春县环保局将案件移交给公安机关。

经警方多处调查取证，发现这批不明危废化工品来自浙江省新化县，是一家化工企业在生产过程中产生的乙烯基高沸废液（含铝铂酸、氯化氢等的混合物质），该废液腐蚀性强，属危险废液。根据规定，浙江这家化工企业必须到当地环境保护部门申报，由当地环境保护部门开具转运证明，并联系有资质的固废处置单位进行转运和处置工作，这些危废化工品的处置费用每吨为8000元至10000元。为节省费用，浙江这家化工企业避开环境保护部门的监督，以每吨900余元的费用对这批危废品进行了私自处置。

经过两个月的侦查，蕲春县公安机关先后到湖北的鄂州与襄阳、浙江等地将8名犯罪嫌疑人抓获，其中顾某涉嫌污染环境罪被批准逮捕，其余7人被刑拘。

蕲春县检察院查明，早在2012年10月，顾某等人就已经将浙江这家化工企业的85吨废液运至湖北省鄂州市，并组织工人进行了非法焚烧处理；2013年5月，顾某等人在鄂州进行化工废料加工处置受阻，遂联系其他同伙，于当月22日将86吨废料及从鄂州转运20吨废料至黄冈市蕲春县横车镇。浙江这家化工企业的3名负责人明知顾某及其同伙无实际资质、无厂房、无技术设备，仅凭他们提供的杭州一家环保有限公司的法人代表营业执照（年审至2007年，已失效）、危险废物经营许可证（系伪造）的复印件，未履行职责审核证件原件及身份的情况下，就与他们签订了废液处理协议。截至2013年5月28日，顾某及其同伙共将418桶重为152.62吨化工废料运至蕲春。

为安全稳妥处置这批危险化工废料，湖北省环境保护厅联系了省内6家危废处置单位到现场取样化验，并提交处置方案送省环保厅审查。根据就近处置的原则和处置能力，这批危险化工废料最终交由华新环保（武穴）公司处置。按照合同要求，蕲春县环保局负责将危险化工废料从大桶分装到25升的小塑料桶装车运输，华新环保负责处置危废物品。蕲春县环保局公布的数据显示：此次事故造成的直接经济损失达93万元，目前已投入的处置资金为147万元，经济损失已达240万元。

人民法院经审理查明，这批化工废料共泄漏20多吨，导致1929株成树、2092株幼树受害。被告人顾某交代，他与浙江这家化工企业签订协议，每处理一吨化工废料，企业付给他500元费用，要求是将废料运到外地处理；同时，化工废料经加工可变成氯铂酸，每吨可提炼出1克至2克铂金。为牟利，顾某等人联系了浙江开化一家物流公司前往该县化工企业运输废液，并将废液运至湖北蕲春，准备非法焚烧加工，提炼其中的废渣。

人民法院经审理，认定顾某犯污染环境罪，判处有期徒刑 2 年，并处罚金 2 万元。法庭上，被告人顾某当庭认罪，并赔偿损失 60 万元。

【以案释法】

在本案中，非法将 150 余吨化工废料从浙江省运至湖北省黄冈市焚烧，导致废料泄漏，给当地环境造成严重污染。这不仅触犯了刑法关于污染环境罪的规定，而且还触犯了刑法上关于伪造证件等多项规定，造成了严重后果，必须予以严惩。

法条链接

中华人民共和国环境保护法

第六十九条 违反本法规定，构成犯罪的，依法追究刑事责任。

中华人民共和国刑法修正案（八）

第四十六条 将刑法第三百三十八条修改为："违反国家规定，排放、倾倒或者处置有放射性的废物、含传染病病原体的废物、有毒物质或者其他有害物质，严重污染环境的，处三年以下有期徒刑或者拘役，并处或者单处罚金；后果特别严重的，处三年以上七年以下有期徒刑，并处罚金。"

最高人民法院、最高人民检察院关于办理环境污染刑事案件适用法律若干问题的解释

第一条 实施刑法第三百三十八条规定的行为，具有下列情形之一的，应当认定为"严重污染环境"：

……

（七）致使基本农田、防护林地、特种用途林地五亩以上，其他农用地十亩以上，其他土地二十亩以上基本功能丧失或者遭受永久性破坏的；

……

第三条 实施刑法第三百三十八条、第三百三十九条规定的行为，具有下列情形之一的，应当认定为"后果特别严重"：

……

（二）致使基本农田、防护林地、特种用途林地十五亩以上，其他农用地三十亩以上，其他土地六十亩以上基本功能丧失或者遭受永久性破坏的；

……

28. 如何认定致使森林或者其他林木死亡所犯污染环境罪？

【知识要点】

《最高人民法院、最高人民检察院关于办理环境污染刑事案件适用法律若干问题的解释》第一条规定，实施刑法第三百三十八条规定的行为，致使森林或者其他林木死亡 50 立方米以上，或者幼树死亡 2500 株以上的，应当认定为“严重污染环境”。就是说，从污染环境罪的犯罪构成来说，在客观方面，“致使森林或者其他林木死亡五十立方米以上，或者幼树死亡二千五百株以上的”，应当认定为污染环境罪。

“两高”的司法解释中还规定，“致使森林或者其他林木死亡一百五十立方米以上，或者幼树死亡七千五百株以上的”，应当认定为“后果特别严重”，必须加重处罚。

典型案例

福建省（屏南）榕屏化工有限公司（简称榕屏公司）自 1995 年投产后，对周边地区陆续造成污染，排放的废水、废气、废渣，对环境和人体造成严重损害。特别是排放的氯气，造成大片树林、竹林、果树、庄稼枯死，鱼虾不能生存。对此，有现场勘验报告和当地乡人民政府出具的《屏城乡溪坪村受榕屏公司污染情况》佐证，江西惠普会计师事务所据此提出了损失计算标准。张某某等 1721 人提起诉讼，请求判令榕屏公司立即停止侵害，赔偿农作物及竹、木等损失，清除厂内及后山废渣。

人民法院经审理认为，榕屏公司虽主张排放达标，但不能证明排放不会造成损害，应推定因果关系存在，侵权责任成立。

张某某等 1721 人从 1995 年榕屏公司投产后，他们的山地陆续出现毛竹等死亡的现象，就陆续向有关部门反映，并未超过诉讼时效。一审判决，榕屏公司立即停止侵害，清除厂内和后山工业废渣，并赔偿山场林木、果树、毛竹和农田等部分损失。双方不服上诉至福建省高级人民法院。该院二审认为，污染物排放标准不是确定排污单位是否承担侵权赔偿责任的界限，榕屏公司未能提供证据证明其废气排放、废渣堆放与张某某等 1721 人的农作物受损没有因果关系，应承担举证不能的责任。二审法院于 2005 年 11 月 16 日作出判决，维持一审判决关于榕屏公司立即停止侵害的判项，判令榕屏公司赔偿山场林木、果树、毛竹和农作物等损失68.42万元，在限期内对厂内及后山的含铬废渣进行清理，并按规范进行处置，对原后山的堆场进行封场。

【以案释法】

由于环境污染侵权具有致害途径复杂多样、损害证明科学技术性强以及多因一果现象频发等特性，侵权责任法第六十六条规定环境污染侵权实行因果关系的举证责任倒置，将污染行为与损害之间不存在因果关系的举证义务加于污染者，其举证不能时，则推定因果关系成立，从而认定环境污染责任成立，保护受害人的合法权益。此外，环境污染责任系无过错责任，污染者有污染行为并造成损害的，除其举证证明存在法律规定的不承担责任或者减轻责任的情形外，均应承担侵权责任，不得以排污达标为由提出抗辩、减免责任。

在司法实践中，在认定环境污染责任成立的前提下，需要准确界定损害赔偿的范围。这涉及化学、生物、地理等专业知识，宁德市中级人民法院经双方当事人同意委托专业人士进行现场勘验，并依据具备资产评估资格的会计师事务所提出的损失计算标准，认定赔偿数额。这有利于案件判决后的执行，增强司法的公信力。

法条链接

中华人民共和国环境保护法

第六十九条　违反本法规定，构成犯罪的，依法追究刑事责任。

中华人民共和国刑法修正案（八）

第四十六条　将刑法第三百三十八条修改为："违反国家规定，排放、倾倒或者处置有放射性的废物、含传染病病原体的废物、有毒物质或者其他有害物质，严重污染环境的，处三年以下有期徒刑或者拘役，并处或者单处罚金；后果特别严重的，处三年以上七年以下有期徒刑，并处罚金。"

最高人民法院、最高人民检察院关于办理环境污染刑事案件适用法律若干问题的解释

第一条　实施刑法第三百三十八条规定的行为，具有下列情形之一的，应当认定为"严重污染环境"：

……

（八）致使森林或者其他林木死亡五十立方米以上，或者幼树死亡二千五百株以上的；

……

第三条 实施刑法第三百三十八条、第三百三十九条规定的行为，具有下列情形之一的，应当认定为“后果特别严重”：

……

（三）致使森林或者其他林木死亡一百五十立方米以上，或者幼树死亡七千五百株以上的；

……

29. 如何理解非法处置进口的固体废物罪？

【知识要点】

非法处置进口的固体废物罪，在1979年刑法中没有规定该罪，是1997年刑法新增设的犯罪。

在此之前，1995年10月30日，第八届全国人大常委会第十六次会议通过的固体废物污染环境防治法（该法已于2015年修正）第二十四条规定：“禁止中国境外的固体废物进境倾倒、堆放、处置”；第六十六条第一款规定：“违反本法规定，将中国境外的固体废物进境倾倒、堆放、处置，或者未经国务院有关主管部门许可擅自进口固体废物用作原料的，由海关责令退运该固体废物，可以并处十万元以上一百万元以下的罚款。逃避海关监管，构成走私罪的，依法追究刑事责任。”这是首次将“进境倾倒、堆放、处置”境外固体废物的行为定性为犯罪，并按走私罪处罚。

1997年刑法吸收了固体废物污染环境防治法的有关规定，在分则第六章“妨害社会管理秩序罪”的第六节中，把违反国家规定，将境外的固体废物进境倾倒、堆放、处置的行为规定为独立个罪——非法处置进口的固体废物罪。

“两高”的司法解释进一步对该罪作了量化规定。主要有：（1）明确了“致使公私财产遭受重大损失或者严重危害人体健康”或者“致使公私财产遭受重大损失或者造成人身伤亡的严重后果”的具体情形；（2）明确了“后果特别严重”的具体情形；（3）明确了“应当酌情从重处罚”的具体情形；（4）明确了“可以酌情从宽处罚”的具体情形；（5）明确“依照本解释规定的相应个人犯罪的定罪量刑标准，对直接负责的主管人员和其他直接责任人员定罪处罚，并对单位判处罚金”。

法条链接

中华人民共和国环境保护法

第六十九条 违反本法规定，构成犯罪的，依法追究刑事责任。

中华人民共和国固体废物污染环境防治法

第二十四条 禁止中华人民共和国境外的固体废物进境倾倒、堆放、处置。

第七十八条 违反本法规定，将中华人民共和国境外的固体废物进境倾倒、堆放、处置的，进口属于禁止进口的固体废物或者未经许可擅自进口属于限制进口的固体废物用作原料的，由海关责令退运该固体废物，可以并处十万元以上一百万元以下的罚款；构成犯罪的，依法追究刑事责任。进口者不明的，由承运人承担退运该固体废物的责任，或者承担该固体废物的处置费用。

逃避海关监管将中华人民共和国境外的固体废物运输进境，构成犯罪的，依法追究刑事责任。

中华人民共和国刑法

第三百三十九条 违反国家规定，将境外的固体废物进境倾倒、堆放、处置的，处五年以下有期徒刑或者拘役，并处罚金；造成重大环境污染事故，致使公私财产遭受重大损失或者严重危害人体健康的，处五年以上十年以下有期徒刑，并处罚金；后果特别严重的，处十年以上有期徒刑，并处罚金。

未经国务院有关主管部门许可，擅自进口固体废物用作原料，造成重大环境污染事故，致使公私财产遭受重大损失或者严重危害人体健康的，处五年以下有期徒刑或者拘役，并处罚金；后果特别严重的，处五年以上十年以下有期徒刑，并处罚金。

以原料利用为名，进口不能用作原料的固体废物、液态废物和气态废物的，依照本法第一百五十二条第二款、第三款的规定定罪处罚。

最高人民法院、最高人民检察院关于办理环境污染刑事案件适用法律若干问题的解释

第二条 实施刑法第三百三十九条、第四百零八条规定的行为，具有本解释第一条第六项至第十三项规定情形之一的，应当认定为“致使公私财产遭受重大损失或者严重危害人体健康”或者“致使公私财产遭受重大损失或者造成人身伤亡的严重后果"。

第三条 实施刑法第三百三十八条、第三百三十九条规定的行为，具有下列情形之一的，应当认定为"后果特别严重"：

（一）致使县级以上城区集中式饮用水水源取水中断十二个小时以上的；

（二）致使基本农田、防护林地、特种用途林地十五亩以上，其他农用地三十亩以上，其他土地六十亩以上基本功能丧失或者遭受永久性破坏的；

（三）致使森林或者其他林木死亡一百五十立方米以上，或者幼树死亡七千五百株以上的；

（四）致使公私财产损失一百万元以上的；

（五）致使疏散、转移群众一万五千人以上的；

（六）致使一百人以上中毒的；

（七）致使十人以上轻伤、轻度残疾或者器官组织损伤导致一般功能障碍的；

（八）致使三人以上重伤、中度残疾或者器官组织损伤导致严重功能障碍的；

（九）致使一人以上重伤、中度残疾或者器官组织损伤导致严重功能障碍，并致使五人以上轻伤、轻度残疾或者器官组织损伤导致一般功能障碍的；

（十）致使一人以上死亡或者重度残疾的；

（十一）其他后果特别严重的情形。

第四条 实施刑法第三百三十八条、第三百三十九条规定的犯罪行为，具有下列情形之一的，应当酌情从重处罚：

（一）阻挠环境监督检查或者突发环境事件调查的；

（二）闲置、拆除污染防治设施或者使污染防治设施不正常运行的；

（三）在医院、学校、居民区等人口集中地区及其附近，违反国家规定排放、倾倒、处置有放射性的废物、含传染病病原体的废物、有毒物质或者其他有害物质的；

（四）在限期整改期间，违反国家规定排放、倾倒、处置有放射性的废物、含传染病病原体的废物、有毒物质或者其他有害物质的。

实施前款第一项规定的行为，构成妨害公务罪的，以污染环境罪与妨害公务罪数罪并罚。

第五条 实施刑法第三百三十八条、第三百三十九条规定的犯罪行为，但及时采取措施，防止损失扩大、消除污染，积极赔偿损失的，可以酌情从宽处罚。

第六条 单位犯刑法第三百三十八条、第三百三十九条规定之罪的，依照本解释规定的相应个人犯罪的定罪量刑标准，对直接负责的主管人员和其他直接责任人员定罪处罚，并对单位判处罚金。

30. 如何理解擅自进口固体废物罪?

【知识要点】

擅自进口固体废物罪，在1979年刑法中没有规定，而是1997年刑法新增设的犯罪。

在此之前，1995年10月30日，第八届全国人大常委会第十六次会议通过的固体废物污染环境防治法第二十五条第一款规定："国家禁止进口不能用作原料的固体废物；限制进口可以用作原料的固体废物"；第六十六条第一款规定："违反本法规定，将中国境外的固体废物进境倾倒、堆放、处置，或者未经国务院有关主管部门许可擅自进口固体废物用作原料的，由海关责令退运该固体废物，可以并处十万元以上一百万元以下的罚款。逃避海关监管，构成走私罪的，依法追究刑事责任。"这是首次将"未经国务院有关主管部门许可擅自进口固体废物用作原料"的行为定性为犯罪，并按走私罪处罚。

1997年刑法吸收了固体废物污染环境防治法的有关规定，在分则第六章"妨害社会管理秩序罪"的第六节中，把违反国家规定，未经国务院有关主管部门许可擅自进口固体废物用作原料的行为规定为独立个罪——擅自进口固体废物罪，目的就是要更准确打击、惩治擅自进口固体废物的犯罪行为。

"两高"的司法解释进一步对该罪作了量化规定。主要有：（1）明确了"致使公私财产遭受重大损失或者严重危害人体健康"或者"致使公私财产遭受重大损失或者造成人身伤亡的严重后果"的具体情形；（2）明确了"后果特别严重"的具体情形；（3）明确了"应当酌情从重处罚"的具体情形；（4）明确了"可以酌情从宽处罚"的具体情形；（5）明确"依照本解释规定的相应个人犯罪的定罪量刑标准，对直接负责的主管人员和其他直接责任人员定罪处罚，并对单位判处罚金"。

典型案例

2013年7月，大连海关缉私局接到广州海关的一则通报，称发现东北某团伙将进口电子垃圾由东北亚某国偷运走私至丹东后转运往广东等地区销售牟利。接报后，大连海关立即展开排查。经过两个月的摸排与侦查，锁定了余氏父子。

大连海关缉私局侦查发现，余氏父子是福建晋江人，他们操纵张某（外籍人）和梁某的运输船队，将广州货主购买并从香港运至东北亚某港口的境外电子垃圾，按照不同货主的要求重新分装在吨袋中，趁着夜色前往公共海域，与中国小型船舶在海面过货，然后从辽宁丹东非设关地上岸，将货物暂放在3个临时中转库，并重新装入集装箱，再通过海运或陆路运往广州货主手中。

2013年12月，大连海关收到线报称，余某将在2013年12月27日至2014年1月4日走私一批电子垃圾上岸。2014年1月5日凌晨，在海关总署统一指挥和广东分署的协调下，广州、大连、天津海关缉私局共出动500余名警力，在广东、辽宁两地开展大规模缉私行动，一举抓获走私犯罪嫌疑人54名，现场查扣涉案集装箱185个及电子垃圾散货200多吨。

经侦查证实，自2013年以来，以广州陈某、王某为首的两个走私团伙直接从欧美、日本等发达国家购买电子垃圾，发运到香港后，在以辽宁余某为首的走私团伙的操纵下，通过香港货运有限公司和货运代理有限公司等，重新装拼柜通过海运发往东北亚某国。货物到达该国港口后又进行拆柜，按照不同的货主重新分装，并租用散货船运抵我国辽宁边界海域公共锚地，由余某走私团伙负责组织国内驳船海上接驳，从非设关地偷运至丹东地区，然后重新装柜，最终运抵广东佛山、清远、揭阳等地。

初步查明，该走私团伙自2013年以来，共走私2800多个集装箱及散货电子垃圾，共计7.2万吨。此案是全国海关开展“绿篱”专项行动以来查获的最大宗“洋垃圾”走私犯罪案件。

【以案释法】

本案中，破旧的电脑显示器、电脑线路板、旧笔记本电脑、光驱……在大连海关大窑湾查验现场，有近百个装满了电子垃圾的集装箱，这些电子垃圾均为一个跨国、跨地区特大走私团伙所为。目前该团伙已被广东、辽宁两地海关一举摧毁，从而斩断了一个涉及香港、辽宁、广东等多地走私电子垃圾的犯罪网络。

近些年来，为了一己私利，一些不法商人铤而走险，疯狂地从境外进口垃圾等固体废物。海关总署开展打击“洋垃圾”加强进口固体废物监管的“绿篱”专项行动，很必要很及时。专项行动以来，全国海关破获走私固体废物走私案件221起，查证涉案固体废物97.5万吨，查证废矿渣、废涂料、废轮胎、旧衣服等禁止进境“洋垃圾”4.7万吨，成绩不可谓不大。但是，这恰恰说明，打击擅自进口固体废物犯罪、走私罪，任重而道远！

《最高人民法院、最高人民检察院关于办理环境污染刑事案件适用法律若干问题的解释》第八条规定：“违反国家规定，排放、倾倒、处置含有毒害性、放射性、传染病病原体等物质的污染物，同时构成污染环境罪、非法处置进口的固体废物罪、投放危险物质罪等犯罪的，依照处罚较重的犯罪定罪处罚。”这有利于打击非法、擅自进口固体废物，保护环境。

法条链接

中华人民共和国环境保护法

第六十九条 违反本法规定，构成犯罪的，依法追究刑事责任。

中华人民共和国固体废物污染环境防治法

第二十五条 禁止进口不能用作原料或者不能以无害化方式利用的固体废物；对可以用作原料的固体废物实行限制进口和非限制进口分类管理。

国务院环境保护行政主管部门会同国务院对外贸易主管部门、国务院经济综合宏观调控部门、海关总署、国务院质量监督检验检疫部门制定、调整并公布禁止进口、限制进口和非限制进口的固体废物目录。

禁止进口列入禁止进口目录的固体废物。进口列入限制进口目录的固体废物，应当经国务院环境保护行政主管部门会同国务院对外贸易主管部门审查许可。

进口的固体废物必须符合国家环境保护标准，并经质量监督检验检疫部门检验合格。

进口固体废物的具体管理办法，由国务院环境保护行政主管部门会同国务院对外贸易主管部门、国务院经济综合宏观调控部门、海关总署、国务院质量监督检验检疫部门制定。

第七十八条 违反本法规定，将中华人民共和国境外的固体废物进境倾倒、堆放、处置的，进口属于禁止进口的固体废物或者未经许可擅自进口属于限制进口的固体废物用作原料的，由海关责令退运该固体废物，可以并处十万元以上一百万元以下的罚款；构成犯罪的，依法追究刑事责任。进口者不明的，由承运人承担退运该固体废物的责任，或者承担该固体废物的处置费用。

逃避海关监管将中华人民共和国境外的固体废物运输进境，构成犯罪的，依法追究刑事责任。

中华人民共和国刑法

第三百三十九条 违反国家规定，将境外的固体废物进境倾倒、堆放、处置的，处五年以下有期徒刑或者拘役，并处罚金；造成重大环境污染事故，致使公私财产遭受重大损失或者严重危害人体健康的，处五年以上十年以下有期徒刑，并处罚金；后果特别严重的，处十年以上有期徒刑，并处罚金。

未经国务院有关主管部门许可，擅自进口固体废物用作原料，造成重大环境污染事故，致使公私财产遭受重大损失或者严重危害人体健康的，处五年以下有期徒刑或者拘役，并处罚金；后果特别严重的，处五年以上十年以下有期徒刑，并处罚金。

以原料利用为名，进口不能用作原料的固体废物、液态废物和气态废物的，依照本法第一百五十二条第二款、第三款的规定定罪处罚。

最高人民法院、最高人民检察院关于办理环境污染刑事案件适用法律若干问题的解释

第二条 实施刑法第三百三十九条、第四百零八条规定的行为，具有本解释第一条第六项至第十三项规定情形之一的，应当认定为“致使公私财产遭受重大损失或者严重危害人体健康”或者“致使公私财产遭受重大损失或者造成人身伤亡的严重后果”。

第三条 实施刑法第三百三十八条、第三百三十九条规定的行为，具有下列情形之一的，应当认定为“后果特别严重”：

（一）致使县级以上城区集中式饮用水水源取水中断十二个小时以上的；

（二）致使基本农田、防护林地、特种用途林地十五亩以上，其他农用地三十亩以上，其他土地六十亩以上基本功能丧失或者遭受永久性破坏的；

（三）致使森林或者其他林木死亡一百五十立方米以上，或者幼树死亡七千五百株以上的；

（四）致使公私财产损失一百万元以上的；

（五）致使疏散、转移群众一万五千人以上的；

（六）致使一百人以上中毒的；

（七）致使十人以上轻伤、轻度残疾或者器官组织损伤导致一般功能障碍的；

（八）致使三人以上重伤、中度残疾或者器官组织损伤导致严重功能障碍的；

（九）致使一人以上重伤、中度残疾或者器官组织损伤导致严重功能障碍，并致使五人以上轻伤、轻度残疾或者器官组织损伤导致一般功能障碍的；

（十）致使一人以上死亡或者重度残疾的；

（十一）其他后果特别严重的情形。

第四条 实施刑法第三百三十八条、第三百三十九条规定的犯罪行为，具有下列情形之一的，应当酌情从重处罚：

（一）阻挠环境监督检查或者突发环境事件调查的；

（二）闲置、拆除污染防治设施或者使污染防治设施不正常运行的；

（三）在医院、学校、居民区等人口集中地区及其附近，违反国家规定排放、倾倒、处置有放射性的废物、含传染病病原体的废物、有毒物质或者其他有害物质的；

（四）在限期整改期间，违反国家规定排放、倾倒、处置有放射性的废物、含传染病病原体的废物、有毒物质或者其他有害物质的。

实施前款第一项规定的行为，构成妨害公务罪的，以污染环境罪与妨害公务罪数罪并罚。

第五条 实施刑法第三百三十八条、第三百三十九条规定的犯罪行为，但及时采取措施，防止损失扩大、消除污染，积极赔偿损失的，可以酌情从宽处罚。

第六条 单位犯刑法第三百三十八条、第三百三十九条规定之罪的，依照本解释规定的相应个人犯罪的定罪量刑标准，对直接负责的主管人员和其他直接责任人员定罪处罚，并对单位判处罚金。

31. 如何理解环境监管失职罪？

【知识要点】

环境监管失职罪，在1979年刑法中没有规定，而是1997年刑法新增设的犯罪。

刑法第四百零八条规定："负有环境保护监督管理职责的国家机关工作人员严重不负责任，导致发生重大环境污染事故，致使公私财产遭受重大损失或者造成人身伤亡的严重后果的，处三年以下有期徒刑或者拘役。"

所谓环境监管失职罪，是指负有环境保护监督管理职责的国家机关工作人员严重不负责任，导致发生重大环境污染事故，致使公私财产遭受重大损失或者造成人身伤亡的严重后果的行为。

一些污染事件发生的背后，往往存在国家工作人员监管不到位或缺位问题，最高人民检察院2006年出台了渎职侵权犯罪案件立案标准，对环境监管失职罪规定了8种应予立案的情形。"两高"的司法解释中，对环境监管失职罪进一步明确，规定了8种情形应当认定为"致使公私财产遭受重大损失或者造成人身伤亡的严重后果"，以环境监管失职罪定罪处罚。这8种情形分别为：（1）致使乡镇以上集中式饮用水水源取水中断12小时以上的；（2）致使基本农田、防护林地、特种用途林地5亩以上，其他农用地10亩以上，其他土地20亩以上基本功能丧失或者遭受永久性破坏的；（3）致使森林或者其他林木死亡50立方米以上，或者幼树死亡2500株以上的；（4）致使公私财产损失30万元以上的；（5）致使疏散、转移群众5000人以上的；（6）致使30人以上中毒的；（7）致使3人以上轻伤、轻度残疾或者器官组织损伤导致一般功能障碍的；（8）致使1人以上重伤、中度残疾或者器官组织损伤导致严重功能障碍的。这就进一步量化了环境监管失职罪的定罪标准、追诉标准。

典型案例

2009年2月某市饮用水源发生严重污染事件，经查系市标新化工有限公司非法排污所致。该公司位于市饮用水源二级保护区范围内，属市环保局饮用水源保护区环境监察支队二大队管辖。2009年3月，时任二大队大队长的崔某因涉嫌环境监管失职罪，由阜宁县检察院立案侦查。6月，阜宁县检察院以被告人崔某犯环境监管失职罪向阜宁县法院提起公诉。人民法院经审理一审判处崔某有期徒刑2年。

一审判决后，崔某以自己对标新公司只具有督查的职责，不具有监管的职责，不符合环境监管失职罪的主体要求等为由提出上诉。市中级人民法院认为，崔某身为国有事业单位的工作人员，在受国家机关的委托代表国家机关履行环境监督管理职责过程中，严重不负责任，导致发生重大环境污染事故，致使公私财产遭受重大损失，其行为构成环境监管失职罪。崔某所在的市环保局饮用水源保护区环境监察支队为国有事业单位，由市政府设立，其系受国家机关委托代表国家机关行使环境监管职权。2010 年 1 月，市中级人民法院二审终审裁定，驳回上诉，维持原判。

“崔某环境监管失职案”的指导意义在于强调，实际行使行政管理职权的国有公司、企业和事业单位的工作人员拥有一定管理公共事务和社会事务的职权，符合渎职罪主体要求，实施渎职行为构成犯罪的，应当依照刑法关于渎职罪的规定追究刑事责任。

【以案释法】

2010 年 7 月，最高人民检察院第十一届检察委员会第四十次会议审议通过了《最高人民检察院关于案例指导工作的规定》（该规定现已失效，最新版本为 2015 年修订版），印发各级检察院施行，并于当年发布了第一批 3 个指导案例。2012 年 11 月，经最高人民检察院第十一届检察委员会第八十一次会议审议，第二批指导性案例发布了“崔某环境监管失职案”等 5 个案例。作为依法办案的标杆，盐城市“崔某环境监管失职案”位列榜首。这个案例强调，一些实际行使环境监督管理职权的国有公司、企业事业单位工作人员拥有一定管理公共和社会事务的职权，与具有环境保护监督管理职责的国家机关工作人员一样，实施渎职行为构成犯罪的，应当按环境监管失职罪的规定追究刑事责任。

法条链接

中华人民共和国环境保护法

第六十九条　违反本法规定，构成犯罪的，依法追究刑事责任。

中华人民共和国刑法

第四百零八条　负有环境保护监督管理职责的国家机关工作人员严重不负责任，导致发生重大环境污染事故，致使公私财产遭受重大损失或者造成人身伤亡的严重后果的，处三年以下有期徒刑或者拘役。

最高人民法院、最高人民检察院关于办理环境污染刑事案件适用法律若干问题的解释

第二条　实施刑法第三百三十九条、第四百零八条规定的行为，具有本

解释第一条第六项至第十三项规定情形之一的，应当认定为“致使公私财产遭受重大损失或者严重危害人体健康”或者“致使公私财产遭受重大损失或者造成人身伤亡的严重后果”。

第九条 本解释所称“公私财产损失”，包括污染环境行为直接造成财产损毁、减少的实际价值，以及为防止污染扩大、消除污染而采取必要合理措施所产生的费用。